作者简介

[illegible]，男，1965 年生，[illegible]20 多部[illegible]

[illegible]，男，1968 年生，[illegible]

作者简介

陈建宝，男，1965年生，澳大利亚科廷理工大学统计学博士。现任福建师范大学二级教授，博士生导师，统计学博士点和博士后流动站负责人，厦门大学宏观经济研究中心研究员，中国统计教育学会副会长，中国统计学会常务理事，《统计研究》编委。曾任厦门大学经济学院副院长、中国统计教材编审委员会委员。曾为美国芝加哥大学高级访问学者、澳大利亚西澳大学访问教授等。在国内外重要学术刊物上发表论文140多篇，出版专著4部；主持、参与完成国家和省部级重大项目、重点项目和面上项目20多项；获得国家级、省部级科研和教学奖励多项。主要研究方向为统计理论和方法、宏微观经济计量分析。

孙林，男，1986年生，厦门大学经济学博士。现为中国人民银行济南分行国际收支处主任科员。在《统计研究》等国内外学术刊物发表论文多篇。研究方向为空间计量模型和金融数据分析。

面板数据半参数空间滞后计量模型的理论和应用

陈建宝　孙　林　著

科 学 出 版 社
北　京

内 容 简 介

本书在对非参数/半参数回归模型和空间计量模型发展概况以及相关预备知识进行简要介绍的基础上，构建了系列面板数据半参数空间滞后模型，包括固定效应空间滞后单指数模型、随机效应空间滞后单指数模型、固定效应空间滞后变系数模型和随机效应空间滞后变系数模型。与传统参数空间计量模型比较，这些模型不仅能考察因变量的空间溢出效应，还能考察变量间的非线性特征，有效避免了非参数回归模型中的“维数灾难”问题，估计量具有稳健性。本书系统介绍了上述模型的估计方法，数理论证了估计量的大样本渐近性质，蒙特卡罗数值模拟了估计量的小样本表现，并将估计技术应用于现实经济问题分析中。

本书内容可为从事相关计量模型研究的读者提供参考，也可为实际应用者提供估计技术；同时可作为高校教师、研究生、相关领域研究人员和技术人员的学习参考用书。

图书在版编目(CIP)数据

面板数据半参数空间滞后计量模型的理论和应用/陈建宝，孙林著. —北京：科学出版社, 2018.6

ISBN 978-7-03-055985-2

Ⅰ. ①面…　Ⅱ. ①陈…　②孙…　Ⅲ. ①经济统计-统计数据-空间模型　Ⅳ. ①F222.1　②O221.2

中国版本图书馆 CIP 数据核字(2017) 第 310681 号

责任编辑：胡庆家／责任校对：邹慧卿
责任印制：吴兆东／封面设计：蓝正设计

科 学 出 版 社 出版
北京东黄城根北街 16 号
邮政编码：100717
http://www.sciencep.com
北京厚诚则铭印刷科技有限公司　印刷
科学出版社发行　各地新华书店经销

2018 年 6 月第　一　版　开本: 720 × 1000　B5
2024 年 2 月第三次印刷　印张: 10　3/4
字数: 214 000

定价: 78.00 元

(如有印装质量问题，我社负责调换)

前 言

目前，一套完整、系统的参数空间计量模型理论和方法已基本形成，并在各种学科领域中应用广泛。参数空间计量模型通常对模型形式进行预先设定，其优点在于统计推断相对简单，容易解释问题。但考虑到现实经济变量间的复杂性，预先设定模型形式往往会存在较高的误设风险，估计结果也极有可能出现偏误，导致研究结果与现实问题不相符合。为了克服参数空间计量模型的局限性，有必要进一步对非参数/半参数空间计量模型的理论和方法展开研究，这也是本书的研究出发点。如今，相关的研究才刚刚起步，尤其是对面板数据非参数/半参数空间计量模型的研究，尚不多见。与传统参数空间计量模型相比较，非参数空间计量模型一般具备更好的稳健性，能考察变量间的非线性特征，然而在研究高维数据时亦不可避免地存在“维数灾难”问题，这都在一定程度上限制了模型的应用范围。

为了在高维数据研究中有效地规避“维数灾难”问题，提高对面板数据的适用性，本书系统阐述了面板数据半参数空间滞后计量模型的理论和应用研究，构建了四种新的具有降维功能的面板数据半参数空间滞后模型：固定效应面板数据空间滞后单指数模型、随机效应面板数据空间滞后单指数模型、固定效应面板数据空间滞后变系数模型及随机效应面板数据空间滞后变系数模型。通过构建上述模型的截面似然估计方法，对估计量的大样本性质和小样本表现进行系统的研究，最后本书尝试将提出的估计技术运用于现实经济问题分析。本书的研究方法对于其他结构的半参数空间计量模型估计理论研究具有推广价值，相应的估计技术在经济管理等社会学科中具有一定的应用价值，为从事相关统计模型研究的读者提供参考，也为实际应用者提供更具稳健性的分析方法。

本书构建的模型和估计技术均为最新研究成果，内容编排注重科学性和应用性。第 1 章为预备知识，梳理了空间计量模型的发展概况，简要介绍了本书常用的模型估计方法和计算方法。第 2—5 章，分别介绍了固定效应面板数据空间滞后单指数模型、随机效应面板数据空间滞后单指数模型、固定效应面板数据空间滞后变系数模型及随机效应面板数据空间滞后变系数模型的理论和方法。每个模型独立作为一章，读者可根据自身需求独立阅读每一章。本书在写作上重点阐述了理论推导、数据模拟和实证分析，并附简化版估计量大样本性质理论证明。对每一种模型，首先，提出了模型设定形式；其次，构建了模型的估计方法；然后，在适当的假设条件下，证明了参数和非参数估计量的大样本性质；最后，利用蒙特卡罗模拟方法考察了估计方法的小样本表现。第 6 章为理论模型在实际中的应用，采用前述章节提出的最新模型研究了中国区域金融发展与经济增长之间的关系，读者可参阅实例加深对前述理论的理解。

本书得到了国家社会科学基金规划项目 (16BTJ018)、国家自然科学基金项目 (71503220)、教育部人文社会科学重点研究基地重大项目 (15JJD790029)、教育部人文社会科学研究规划基金项目 (13YJA9100002)、福建省自然科学基金 (2017J01396) 和福建师范大学创新团队基金项目 “概率与统计：理论和应用” (IRTL1704) 的资助。对各级部门的大力支持，我们在此表示衷心的感谢！

由于时间、资料、知识和精力等多方面的局限性，书中疏漏甚至错误在所难免，希望对该领域有兴趣的读者不吝赐教。

作　者

2017 年 10 月 22 日

目　录

第1章 预备知识

本章主要介绍一些基本的预备知识，目的在于为阅读后续章节做铺垫。

1.1 非参数/半参数回归模型

1.1.1 非参数回归模型

对经济问题的分析，人们往往习惯于建立线性或者非线性的参数模型来解释经济变量间的相互作用关系，但这类建模的前提是必须预先设定变量关系。由于现实中绝大多数变量的分布未知，变量间的相互关系未必可以简单地用线性关系或者参数化非线性关系表示，所以这类线性或者非线性参数模型至多是对真实随机系统的近似描述，在实际估计时可能存在较大的模型设定误差。进一步，若经济变量之间存在非线性关系，基于经典假设所建立的参数模型统计推断方法往往缺乏稳健性，不能满足应用研究的实际需要 (Dinardo, Tobias, 2001)，无法捕捉到变量间的真实关系。

为研究数据内部的非线性特征，缓解建模误差的影响，提高关于模型统计推断的准确性和稳健性，学者们在实际研究中往往采用灵活的模型形式，而较为常规的方法之一是将传统的参数回归模型扩展到更为一般的模型，即非参数回归模型。非参数回归模型的思想体现在对经济关系描述不依赖于具体参数表达形式，回归函数可以为任意形式，对响应变量和协变量分布限制较少，尽可能减少不确定因素对变量关系的影响，保证系统有较强的稳健性和适应性。对经济变量之间存在未知的非线性关系情况，相对于传统的参数回归模型，非参数回归模型可以得到更好的拟合效果，对经济活动的统计推断有更高的精确度，更加符合实际情况的需要。另外，模型中体现变量结构关系的函数形式同时可以反映实际经济结构的调整，也可以应用于乘数效应分析和弹力分析等比较静力学分析。

非参数模型的研究在 20 世纪中叶已得到关注，20 世纪 40 年代，Bartlett 在研究时间序列谱密度估计中借鉴平滑技术最早给出了非参数密度估计的基本思想，由于现实中经济变量之间的非线性特征广泛存在，多数基于参数模型研究的问题都可以应用非参数的对照模型解释，并且基于非参数模型得到的结论更加符合实际，非参数模型的研究开始为经济学家和统计学家所接受。但由于模型统计推断方法的研究需要进行大量模拟计算，在很长一段时间内受限于计算机水平，大量统计推断方法难以实现，因此，关于非参数模型的研究进展较为缓慢，20 世纪 90 年代以来，随着计算机技术的快速发展，非参数模型的理论研究同样取得较大进展，研究重心逐渐由理论研究开始转向实证应用，非参数研究逐步成为最为活跃的科研领域之一，基于独立数据和相依数据模型的非参数技术模型都已得到广泛的研究应用，参见 Fan 和 Yao(2003) 以及 Li 和 Ricane(2007) 等。

构建非参数回归模型，简单而言就是将参数回归模型中预先已知的变量关系转变为未知的变量关系 (Fan, Gijbels, 1996)，可得非参数模型一般描述：对给定的一组样本数据 $\{\boldsymbol{x}_i, y_i\}_{i=1}^N$，其中 $\boldsymbol{x}_i$ 为 $d\times 1$ 维向量，y_i 为 1×1 维向量，寻找随机变量 $\boldsymbol{x}_i$ 和 y_i 的关系：

$$E(y_i\,|\boldsymbol{x}_i) = m(\boldsymbol{x}_i) \tag{1.1}$$

其中，对于经典参数模型，$m(\cdot) = E(y|\boldsymbol{x})$ 为线性形式或者已知的非线性形式；但在实际研究中，由于 $\{\boldsymbol{x}_i, y_i\}_{i=1}^N$ 分布通常是未知的，$m(\cdot) = E(y|\boldsymbol{x})$ 通常为未知函数，代表变量之间的未知关系，由于研究方法存在一定差异，关于 $\boldsymbol{x}_i$ 为非随机变量的情况本书中不再进行讨论。

对非参数模型进行估计的首要目的是得到未知函数 $m(\cdot)$ 的估计。构造未知函数 $m(\cdot)$ 估计的方法即为非参数回归 (非参数光滑)。相对于参数回归方法，其优点在于对变量关系研究是开放式的，不拘泥于现成数学模型，拟合曲线可以很好地反映变量之间的细微变化。非参数回归研究的发展历程和非参数密度估计的研究发展存在很强的交叉性，借鉴非参数密度估计思想，Nadaraya，Watson 在 20 世纪 60 年代提出了核回归的基本思想，在 Stone(1977) 关于非参数加权函数的大样本理论发表以后，非参数模型得到更快发展，模型统计推断方法的研究得到了计量经济学家的广泛关注 (Devroye, 1981; Zhao, Bai, 1984)。为提高非参数估计方法在不同数据模型中的有效性，人们陆续提出了局部多项式拟合、样条平滑等非参数技术思想，随着非参数模型理论研究不断深入，统计推断方法的稳健性逐渐得到保证，非参数模型的思想很快应用于时间序列数据模型、广义线性模型、面板数据模型及金融利率等实际模型之中 (Härdle, 1990; Fan, Gijbels, 1996; Simonoff, 1996)。

由于现实模型往往是多元回归模型，即需要考虑多个解释变量对被解释变量的作用，尽管非参数模型对回归函数的维数没有限制，但是由于非参数回归方法对数据点要求较高，非参数光滑估计的精度会随着解释变量的维度增加迅速下降，即出现所谓“维数灾难”(Stone, 1980)，造成缺乏足够的样本来保证估计的可靠性，导致无法得到回归函数的准确估计。合理的解决方法只有增大带宽或者增加样本，然而增大带宽会导致估计偏差增大，样本增加也往往会脱离实际需要，因此寻找合适的降维技术成为解决问题的关键，许多学者围绕这一问题进行阐述并尝试给出了解决方法，这也是半参数回归模型研究兴起的主要原因。

1.1.2 半参数回归模型

对多元非参数模型进行回归时，随着维数增加，估计方法的稳健性会随之变差，出现“维数灾难”，同时在非参数计量经济模型的研究中，一般形式的非参数模型的建模偏倚较小，但由于数据呈现出的非线性特征可能会对回归函数的形式加以限制，往往不能得到对未知参数和函数进行准确的估计，而特定形式的模型则可能会带来较大的建模偏倚，但未知参数和函数可能得到准确估计。因此，计量经济学家在实现数据降维的同时寻找灵活的模型形式研究经济数据的内在规律，以保留非参数的光滑优点，其中半参数回归模型的研究则是一种行之有效的方法。

半参数回归模型作为非参数数据分析中常用的降维技术，主要包括部分线性模型 (Engle et al., 1986; Speckman, 1988) 和非线性降维模型。部分线性模型，即存在非参数混合形式的模型，允许一部分变量为线性形式，另一部分变量为非线性形式，结合线性模型和非参数模型的优点，具备较大的灵活性。部分线性模型的主要研究方法包括一般光滑方法 (Speckman, 1988)、分段多项式方法 (Chen, 1988)、拟似然方法 (Severini, Staniswalis, 1994)，以及经验似然方法 (Owen, 1991) 等，并且模型在非随机点列、不完全数据和复杂数据的研究中，以及模型检验中也都取得众多优秀成果，在本书中我们不进行深入讨论，近年来的研究成果参考薛留根 (2012) 的专著第 2 章。

常见的非线性降维模型主要包括可加模型、单指数模型、变系数模型以及一些复杂半参数模型 (如多指标模型、部分线性单指标模型、单指标变系数模型、广义可加模型等等)(Fan, Yao, 2003; 薛留根, 2012)，这几类模型分别基于实际数据体现的不同特征，利用不同的方法刻画了未知结构函数的非参数形式，构成了解决“维数灾难”的有力工具。结合本书研究需要，我们对单指数模型和变系数模型进行简要介绍。

1.1.2.1 单指数模型

单指数模型在 20 世纪 80 年代后期得到发展，并在生物医学和金融经济领域取得了广泛应用 (Ichimura, 1993)。单指数模型的一般数学表达形式为

$$E\left(y_i\,|\boldsymbol{x}_i\right)=g(\boldsymbol{x}_i'\boldsymbol{\beta}) \tag{1.2}$$

模型的技术思想是基于投影的思想，通过连接函数将多元非参数模型转化为一元非参数模型来实现降维效果，提高了估计方法的稳健性。

单指数模型研究旨在得到连接函数和指标系数的估计，其中关于参数可辨识的一个重要假设条件为：$\|\boldsymbol{\beta}\|=1$ 并且参数 β_k 不变号。具体估计方法包括直接估计方法和 M 估计方法。其中，直接估计方法由于可以提供估计量的解析形式，故而引起了较多关注，主要估计方法包括平均导数方法 (Härdle, Stoker, 1989)、切片逆

回归 (SIR)(Li, 1991) 以及其他的方法；M 估计需要对最优化问题进行求解，因而具有有效性和渐近正态性等更为优秀的理论性质，主要研究方法包括半参数最小二乘 (Ichimura, 1993) 和半参数极大似然估计 (Delecroix, 2003)。另外惩罚样条估计、最小平均导数估计、经验似然估计、估计方程估计法等估计方法 (Wang et al., 2010; 薛留根, 2012) 也在近年来得到关注，模型检验方法的研究 (Xia et al., 2004) 及模型在复杂数据中的应用取得了较多成果 (Bai et al., 2009; Lopez, 2009)，关于部分线性单指数模型的研究也取得了较大进展 (Carroll et al., 1997; Yu, Ruppert, 2002; Wang et al., 2010; Li et al., 2011)。

单指数模型的优点主要通过连接函数实现。一方面，不仅能够减少维数过高对估计方法稳健性的影响，避免“维数灾难”，另一方面，还可以较好地反映变量间的相互关系 (Ichimura, 1993; Carroll et al., 1997)，能够对变量间的作用关系做出较好的解释。关于这种模型的统计推断方法的研究近年来得到了不断的深入，已经在计量经济学和统计学中得到了广泛应用 (Wang et al., 2010; Cui et al., 2011; Chen et al., 2013; Guo et al., 2014)。

1.1.2.2　变系数模型

变系数模型又可以称为函数系数模型，在 20 世纪 80 年代后期发展起来，并且在流行病学等实际研究中得到广泛应用。早期变系数模型思想源自 Haggon, Ozaki (1981) 与 Ozaki(1982), Shumway(1988) 最早提出的变系数模型，直至 Cleveland (1991) 以及 Hastie 和 Tibshirani(1993) 对变系数模型进行系统研究之后，变系数模型的非参数技术得到了重视和发展 (Cai, 2000)，其一般数学表达形式为

$$E(y_i\,|\boldsymbol{x}_i,\boldsymbol{u}_i)=\boldsymbol{x}_i'\boldsymbol{\beta}(\boldsymbol{u}_i) \tag{1.3}$$

模型技术思想同样在于使用一元非参数结构之和替代多元非参数结构模型，一方面减少了建模偏差，削弱了维数过高对估计方法稳健性的影响，避免了“维数灾难”问题，另一方面保证了模型本身具有类似于线性模型的良好可读性，适用范围广泛。

近年来，变系数模型研究在独立数据和面板数据中都取得显著成果，基于独立数据 (包括横截面单元数据和时间序列数据) 的研究方法包括局部多项式估计 (Cai et al., 2000)、光滑样条 (Chiang et al., 2001) 和截面似然估计 (Fan, Huang, 2005) 等。而对于面板数据研究则分为时间变系数模型和一般变系数模型 (Wu et al., 1998)，时间变系数模型为

$$E(y_i\,|\boldsymbol{x}_i)=\boldsymbol{x}_i'\boldsymbol{\beta}(t_i)$$

面板数据变系数模型的研究方法则包括局部多项式估计、光滑样条和截面最小二乘估计等，取得了众多优秀成果 (Xue, Zhu, 2007; Cai, 2007; Cai, Li, 2008; Zhou,

Liang, 2009)。同时，变系数模型的模型形式推广以及估计量检验也在近年来取得较多显著成果 (张日权，卢一强, 2004; Ip et al., 2007; Hong, Lian, 2012)，提高了变系数模型的应用价值。

虽然可加模型、单指数模型、变系数模型等半参数模型分别采用不同的函数形式估计变量的结构关系，但都是旨在降低 "维数灾难" 对于模型估计方法稳健性的影响，增强模型的解释能力，提高估计方法的稳健性 (Horowitz, 2009)。另外不同降维思想之间也存在许多共通之处，如推广的可加模型和单指数模型思想都借鉴了投影寻踪回归的思想 (Friedman, Stuetzle, 1981)。相对于传统多元非参数模型的估计方法，以上不同的降维技术方法均成功提高了参数和未知函数估计方法的稳健性，故而在时间序列模型、多元非参数回归及金融利率模型中都得到了成功应用 (Gao, 2007)。

1.2 空间计量模型

空间计量经济学主要是在经济学模型中处理空间效应的一系列方法。由于空间变量存在空间关联性等特殊性质，其违背了经典计量学分析关于样本独立的基本假设，因此，在很多情况下不能直接用经典回归分析方法研究空间问题，否则可能得到错误的结论。因此研究空间变量之间的关系，需要在经典回归分析模型的基础上发展合适的空间计量分析方法，适用于空间数据的分析，空间计量经济学的研究对象为各种空间相互作用的现象，研究框架为横截面和面板数据的空间计量模型，通过对参数进行合理限制，引入描述空间变量特征的回归模型，消除空间相关性影响。这里我们统称为空间计量模型。研究空间计量模型的性质，首先确定空间权重矩阵和空间相关性大小。

1.2.1 空间权重矩阵和空间相关性度量方法

空间相关性的研究主要表现在两个方面：一个方面是空间实质相关性，由空间相互影响 (空间外部性等) 造成的计量模型中被解释变量的相关性；另一个方面是空间扰动相关性，可能是由于忽视了一定的空间影响造成的模型残差间存在空间相关性 (Anselin, 2001)。

空间权重矩阵是空间相关性的定量化测度，是描述数据空间结构的基础。假设研究区域有 N 个空间单元，任何两个都存在一个空间关系，这样就有 $N\times N$ 对关系。于是需要 $N\times N$ 的矩阵存储这 N 个空间单元之间的关系。关于空间权重矩阵的构造方式很多，最简单的方法是基于空间单元的二元邻接关系得到相应的邻接矩阵，如果观测值 i 和 j 所在的空间单元在地理上相邻，即存在共同的边界，则 $w_{ij}=1$，否则 $w_{ij}=0$；主对角线上元素 w_{ij} 为零，即空间单元和其自身不存在空间自相关。

空间权重矩阵的常用计算方法包括基于连通矩阵和距离两种方法 (Bailey, Gatrell, 1995)：其一，基于连通矩阵的二元空间权重矩阵一般有 Rook 邻近和 Queen 邻近两种计算方法，其中，Rook 邻近以仅有共同边界来定义 “邻居”，而 Queen 邻近则除了共有边界邻区外还包括共同顶点的邻居；其二，基于距离的二元空间权重矩阵则以权重矩阵 $\boldsymbol{W}$ 代表了不同空间单元之间距离的函数，即 $w_{ij} = w_{ij}(d)$，其中 d 是两个空间单元的距离，在实际应用中，距离的定义常常不局限于欧氏距离，在有些情况下还用经济距离、社会距离、制度距离等等。由地理学第一定律，两个对象之间的空间关系是其距离的倒数，故使用距离作为权重描述空间关系有很好的理论基础。因为空间作用关系随着距离的增加而减弱。因此，当使用距离矩阵时，权重是距离的倒数，但是根据空间过程的经验研究，很多空间关系的强度随着距离的减弱程度要强于线性比例关系，因此经常采用平方距离的倒数作为权重。另外，为了处理的方便，空间矩阵中的空间因子通常会进行标准化，在估计中通常利用的是标准化后的空间矩阵。

空间自相关的度量方法可以分为全局空间自相关和局部空间自相关。全局空间自相关是从全部区域上得到的，描述的是所有面积单元的整体空间关系。全局空间自相关的测量指标主要有 Moran's I 统计量、Geary C 统计量以及 G 统计量等 (Cliff, Ord, 1973, 1981; Getis, Ord, 1992)；进行全局空间相关性测试后，需要进行热点区域探测，即局部空间相关性测试。局部空间相关性测试能够有效探测由于空间相关性引起的空间差异，判断空间对象属性取值的空间热点区域或高发区域，从而弥补全局空间相关性分析的不足。测量局部空间自相关的统计量有局部 Moran's I 统计量、局部 Geary C 统计量、局部 G 统计量和 Moran 散点图等 (Anselin, 1995; Ord, Getis, 1995; Getis, Ord, 1996)，并且可以结合空间经济现象的内在机制，选择适当统计指标，用以反映经济变量的空间特征。

目前在空间计量经济学理论研究中比较常用的模型包括参数空间计量模型、非参数/半参数空间计量模型等。结合本书研究主题，这里简要介绍以下几类空间计量模型。

1.2.2　参数空间计量模型

最初，大多数空间计量经济学的研究主要是理论空间计量经济学，基于截面数据和面板数据回归模型，取得了较为满意的研究成果。近些年来，随着地理信息系统 (GIS) 和空间数据分析软件，以及数据处理技术、信息技术的发展，空间计量经济学取得了长足的发展，在区域科学和经济地理学得到了广泛应用，并且开始应用于国际经济学、劳动经济学、公共经济、环境经济学、传染病学及生态学等诸多领域。可以说，空间计量经济学的发展极大促进了空间分析在众多领域中的应用，为人们研究社会经济等问题开辟了新的视野。考虑到本书涉及的主要研究内容，我们通过介绍一些基本截面数据和面板数据参数空间计量模型说明研究的发展趋势。

1.2.2.1 截面数据空间计量模型

参考 Cliff 和 Ord(1973, 1981)，截面数据空间计量模型的一般形式可写成

$$\begin{aligned} y_i &= \rho(\boldsymbol{W}_1\boldsymbol{Y})_i + \boldsymbol{x'}_i\boldsymbol{\beta} + u_i \\ u_i &= \lambda(\boldsymbol{W}_2\boldsymbol{u})i + \varepsilon_i \end{aligned} \tag{1.4}$$

其中，$\boldsymbol{Y} = (y_1, y_2, \cdots, y_N)'$ 是 $N\times 1$ 维被解释变量观测值，$\boldsymbol{x}_i$ 表示 $p\times 1$ 维解释变量观测值，$\boldsymbol{u} = (u_1, u_2, \cdots, u_N)'$ 是随空间变化的误差项，$\boldsymbol{\varepsilon} = (\varepsilon_1, \varepsilon_2, \cdots, \varepsilon_n)'$ 是白噪声且满足 $\varepsilon_i \sim \text{i.i.d.}(0, \sigma^2)$。$\rho(\boldsymbol{W}_1\boldsymbol{Y})_i$，$\lambda(\boldsymbol{W}_2\boldsymbol{u})_i$ 为滞后项，其中，参数 ρ 反映因变量的空间邻接单元对于因变量的解释程度，λ 反映了误差项的空间邻接项对于其本身的解释程度，为了保证模型平稳性，一般需要满足 $|\rho| < 1$，$|\lambda| < 1$，$\boldsymbol{W}_1$ 和 $\boldsymbol{W}_2$ 是已知的空间权重矩阵。$\boldsymbol{\beta}$ 为 $p\times 1$ 维回归系数，反映了解释变量对于因变量变化的影响，对 (1.4) 增加某些限定，可导出多种不同形式的计量模型。若 $\boldsymbol{W}_2 = \boldsymbol{0}$，则得到空间滞后模型；若 $\boldsymbol{W}_1 = \boldsymbol{0}$，则推出空间误差模型；若 $\boldsymbol{W}_1 = \boldsymbol{0}$，$\boldsymbol{W}_2 = \boldsymbol{0}$，则模型变为普通的线性回归模型。

由于空间滞后模型中的滞后项 $\boldsymbol{WY}$ 与随机误差项 $\boldsymbol{\varepsilon}$ 相关，所以会导致模型出现内生性，若继续使用 OLS 进行估计则会得到有偏估计，故而使用其他可行的估计方法，如极大似然估计 (Ord, 1975; Anselin, 1988a; Smirnov, Anselin, 2001)、工具变量法 (Anselin, 1988a)、矩估计方法 (Kelejian, Robinson, 1993; Kelejian, Prucha, 1999, 2010; Lee, 2003, 2007a, 2007b)、Bayesian 估计 (Besag et al., 1991; Besag et al., 1995; Hepple, 1995a, 1995b; LeSage, 1997) 和拟极大似然方法 (Lee, 2004) 等。

对截面数据空间滞后模型，其数学表达式为

$$y_i = \rho(\boldsymbol{W}_1\boldsymbol{Y})_i + \boldsymbol{x'}_i\boldsymbol{\beta} + u_i \tag{1.5}$$

对截面数据空间误差模型，其数学表达式为

$$\begin{aligned} y_i &= \boldsymbol{x'}_i\boldsymbol{\beta} + u_i \\ u_i &= \lambda(\boldsymbol{W}_2\boldsymbol{u})_i + \varepsilon_i \end{aligned} \tag{1.6}$$

通过 Anselin(2001) 和 Fingleton(2003) 等对于空间外部性的讨论，空间误差自回归实际上对应的是空间总体相关效应，因此式 (1.6) 可写成如下形式以说明空间误差自回归形式如何导致空间总体相关效应：

$$\begin{aligned} (\boldsymbol{I} - \lambda\boldsymbol{W})\boldsymbol{Y} &= (\boldsymbol{I} - \lambda\boldsymbol{W})\boldsymbol{X\beta} + \boldsymbol{\varepsilon} \\ \boldsymbol{Y} &= \lambda\boldsymbol{WY} + \boldsymbol{X\beta} - \lambda\boldsymbol{WX\beta} + \boldsymbol{\varepsilon} \end{aligned}$$

可以看出，空间误差回归模型实际上对应的空间结构有两个，一个是被解释变量的空间自回归变量，另一个是解释变量的空间自回归变量。

空间计量经济模型的相关检验，旨在判断地区间经济行为的空间相关性是否存在，主要关注点是空间计量经济模型残差分布未知情况下模型中空间相关性的检验与诊断问题，一般通过包括 Moran's I 检验 (林光平等, 2007; 龙志和等, 2009; 欧变玲等, 2009, 2010)、两个拉格朗日乘数 (Lagrange Multiplier) 形式 LMERR、LMLAG 和稳健 (Robust) 的 ROLMERR、ROLMLAG(林光平等, 2007; 林怡坚, 2011)、J 检验 (Burridge, Fingleton, 2010) 等来进行。由于事先无法根据先前经验推断在 SLM 和 SEM 模型中是否存在空间依赖性，有必要构建一种判别准则，以决定哪种空间模型更加符合客观实际。Anselin 等 (2004) 提出了如下判别准则：如果在空间依赖性的检验中发现，LMLAG 较之 LMERR 在统计上更加显著，且 ROLMLAG 显著而 ROLMERR 不显著，则可以断定适合的模型是空间滞后模型；相反，如果 LMERR 比 LMLAG 在统计上更加显著，且 ROLMERR 显著而 ROLMLAG 不显著，则可以断定空间误差模型是恰当的模型。除了拟合优度 R^2 检验以外，常用的检验准则还有自然对数似然函数值 (Log Likelihood, Log L)、似然比率 (Likelihood Ratio, LR)、赤池信息准则 (Akaike Information Criterion, AIC)、施瓦兹准则 (Schwartz Criterion, SC)。对数似然值越大，似然率越小，AIC 和 SC 值越小，模型拟合效果越好。这几个指标也用来比较 OLS 估计的经典线性回归模型和 SLM，SEM，似然值的自然对数最大的模型最好。值得一提的是，此方面国内学者的研究成果较为突出。

1.2.2.2　面板数据空间计量模型

对空间面板数据模型的研究，可追溯到 Anselin (1988) 提出的空间似无关模型 (Spatial SUR)，假定模型系数和随机误差项的方差随时间而变，但不随截面单元而变，根据空间依赖性的来源又可分为空间滞后 SUR 模型和空间误差 SUR 模型。近年来，空间面板数据模型理论研究得到极大的发展，大量应用于实证研究中。Anselin, Elhorst, Baltagi, Lee, Kelejian 和 Prucha 等计量学家均有突出贡献。在空间计量模型的研究中，Anselin (2001) 分析了空间面板数据的估计方法，Baltagi 等 (2003) 做了进一步研究，这类模型即为 Anselin 模型；Elhorst (2003, 2005) 翔实概述了空间自相关和空间误差相关两种情况下，空间面板固定效应、空间面板随机效应等模型估计的方法及渐近性质。除此之外，将动态性引进空间计量模型，也是研究发展的一大特点，Elhorst (2005), Su 和 Yang (2007), Yu 等 (2008) 均做了很多有意义的探索工作，成果显著，见 Lee 和 Yu (2010b) 的综述。对于 N 个空间个体 T 期观测的样本数据，面板数据空间计量模型模型数学表述如下：

$$\begin{aligned} y_{it} &= \rho(\boldsymbol{W}_1\boldsymbol{Y}_t)_i + \boldsymbol{x}'_{it}\boldsymbol{\beta} + b_i + \mu_t + u_{it} \\ u_{it} &= \lambda(\boldsymbol{W}_2\boldsymbol{u}_t)_i + \varepsilon_{it} \end{aligned} \tag{1.7}$$

其中，$1 \leqslant i \leqslant N$，$1 \leqslant t \leqslant T$，$\boldsymbol{Y}_t = (y_{1t}, y_{2t}, \cdots, y_{Nt})'$ 是 $N \times 1$ 维被解释变量在第

t 期的观测值，$\boldsymbol{x}_{it} = (x_{1it}, x_{2it}, \cdots, x_{pit})'$ 为 $p \times 1$ 维的解释变量的第 i 个个体在第 t 期的观测值，$\boldsymbol{\beta} = (\beta_1, \beta_2, \cdots, \beta_p)'$ 为 $p \times 1$ 维回归系数，$\boldsymbol{\varepsilon}_t = (\varepsilon_{1t}, \varepsilon_{2t}, \cdots, \varepsilon_{Nt})'$ 是第 t 期的白噪声并且满足 $E(\boldsymbol{\varepsilon}_t) = \mathbf{0}$，$E(\boldsymbol{\varepsilon}_t\boldsymbol{\varepsilon}'_t) = \sigma^2\boldsymbol{I}_N$，$\boldsymbol{u}_t = (u_{1t}, u_{2t}, \cdots, u_{Nt})'$ 为第 t 期的误差项，模型中 b_i 和 μ_t 分别描述了样本的个体特性以及时间特性，而空间权重矩阵 $\boldsymbol{W}_1$ 和 $\boldsymbol{W}_2$ 分别反映了个体变量和误差项的空间相关性，并且满足对角线元素为 0，非对角线上的元素反映了个体变量或者误差项对于临近区域的影响。因此，若样本的个体特性或时间特性为固定的，则为固定效应空间计量模型，否则为随机效应空间计量模型。类似地，也可以得到面板数据空间滞后模型和面板数据误差滞后模型的具体形式，这里不再重复说明。对面板数据空间计量模型的估计方法同样可以利用极大似然估计，可参见 Elhorst (2003) 及 Lee 和 Yu (2010b)，这里不再赘述。

在本书中，我们主要研究了面板数据空间滞后模型，即对于 (1.4) 中 $\lambda = 0$ 的情形，面板数据误差滞后模型在估计方法上，与面板数据空间滞后模型的极大似然估计类似。同时我们在本书中考虑在 $N \to \infty$ 并且 $T \to \infty$ 时估计量的大样本性质，否则，其他样本估计量的大样本性质需要进行进一步讨论研究。

有关空间计量模型对社会经济问题中的研究多集中于经济收敛性、房价分析、社会和人口发展、经济发展等领域，并随之发展了基于相互溢出效应宏观模型、路径依赖和不完全竞争的新地理经济模型等的经济理论，鉴于空间分析包括的内容较多，其他部分模型的应用不再逐一列述。

1.2.3 非参数/半参数空间计量模型

1.2.3.1 基于空间数据的非参数/半参数回归模型

随着空间计量模型的研究在区域经济领域的日趋深入，经济学家发现基于空间数据的经济模型的结构往往非常复杂，模型内部可能存在非常复杂的非线性交互作用机制，不仅存在变量的空间关联作用，而且变量之间的非线性特征也较为突出。因此，借鉴了非参数模型/半参数模型和空间计量模型理论双重视角的非参数/半参数空间计量模型的研究引起了学者的兴趣，Robinson(2008) 论述了基于空间数据的非参数回归模型研究的意义，指出忽略数据的空间关联性会造成传统截面数据和面板数据模型的非参数分析方法失效。由于考虑空间数据的非参数计量模型形式较少，因此初期模型的理论研究多数是基于不同空间数据过程，研究不同结构的非参数空间计量模型估计方法；在进一步的研究中，为了突破“维数灾难”的限制，提高模型本身的应用价值，关于空间数据非参数降维模型的研究也得到了许多学者的关注，理论研究的重心则逐渐转移到对模型的统计推断方法的研究上来，侧重于提高模型估计方法的稳健性。

Chen 和 Conley(2001) 在研究工业部门产值联动增长和相似的部门技术之间

的关系时，考虑了空间面板数据的向量自回归 (VAR) 模型，利用两步 Sieve 估计法对模型进行估计，推导并模拟了估计方法的统计性质，该模型实质上相当于将参数线性空间自回归模型的权重矩阵设计成半参数形式。Lu 和 Chen(2002)，Hallin 等 (2004a, 2004b) 考虑了数据结构的空间特征，尝试引入了非参数核密度估计的思想对模型加以估计。

早期非参数方法在空间计量模型中的应用非常有限，一个重要原因即为"维数灾难"，应用空间计量方法研究邻近空间单元的影响时，往往需要考虑多个单元的高维非参数回归模型，导致非参数估计的精度会随着解释变量维度的增加而迅速下降，为此基于空间数据的半参数模型的研究得到了关注，Gao 等 (2006) 建立了二维规则格点空间数据过程的半参数自回归模型，并利用局部线性核估计边际积分方法得到了半参数估计；Lu 等 (2007) 放宽对马尔可夫随机场和克里格方法关于参数的假设，用非参数可加结构来逼近空间随机变量的条件均值，并将后向拟合法推广到空间数据情形从而得到非参数可加结构的估计。

近期的研究中，计量经济学家则主要关心非参数空间模型的统计推断方法的稳健性。Xu 和 Wang(2008) 以及 Gheriballah 等 (2010) 分别对基于不同的空间数据过程的非参数模型给出了局部线性法和稳健非参数估计方法，并证明了方法的大样本性质。Robinson(2011) 则基于空间相关数据建立了一个较为合理的描述空间的短期和长期依赖的结构模型，推导出了模型的 Nadaraya-Watson 估计方法的渐近理论；利用 Robinson(2011) 的统计推断的思想，Jenish(2011) 研究了基于空间近期依赖 (Near-epoch Dependent) 过程的模型的局部线性估计，并证明了方法的大样本理论。

由上述研究可以看出现有的科研成果多数是基于规则空间格点数据的非参数计量模型，而这种模型至多是对经济现象的近似，而不易适用于实证分析，原因在于实际的空间数据很容易被不规则的空间因素所隔开。在深入研究中，Robinson(2010) 发现这类模型的统计推断方法的大样本性质通常难以验证，而且方法往往不能适用于时间序列数据和截面数据模型。有鉴于此，有关学者进一步提出了非参数空间自回归模型，通过引入权重矩阵，有效利用空间距离描述空间变量的依赖性，具有显著的现实意义，并且模型的统计推断方法具有良好的渐近性质，在实际经济分析中得到了广泛应用。

1.2.3.2　非参数/半参数空间计量模型

非参数思想在空间计量模型中最早的应用焦点，是将误差服从高斯分布的空间自回归模型推广至误差服从未知分布的空间自回归模型 (Robinson, 2008), Lee (2004) 对截面数据空间滞后模型给出了拟极大似然估计 (Quasi Maximum Likelihood Estimation) 方法并证明了该方法具有良好的大样本性质，由于模型的本身结构形式为参数空间自回归模型，因此随着参数空间计量模型的研究深入，模型在面板数据的研究中也得到广泛应用 (Lee, Yu, 2010b)。在国内研究中，张征宇和朱平芳 (2009) 研究了当误差项为一般分布时，同时具有个体和时间固定效应的空间动态面板模型的矩估计方法及其大样本性质；龙志和等 (2009) 基于空间自回归模型，提出了空间相关性的 Bootstrap 检验方法，说明在误差项服从一般分布且存在异方差时，其方法能够在非参数情况下有效地校正渐近检验时的水平扭曲。

上述模型中的焦点在于考虑了误差的形式为非参数，而并未涉及模型结构本身的非参数形式，因此，对模型解释变量形式限制较少的非参数空间回归模型在近几年引起了学者注意，为完善空间计量模型的研究体系，提高模型在实际研究中应用价值，根据 Su(2012) 的研究，非参数空间计量模型一般数学表达形式为

$$\begin{aligned} y_i &= \rho(\boldsymbol{W}_1\boldsymbol{Y})_i + \boldsymbol{m}(\boldsymbol{x}_i) + u_i \\ u_i &= \lambda(\boldsymbol{W}_2\boldsymbol{u})_i + \varepsilon_i \end{aligned} \tag{1.8}$$

其中，$1 \leqslant i \leqslant N$，$\boldsymbol{m}(\boldsymbol{x}_i)$ 为未知函数，其余变量定义和前文类似。当前关于非参数空间自回归模型的研究旨在得到未知函数和空间相关系数的稳健估计，相比于 Robinson(2011) 中的空间计量模型，Su 和 Jin(2010) 考虑了更为一般的模型形式，首先假设误差分布和解释变量的函数结构均为未知形式对其进行建模，然后用拟极大似然估计方法对一类部分线性的半参数混合空间滞后模型进行估计，并且验证了估计方法的大样本性质；基于相同的建模思想，Su(2012) 利用广义矩方法对半参数混合空间自回归模型进行估计，并证明了估计量的渐近性质。

与截面数据非参数空间计量模型的设定形式类似，参考 Su(2012)、Hu 等 (2014) 中涉及的非参数空间计量模型的设定形式，则面板数据非参数空间计量模型的数学表达式为

$$\begin{aligned} y_{it} &= \rho(\boldsymbol{W}_1\boldsymbol{Y}_t)_i + g(\boldsymbol{x}_{it}) + b_i + u_{it} \\ u_{it} &= \lambda(\boldsymbol{W}_2\boldsymbol{u}_t)_i + \varepsilon_{it} \end{aligned} \tag{1.9}$$

其中，$1 \leqslant i \leqslant N, 1 \leqslant t \leqslant T$，$y_{it}$ 为被解释变量在第 i 个截面单元第 t 个时刻的观测值，$\boldsymbol{Y}_t = (Y_{1t}, \cdots, Y_{Nt})'$，$\boldsymbol{x}_{it} = (x_{it1}, \cdots, x_{itp})'$ 为 p 个解释变量在第 i 个截面单元第 t 个时刻的观测值向量，ρ 和 λ 为空间相关系数，$\boldsymbol{W}_1$，$\boldsymbol{W}_2$ 为预先设定的空间权重矩阵，$\boldsymbol{W}_1\boldsymbol{Y}_t$，$\boldsymbol{W}_2\boldsymbol{u}_t$ 分别代表被解释变量的空间滞后项和误差滞后项。在 $\lambda = 0$ 时，式 (1.9) 为面板数据非参数空间滞后模型，在 $\rho = 0$ 时，式 (1.9) 为面板数据非参数误差滞后模型。$g(\cdot)$ 是多元未知连接函数，b_i 为第 i 个截面单元的个体效应，u_{it} 为第 i 个截面单元第 t 个时刻观测值的误差项，ε_{it} 为第 i 个截面单元第 t 个时刻观测值的随机干扰项，$\varepsilon_{it} \sim \text{i.i.d.}N(0, \sigma_\varepsilon^2)$，当 $\{b_i\}$ 与 $\{\boldsymbol{x}_{it}\}$ 相关时，式 (1.9) 为固定效应空间计量模型，固定效应的可辨识条件为 $\sum b_i = 0$；当 $\{b_i\}$ 与 $\{\boldsymbol{x}_{it}\}$ 不相关时，则式 (1.9) 为随机效应空间计量模型。Hu 等 (2014) 研究了一类面板数据非参数误差滞后模型，并验证了其统计推断方法大样本性质。

容易看出，式 (1.9) 的估计可能存在“维数灾难”问题，即随着解释变量的维度增加，多元未知连接函数 $g(\cdot)$ 估计的稳健性会迅速下降。因此，关于半参数模型的研究具有重要现实意义，另外特定形式的半参数模型对经济关系的描述相比于一般模型更具灵活性。

参考半参数回归模型和非参数空间计量模型的设定形式，我们可以得到空间单指数模型和空间变系数模型的数学表述分别为

$$\begin{aligned} y_i &= \rho(\boldsymbol{W}_1\boldsymbol{Y})_i + g(\boldsymbol{x}_i'\boldsymbol{\beta}) + u_i \\ u_i &= \lambda(\boldsymbol{W}_2\boldsymbol{u})_i + \varepsilon_i \end{aligned} \tag{1.10}$$

$$\begin{aligned} y_i &= \rho(\boldsymbol{W}_1\boldsymbol{Y})_i + \boldsymbol{x}_i'\boldsymbol{\beta}(\boldsymbol{u}_i) + u_i \\ u_i &= \lambda(\boldsymbol{W}_2\boldsymbol{u})_i + \varepsilon_i \end{aligned} \tag{1.11}$$

在半参数空间计量模型研究中，李坤明和陈建宝 (2013) 提出了变系数空间自回归模型，验证了其所构建非参数空间模型的截面似然估计方法具有良好的大样本性质。关于截面数据空间单指数模型和变系数模型研究可以参见李坤明和陈建宝 (2013)、陈建宝和乔宁宁 (2015, 2017)。

相比于参数空间计量模型的应用领域，关于非参数空间计量模型的应用领域主要集中在经济地理和区域经济的研究中，究其原因，相对其他研究领域，区域经济研究中模型结构更为复杂，系统内部可能存在复杂的非线性交互作用机制，不仅存在变量的空间外部性，而且变量之间非线性特征也非常突出。由于经典的参数回归模型难以对上述现象作出合理解释，因此，关于非参数空间计量模型的实证研究则提供了一个良好的思路。

Chen 和 Conley(2001) 最早借鉴了非参数的空间建模思想研究工业部门产值联动增长和相似的部门技术之间的非线性关系。Pinkse 等 (2002) 基于美国石油市场的空间面板数据，利用半参数方法分别研究了全球化竞争模型和本地化竞争模型，最终发现石油市场竞争呈现高度本地化特征。

从以上研究可知，关于非参数空间计量模型早期的应用研究都是基于非参数思想来研究空间经济模型的内在结构。而随着理论研究的深入和实际问题的需要，当前关于非参数空间计量模型的实证研究，一方面旨在提高整体空间计量模型的回归效果，另一方面则为了有效说明经济变量的空间外部性和变量之间的非线性作用。

Gress(2004) 引入了两种半参数空间自回归模型对欧洲房价的影响因素进行研究，并通过与参数模型进行对比说明了半参数模型对经济现象的解释更为准确，相关的估计方法也具有更好的稳健性。Basile 和 Gress(2004) 在欧洲区域经济增长行为研究中，通过对不同模型权衡取舍，发现相对基于空间计量模型所得的结论，基于半参数空间自协方差模型得到的结果更加贴合实际，并且说明了即便在考虑了

经济变量存在空间依赖的条件下，地区经济增长和失业率之间仍然存在显著非线性关系。

进一步，在对欧洲区域经济增长问题的深入研究中，不仅印证了非参数空间计量模型的应用价值，而且说明了对模型进行合理设定可以对具体的经济问题进行有效解释。Basile(2008) 基于 155 个欧洲地区在 1988—2000 年的面板数据，利用新古典增长模型和半参数空间杜宾模型研究其增长特征，发现最初的人均收入和人力资本投资的影响呈现非线性特征，并且区域空间溢出效应在不同地区之间也有所差异。在对西欧国家劳动生产率的研究中，Basile(2009) 利用半参数可加空间自回归模型分析了多重因素对不同地区的生产率长期稳态水平的影响，通过研究发现，不同地区劳动生产率所存在的差异主要由地区间的空间依赖作用和增长行为的非线性特征联合决定。

非参数/半参数空间计量模型的应用不仅能够合理地描述实际的经济现象，而且可以完善传统区域经济分析中所得到的结论。Robinson 和 Supachoke(2012) 对基于空间数据的半参数部分线性模型提出一类工具变量估计方法并证明了方法的大样本性质，随后利用这种方法研究了不同时期印度的地租制度的空间关联影响，验证了不同时期经济增长的空间关联程度存在的差异，改善了 Banerjee 和 Iyer(2005) 基于参数模型所得到的结论，说明了非参数回归模型的使用可以更为有效地描述非业主比例 (NL) 所造成的影响。

考虑到研究模型在实证分析中的意义，我们考虑构建面板数据半参数空间计量模型，解决在面板数据非参数空间计量模型 (1.9) 中可能出现的“维数灾难”问题。本书研究主要考虑两类降维模型：空间滞后单指数面板模型与空间滞后变系数面板模型。

参考关于非参数空间计量模型和单指数模型的设定形式 (Su, 2012; Pang, Xue, 2012, Hu 等, 2014)，则一般的面板数据空间单指数模型的数学表达式为

$$\begin{aligned} y_{it} &= \rho(\boldsymbol{W}_1\boldsymbol{Y}_t)_i + g(\boldsymbol{x}'_{it}\boldsymbol{\beta}) + b_i + u_{it} \\ u_{it} &= \lambda(\boldsymbol{W}_2\boldsymbol{u}_t)_i + \varepsilon_{it} \end{aligned} \tag{1.12}$$

其中，$1 \leqslant i \leqslant N$, $1 \leqslant t \leqslant T$，$y_{it}$ 为被解释变量在第 i 个截面单元第 t 个时刻的观测值，$\boldsymbol{Y}_t = (Y_{1t}, \cdots, Y_{Nt})'$，$\boldsymbol{x}_{it} = (x_{it1}, \cdots, x_{itp})'$，$\rho$ 和 λ 为空间相关系数，$\boldsymbol{W}_1$，$\boldsymbol{W}_2$ 为预先设定的空间权重矩阵，$\boldsymbol{W}_1\boldsymbol{Y}_t$，$\boldsymbol{W}_2\boldsymbol{u}_t$ 分别代表被解释变量的空间滞后项和误差滞后项。在 $\lambda = 0$ 时，式 (1.12) 为面板数据空间滞后单指数模型，在 $\rho = 0$ 时，式 (1.12) 为面板数据误差滞后单指数模型。$g(\cdot)$ 是一元未知连接函数 (多指数模型对应多元连接函数)，解决了在面板数据非参数空间计量模型可能出现的“维数灾难”问题，b_i 为第 i 个截面单元的个体效应，u_{it} 为第 i 个截面单元第 t 个时刻观测值的误差项，ε_{it} 为第 i 个截面单元第 t 个时刻观测值的随机

干扰项，$\varepsilon_{it} \sim \text{i.i.d.}N(0,\sigma_\varepsilon^2)$。当 $\{b_i\}$ 与 $\{\boldsymbol{x}_{it}\}$ 相关时，式 (1.12) 为固定效应空间单指数模型，固定效应的可辨识条件为 $\sum b_i = 0$；当 $\{b_i\}$ 与 $\{\boldsymbol{x}_{it}\}$ 不相关时，则式 (1.12) 为随机效应空间单指数模型。本书在第 2 章和第 3 章分别讨论了固定效应空间滞后单指数模型和随机效应空间滞后单指数模型，关于误差滞后模型的性质类似可以得到，故不在本书中逐一讨论。

考虑面板数据空间变系数模型，参考 (Fan，Huang，2005) 和 (Su, 2012) 的模型设定，其数学表述为

$$\begin{aligned} y_{it} &= \rho(\boldsymbol{W}_0\boldsymbol{Y}_t)_i + \boldsymbol{x}'_{it}\boldsymbol{\beta}(u_{it}) + b_i + \varepsilon_{it} \\ u_{it} &= \lambda(\boldsymbol{W}_2\boldsymbol{u}_t)_i + \varepsilon_{it} \end{aligned} \tag{1.13}$$

其中，$1 \leqslant i \leqslant N, 1 \leqslant t \leqslant T$，$y_{it}$ 为被解释变量在第 i 个截面单元第 t 个时刻的观测值，$\boldsymbol{Y}_t = (Y_{1t}, \cdots, Y_{Nt})'$，$\boldsymbol{x}_{it} = (x_{it1}, \cdots, x_{itp})'$，$\rho$ 和 λ 为空间相关系数，$\boldsymbol{W}_1$，$\boldsymbol{W}_2$ 为预先设定的空间权重矩阵，$\boldsymbol{W}_1\boldsymbol{Y}_t$，$\boldsymbol{W}_2\boldsymbol{u}_t$ 分别代表被解释变量的空间滞后项和误差滞后项。在 $\lambda = 0$ 时，式 (1.13) 为面板数据空间滞后变系数模型，在 $\rho = 0$ 时，式 (1.13) 为面板数据误差滞后变系数模型。回归系数满足 $\boldsymbol{\beta}(u) = (\beta_1(u), \cdots, \beta_p(u))'$，其中 $\beta_1(u), \cdots, \beta_p(u)$ 均为一元未知函数，u_{it} 为一维或者维数较低的多元随机变量，在本书中我们主要讨论 u_{it} 为一维变量的情况，通过变系数的形式，式 (1.13) 在一定程度上解决了在面板数据非参数空间计量模型可能出现的"维数灾难"问题，并且模型本身具有良好的可读性。b_i 为第 i 个截面单元的个体效应，u_{it} 为第 i 个截面单元第 t 个时刻观测值的误差项，ε_{it} 为第 i 个截面单元第 t 个时刻观测值的随机干扰项，$\varepsilon_{it} \sim \text{i.i.d.}N(0,\sigma_\varepsilon^2)$。当 $\{b_i\}$ 与 $\{\boldsymbol{x}_{it}\}$ 相关时，式 (1.13) 为固定效应空间变系数模型，关于固定效应的可辨识条件为 $\sum b_i = 0$；当 $\{b_i\}$ 与 $\{\boldsymbol{x}_{it}\}$ 不相关时，则式 (1.13) 为随机效应空间变系数模型。本书在第 4 章和第 5 章分别讨论了固定效应空间滞后变系数模型和随机效应空间滞后变系数模型，另外，在第 6 章实证研究中，利用固定效应空间滞后变系数模型和随机效应空间滞后变系数模型研究随着产业结构升级变量变化，金融发展对经济增长的作用的变化规律。关于误差滞后模型的性质可以类似得到，故不在本书中逐一讨论。

1.3 相关估计方法和计算方法

面板数据空间滞后单指数模型和面板数据空间滞后变系数模型的理论及应用研究是本书探讨的主要内容，本书在前人研究的基础上，对面板数据空间滞后单指数模型和空间滞后变系数模型，分别给出了其固定效应和随机效应模型的估计方法，以期为非参数计量模型和空间计量经济模型的理论研究提供有益的补充，相应的研究方法可以推广至误差滞后单指数模型和误差滞后变系数模型之中，故本书不再赘述。

本研究所考虑的模型综合了非参数计量模型和空间计量经济模型的特点，模型待估参数涉及空间自回归系数、空间常系数和未知函数部分，相关的估计方法要根据模型本身存在的特点，进行有效结合或者进一步拓展，而具体方法的运用视情况而定。模型理论研究中关于参数和非参数估计量的大样本性质的证明以计量经济学、概率论与数理统计、矩阵理论、最优化理论为基础；模型的应用研究则基于内生经济增长模型。

综上，本节主要介绍非参数/半参数模型估计中常用的局部拟合估计方法，包括局部常数估计、局部线性估计、局部多项式估计；空间计量模型估计中用到的拟极大似然估计和截面似然估计方法；非参数估计中常用的窗宽的选择方法。估计方法的数值模拟基于蒙特卡罗 (Monte-Carlo) 模拟方法，涉及模型的统计推断时，也会用到 Bootstrap 方法。

1.3.1 非参数/半参数模型的估计方法

由模型 (1.1)，考察一组样本 $\{\boldsymbol{x}_i, y_i\}_{i=1}^N$，其中 $\boldsymbol{x}_i$ 为 $p\times 1$ 维向量，y_i 为 1×1 维向量，用非参数模型表示随机变量 $\boldsymbol{x}_i$ 和 y_i 的关系：

$$E(y_i\,|\boldsymbol{x}_i) = m(\boldsymbol{x}_i)$$

经典的参数回归模型只是简单地取条件期望为线性形式或已知的非线性形式，但是，在实际应用中，参数模型往往面临模型误设的风险，而非参数模型大大地放松了对描述解释变量与被解释变量关系的函数形式，根据数据选择最合适的函数形式，因而非参数模型在揭示模型结构上具有非常强的可塑性。

我们考虑最简单的情形，即 $\boldsymbol{x}$ 为一元解释变量，假设 $(x_1, y_1), \cdots, (x_n, y_n)$ 为来自二元随机变量 (x, y) 的一组独立同分布样本，此时对应的非参数模型可表示为

$$y_i = m(x_i) + \varepsilon_i \tag{1.14}$$

其中，$\varepsilon_i \sim N(0, \sigma^2(x_i))$，$i = 1, \cdots, N$，对于上述非参数模型，常用的估计方法包括基函数逼近方法 (样条函数)、局部拟合方法。基于本书理论研究需要，本节将重点介绍局部拟合方法，包括局部常数估计、局部线性估计、局部多项式估计等常用的估计方法。

1.3.1.1 *局部常数估计*

对模型 (1.14)，未知函数 $m(x)$ 的局部常数估计为

$$\hat{m}(x) = \frac{\sum\limits_{i=1}^{N} y_i K\left((x_i - x)/h\right)}{\sum\limits_{i=1}^{N} K\left((x_i - x)/h\right)} \tag{1.15}$$

其中 $K\left((x_i-x)/h\right)$ 是核函数，h 是窗宽。式 (1.15) 实际上可以理解为 $\{y_1,\cdots,y_N\}$ 的加权平均，其中 y_i 的权重是

$$K\left((x_i-x)/h\right)\Big/\sum_{i=1}^{N}K\left((x_i-x)/h\right)$$

值得注意的是，核函数 $K(\cdot)$ 可以取多种形式，如正态核 (或高斯核)

$$K\left((x_i-x)/h\right)=\frac{1}{\sqrt{2\pi}}\exp\left[-\frac{1}{2}\left((x_i-x)/h\right)^2\right] \tag{1.16}$$

Epanechnikov 核

$$K\left((x_i-x)/h\right)=\begin{cases}\dfrac{3}{4\sqrt{5}}\left(1-\dfrac{1}{5}\left((x_i-x)/h\right)^2\right), & |(x_i-x)/h|<\sqrt{5}\\ 0, & \text{其他}\end{cases} \tag{1.17}$$

矩型核 (Rectangular Bernel)

$$K\left((x_i-x)/h\right)=\begin{cases}1/2, & |(x_i-x)/h|<1\\ 0, & \text{其他}\end{cases} \tag{1.18}$$

以及均匀核

$$K\left((x_i-x)/h\right)=\begin{cases}1, & |(x_i-x)/h|<1\\ 0, & \text{其他}\end{cases} \tag{1.19}$$

1.3.1.2　局部线性估计

通过式 (1.15) 容易看出局部常数估计的原理相对简单，但这种估计方法存在两个问题：一方面，该估计仅给出了未知函数的估计值而无法同时给出其导数的估计值；另一方面，当所要估计的点靠近支撑集边界的时候，该估计方法的偏差会非常大。局部线性估计法可以很好地克服局部常数估计所面临的困难。

为了定义局部线性估计，对式 (1.14) 在 x_0 点处进行泰勒展开，可得

$$y_i\approx m(x_0)+m'(x_0)(x_i-x_0)+\varepsilon_i \tag{1.20}$$

其中，$m'(\cdot)$ 是 $m(\cdot)$ 的导函数。令 $\delta(x_0)=(m(x_0),hm'(x_0))'$，则 $\delta(x_0)$ 的估计可通过求解下式的最小值得到

$$\hat{\delta}(x_0)=\underset{\delta(x_0)}{\arg\min}\sum_{i=1}^{N}[y_i-m(x_0)-m'(x_0)(x_i-x_0)]^2K_h\left((x_i-x_0)/h\right) \tag{1.21}$$

将上式写成矩阵形式，即

$$\boldsymbol{Y}=(y_1,\cdots,y_n)',\quad \boldsymbol{X}=\begin{pmatrix}1 & \cdots & 1\\ x_1-x_0 & \cdots & x_n-x_0\end{pmatrix}'$$

$$\boldsymbol{K}(\boldsymbol{x}_0)=\mathrm{diag}(K_h(x_1-x_0),\cdots,K_h(x_n-x_0)),\quad K_h(\cdot)=hK(\cdot/h)$$

$K(\cdot)$ 为核函数，h 为窗宽，则式 (1.21) 可以简化为

$$\hat{\delta}(x_0) = \underset{\delta(x_0)}{\arg\min}[\boldsymbol{Y} - \boldsymbol{X}\delta(x_0)]'\boldsymbol{K}(\boldsymbol{x}_0)[\boldsymbol{Y} - \boldsymbol{X}\delta(x_0)] \tag{1.22}$$

通过求解上式，可以得到 $\delta(x_0)$ 的估计为

$$\hat{\delta}(x_0) = [\boldsymbol{X}'\boldsymbol{K}(\boldsymbol{x}_0)\boldsymbol{X}]^{-1}\boldsymbol{X}'\boldsymbol{K}(\boldsymbol{x}_0)\boldsymbol{Y} \tag{1.23}$$

Li 和 Racine(2007) 证明了 $\hat{\delta}(x_0)$ 的大样本性质，并且当未知函数为线性函数时，该估计在小样本下具有无偏性。

1.3.1.3 局部多项式估计

局部线性估计可以同时估计未知函数及其一阶导函数，但如果需要得到更高阶导函数的估计，则需要借助局部多项式估计方法。同样以模型 (1.14) 为例，假定 $m(x)$ 有 $p+1$ 阶连续导数，为估计 $m(\cdot)$ 在某点 x_0 处的值，最自然的方法是在 x_0 附近对 $m(x)$ 进行泰勒展开，容易验证：

$$\begin{aligned} m(x) &\approx m(x_0) + m'(x_0)(x - x_0) + \cdots + \frac{m^{(p)}(x_0)(x - x_0)^p}{p!} \\ &\triangleq \sum_{i=0}^{P} \beta_i(x_0)(x - x_0)^i \end{aligned} \tag{1.24}$$

其中，$\beta_i(x_0) = m^{(i)}(x_0)/i!$，记 $\boldsymbol{\beta} = (\beta_1(x_0), \cdots, \beta_p(x_0))$，利用 x_0 附近的样本做加权回归，即极小化

$$\hat{\boldsymbol{\beta}} = \underset{\{\beta_j\}_{j=0}^p}{\arg\min} \sum_{i=1}^{N} \left\{ y_i - \sum_{j=0}^{p} \beta_j (x_i - x_0)^j \right\}^2 K_h(x_i - x_0) \tag{1.25}$$

其中，$K_h(\cdot) = K(\cdot/h)/h$，$K(\cdot)$ 为核函数，h 为窗宽。令

$$\begin{aligned} \boldsymbol{Y} &= (y_1, \cdots, y_n)' \\ \boldsymbol{X} &= \begin{pmatrix} 1 & x_1 - x_0 & \cdots & (x_1 - x_0)^p \\ \vdots & \vdots & & \vdots \\ 1 & x_n - x_0 & \cdots & (x_n - x_0)^p \end{pmatrix} \\ \boldsymbol{W} &= \operatorname{diag}\left\{K_h(x_1 - x_0), \cdots, K_h(x_N - x_0)\right\} \end{aligned}$$

则式 (1.25) 可写成矩阵形式：

$$\hat{\boldsymbol{\beta}} = \underset{\boldsymbol{\beta}}{\arg\min}(\boldsymbol{Y} - \boldsymbol{X}\boldsymbol{\beta})'\boldsymbol{W}(\boldsymbol{Y} - \boldsymbol{X}\boldsymbol{\beta}) \tag{1.26}$$

求解上式，可得 $\boldsymbol{\beta}$ 的估计为

$$\hat{\boldsymbol{\beta}} = (\boldsymbol{X}'\boldsymbol{W}\boldsymbol{X})^{-1}\boldsymbol{X}'\boldsymbol{W}\boldsymbol{Y} \tag{1.27}$$

因此，$\hat{\boldsymbol{\beta}}$ 的第一个分量 $\hat{\beta}_0$ 即为 $m(x_0)$ 的估计，同时我们也得到了 $m(x)$ 的导数 $m^{(j)}(x_0)$ 的一个估计 $j!\hat{\beta}_{j+1}$。随着 x_0 的变动，即可得到整个曲线 $m(x)$ 的估计。

窗宽、多项式阶数、核函数选择是估计方法中的关键环节。第一是窗宽 h 的选择，同核密度估计一样，窗宽 h 的选择是至关重要的，过大的窗宽会导致建模偏差偏大，而过小的窗宽将造成局域参数估计的方差偏大。第二是多项式阶数的选择，$p=0$ 时即为前面提到的局部常数估计，$p=1$ 时则为 1.3.1.2 节的局部域线性估计，$p=2$ 时称为局域二次多项式估计。实际上，选择哪一个阶数的多项式并不是太重要，因为模型的偏差可以通过带宽来控制。如局部线性估计在实际应用中，采用局域二次多项式估计效果会更好 (可以更大地减少建模偏差而不损失局域参数估计的方差)。第三是核函数 $K(\cdot)$ 的选择，如同选择多项式的阶数一样，这也不是太关键的问题。通常用式 (1.17) 所示的 Epanechnikov 核。

1.3.1.4　截面似然估计方法

我们发现在半参数回归分析中，似然函数通常会含有多个参数，但有时只有其中一个或几个是研究关注的参数，我们称之为兴趣参数，而其他参数就被称作多余参数，这些多余参数对模型的求解有时会产生阻碍作用。当存在多个多余参数时，标准的似然方法无法消除或者减少它们，所以模型的估计可能会变得不再可靠，甚至无效，而截面似然估计作为一种处理多余参数的方法能够解决参数过多的问题。

Severini 和 Wong(1992) 与 Severini 和 Staniswalis(1994) 注意到可以将最佳偏差曲线的概念引入半参数回归模型中得到最终估计。假设半参数回归模型的待估参数 $\phi=(\theta,\lambda)$，其中 $\theta\in\Theta$ 为兴趣参数，$\lambda\in\Lambda$ 为多余参数，Λ 可能是无穷维数的赋范线性空间 Λ_0 的开子集。

不失一般性，不妨定义 $y_1,y_2,\cdots,y_n$ 为独立随机变量，密度函数为 $p(\cdot,\theta,\lambda)$，并有 $l(\theta,\lambda)=\log p(y_1;\theta,\lambda)$。如果存在一条曲线 $\theta\to\lambda_\theta$，满足 $\lambda_{\theta_0}=\lambda_0$，并且对其他任意曲线 $\theta\to\lambda_{1\theta}$，$\lambda_{1\theta_0}=\lambda_0$，都使得

$$E_0\left(\frac{\mathrm{d}}{\mathrm{d}\theta}l(\theta,\lambda_\theta)\,|_{\theta=\theta_0}\right)^2 \leqslant E_0\left(\frac{\mathrm{d}}{\mathrm{d}\theta}l(\theta,\lambda_{1\theta})\,|_{\theta=\theta_0}\right)^2 \tag{1.28}$$

那么，该曲线为最佳偏差曲线。进一步，对于向量 $v^*\in\Lambda$，若满足

$$E_0\left(\frac{\mathrm{d}}{\mathrm{d}\theta}l(\theta_0,\lambda_0)+\frac{\mathrm{d}}{\mathrm{d}\lambda}l(\theta_0,\lambda_0)(v^*)\right)^2=\inf_{v\in\Lambda}E_0\left(\frac{\mathrm{d}}{\mathrm{d}\theta}l(\theta_0,\lambda_0)+\frac{\mathrm{d}}{\mathrm{d}\lambda}l(\theta_0,\lambda_0)(v^*)\right)^2$$

则该向量为最佳偏差向量。假定我们能够识别一条最佳偏差曲线 λ_θ，利用该最佳偏差曲线建立的对数似然函数可表示为

$$L_n(\theta, \lambda_\theta) = \sum l(\theta, \lambda_\theta) \tag{1.29}$$

同时，θ 的极大似然估计量 $\tilde{\theta}$ 的渐近方差为

$$i_{\theta_0}^{-1} = \left[E_0\left(\frac{\mathrm{d}}{\mathrm{d}\theta} l(\theta, \lambda_\theta)\mid_{\theta=\theta_0}\right)^2\right]^{-1}$$

但实际中最佳偏差曲线 λ_θ 未知，因此，我们需要找到 λ_θ 的估计量 $\hat{\lambda}_\theta$ 进行替代。对于固定的参数 θ，满足

$$\hat{\lambda}_\theta = \arg \max_{\{\lambda_\theta \in \Lambda\}} L_n(\theta, \lambda_\theta) \tag{1.30}$$

此时，$L_n(\theta, \hat{\lambda}_\theta)$ 称为截面对数似然函数。通过最大化截面对数似然函数 $L_n(\theta, \hat{\lambda}_\theta)$ 能够得到 θ 的一致估计量 $\hat{\theta}$，Severini 和 Wong(1992) 证明了如果 $\hat{\lambda}_\theta$ 为最佳偏差曲线 λ_θ 的一致估计量，那么估计量 $\hat{\theta}$ 将是渐近有效的，并且有

$$\sqrt{n}(\hat{\theta} - \theta_0) \xrightarrow{L} N(0, i_{\theta_0}^{-1}) \tag{1.31}$$

综上所述，在一定的假设条件下，对于半参数回归模型，截面似然估计能够得到半参数有效估计，即估计量的渐近方差将达到有效下界，而非参数分量则是在参数分量当成一致情形下估计得到的。Murphy 和 van der Vaart(2000) 对截面似然估计的思想进行了拓展，丰富了相关研究结论；Fan 和 Wong(2000) 在其基础上又作出了进一步探讨，提出一些补充结论。随着研究的不断深入，这种方法在各种半参数回归模型的估计中屡见不鲜 (Carroll et al., 1997；Su，Ullah, 2006)，并在有的现行文献中称为截面最小二乘估计 (Fan, Huang, 2005)。当然，截面似然法和截面最小二乘法的基本思想都是首先给定 θ 来估计非参数函数 λ_θ，得到估计 $\hat{\lambda}_\theta$；然后利用估计得到的非参数部分 $\hat{\lambda}_\theta$ 来估计未知参数 θ，其中 $\hat{\lambda}_\theta$ 本身依赖于 θ。

1.3.2 空间计量模型的估计方法

本书研究主要基于空间滞后模型，故而本节主要介绍关于空间滞后模型的估计方法，对其进行扩展研究，可以很容易将相关结论推广至空间误差模型。对于模型 (1.5)，若我们不考虑误差项中的空间滞后项，则截面数据的空间滞后模型的表达形式如下：

$$y_i = \rho(\boldsymbol{WY})_i + \boldsymbol{x}'_i\boldsymbol{\beta} + \varepsilon_i$$

由于空间滞后模型中的滞后项 $\boldsymbol{WY}$ 与随机误差项 $\boldsymbol{\varepsilon}$ 相关，会导致模型出现内生性，继续使用 OLS 进行估计会得到有偏估计，故而使用其他可行的估计方法，如极大似然估计 (Ord, 1975; Anselin, 1988; Smirnov, Anselin, 2001)、工具变量

法 (Anselin, 1988)、矩估计方法 (Kelejian, Robinson, 1993; Kelejian, Prucha, 1999, 2010; Lee, 2003, 2007a, 2007b)、Bayesian 估计 (Besag et al., 1991; Besag et al., 1995; Hepple, 1995a, 1995b; LeSage, 1997) 和拟极大似然方法 (Lee, 2004) 以及广义矩方法 (Lee, Yu, 2010b) 等。

考虑到非参数和半参数模型中存在未知函数，无法基于传统方法进行估计，Fan 和 Huang(2005) 给出了一类方法，把未知参数看作已知，此时模型变为一般的非参数模型，然后基于泰勒展开的思想用局部线性法得到未知函数的初始估计，易知为参数变量的函数，接着用其替代模型中的未知函数，应用最小二乘方法得到模型的参数估计，最后用参数估计值替代未知函数初始估计中的参数变量可得到未知函数的最终估计，即截面最小二乘估计方法。但是由于 Fan 和 Huang (2005) 模型不存在变量内生性问题，可以将截面似然估计思想应用最小二乘方法。然而对于本书中所涉及的几类空间计量模型，由于存在空间关联性，空间权重矩阵会进一步导致模型出现变量的内生性问题，Fan 和 Huang(2005) 方法不再可行，参照 Su 和 Jin(2010)，可以基于截面似然估计思想应用极大似然估计方法，得到其近似的对数似然函数，即集中对数似然函数，最大化该似然函数可得到参数估计值，最后用参数估计值替代未知函数初始估计中的参数变量可得到未知函数的最终估计，即为截面极大似然估计方法。以上研究都反映了截面似然估计法的思想，基于本书理论研究需要，本节重点介绍拟极大似然估计方法。

拟极大似然估计 (Quasi-Maximum Likelihood Estimation) 是一种在真实分布未知条件下的极大似然估计方法 (Heyde, 1997; Lee, 2004; Su, Jin, 2010; Lee, Yu, 2010a，2010b)，相应的估计方法是基于估计方程的角度给出的。值得一提的是，相关研究中类似的措辞还包括伪极大似然估计 (Pseudo-maximum Likelihood Estimation)，参见周勇 (2013) 的专著。伪极大似然估计是一种基于误判分布的极大似然估计方法，首先假设样本的伪似然分布族，然后求出伪似然得分函数再求出参数值 (Gourieroux et al., 1984a, 1984b; Godambe, Heyde,1987; Heyde, 1997; Mittelhammer et al., 2000)，在某些特定条件下两种估计方法是等价的。

我们以极大似然估计方法为基础，给出截面数据空间滞后模型的拟极大似然估计方法，首先将模型 (1.5) 整理为矩阵形式：

$$\boldsymbol{Y} = \rho\boldsymbol{WY} + \boldsymbol{X\beta} + \boldsymbol{\varepsilon} \tag{1.32}$$

其中，$\boldsymbol{Y} = (y_1, y_2, \cdots, y_N)'$，$\boldsymbol{X} = (\boldsymbol{x}_1, \boldsymbol{x}_2, \cdots, \boldsymbol{x}_N)'$，$\boldsymbol{\varepsilon} = (\varepsilon_1, \varepsilon_2, \cdots, \varepsilon_N)'$。易得其对数似然函数为

$$\ln L(\boldsymbol{\theta}) = -\frac{N}{2}\ln(\sigma^2) - \frac{N}{2\sigma^2}(\boldsymbol{Y} - \rho\boldsymbol{WY} - \boldsymbol{X\beta})'(\boldsymbol{Y} - \rho\boldsymbol{WY} - \boldsymbol{X\beta}) + \ln|\boldsymbol{I} - \rho\boldsymbol{W}|$$

其中，常数部分已省略，$\boldsymbol{\theta}$ 为参数向量，$\boldsymbol{\theta} = (\boldsymbol{\beta}', \rho, \sigma^2)$。通过最大化上式，可以得

到 $\boldsymbol{\beta}$ 和 σ^2 的初始估计为

$$\hat{\boldsymbol{\beta}}(\rho) = (\boldsymbol{X}'\boldsymbol{X})^{-1}\boldsymbol{X}'(\boldsymbol{I} - \rho\boldsymbol{W})\boldsymbol{Y}$$
$$\hat{\sigma}^2(\rho) = \frac{1}{n}(\boldsymbol{Y} - \rho\boldsymbol{W}\boldsymbol{Y} - \boldsymbol{X}\hat{\beta})'(\boldsymbol{Y} - \rho\boldsymbol{W}\boldsymbol{Y} - \boldsymbol{X}\hat{\boldsymbol{\beta}})$$

将其代入对数似然函数，则集中对数似然函数如下：

$$\begin{aligned}&\ln \hat{L}(\theta)\\ =& -\frac{N}{2}\ln\left[\frac{1}{N}((\boldsymbol{I}-\boldsymbol{X}(\boldsymbol{X}'\boldsymbol{X})^{-1}\boldsymbol{X}')(\boldsymbol{I}-\rho\boldsymbol{W})\boldsymbol{Y})'(\boldsymbol{I}-\boldsymbol{X}(\boldsymbol{X}'\boldsymbol{X})^{-1}\boldsymbol{X}')(\boldsymbol{I}-\rho\boldsymbol{W})\boldsymbol{Y}\right]\\ &+\ln|\boldsymbol{I}-\rho\boldsymbol{W}|\end{aligned}$$

对上式的极大化求解可得到空间自相关系数的极大似然估计 $\hat{\rho}$，将其代入 $\hat{\boldsymbol{\beta}}(\rho)$ 和 $\hat{\sigma}^2(\rho)$ 可求得 $\boldsymbol{\beta}$ 和 σ^2 的最终估计，并可证明在给定的正则假设条件下拟极大似然估计量满足一致性和渐近正态性。

在本书中，我们以截面似然估计思想为基础给出不同模型中的截面极大似然估计方法。考虑到本书中所涉及的几类空间计量模型均存在空间关联性，同样可以基于截面似然估计思想应用广义矩方法来解决，参考 Su(2012)，同样可以先得到未知函数的初始估计，用其替代模型中的未知函数，应用广义矩方法得到模型的参数估计，最后用参数估计值替代未知函数初始估计中的参数变量可得到未知函数的最终估计，本书中不再进行讨论。

1.3.3 常用的窗宽选择方法

如前面所述，窗宽对于非参数估计是至关重要的，下面将介绍几种窗宽的选择方法。

1.3.3.1 交叉验证 (Cross Validation, CV) 准则

去掉观察值 (x_i, y_i)，而用剩下的数据估计 $m(x_i)$，得到 $\hat{m}_{h,-i}(x_i)$，作为对 y_i 的预测 $\hat{y}_i$，因此预测的误差为 $y_i - \hat{m}_{h,-i}(x_i)$，合理的窗宽应当使预测的误差平方和达到最小，由此定义

$$\mathrm{CV}(h) = \frac{1}{n}\sum_{i=1}^{n}[y_i - \hat{m}_{h,-i}(x_i)]^2 \tag{1.33}$$

1.3.3.2 广义交叉验证 (Generalized Cross Validation, GCV) 准则

得到 $m(x)$ 的估计 $\hat{m}_h(x)$ 后，可以根据 $\hat{y}_i = \hat{m}_h(x_i)$ 对 y_i 进行预测。记 $\hat{\boldsymbol{Y}} = (\hat{y}_1, \cdots, \hat{y}_n)'$，由于 $\hat{\boldsymbol{Y}}$ 为 $\boldsymbol{Y}$ 的线性组合，因此 $\hat{\boldsymbol{Y}}$ 可表示为 $\hat{\boldsymbol{Y}} = H(h)\boldsymbol{Y}$。GCV 定义为

$$\mathrm{GCV}(h) = \frac{\mathrm{RSS}}{n}\left[1 - \frac{\mathrm{tr}\,(H)}{n}\right]^{-2} \tag{1.34}$$

这里 $\mathrm{RSS}=\sum_{i=1}^{n}[y_i-m_h(x_i)]^2$，$\mathrm{tr}(H)$ 代表矩阵 H 的迹。

对于非参数回归问题，可以得到 $\mathrm{tr}(H)$ 的具体表达式，注意到

$$\hat{y}_i=e_1'\hat{\boldsymbol{\beta}}(x_i)=e'(\boldsymbol{X}'\boldsymbol{W}\boldsymbol{X})^{-1}\boldsymbol{X}'\boldsymbol{W}\boldsymbol{Y} \tag{1.35}$$

因此 y_i 的系数为

$$\begin{aligned}\gamma_{i,i}&=e_1'(\boldsymbol{X}'\boldsymbol{W}\boldsymbol{X})^{-1}\boldsymbol{X}'\boldsymbol{W}e_i=e_1'(\boldsymbol{X}'\boldsymbol{W}\boldsymbol{X})^{-1}\boldsymbol{X}'e_iK_h(0)\\&=e_1'(\boldsymbol{X}'\boldsymbol{W}\boldsymbol{X})^{-1}\boldsymbol{X}'e_1K_h(0)\end{aligned} \tag{1.36}$$

即 $K_h(0)\times(\boldsymbol{X}'\boldsymbol{W}\boldsymbol{X})^{-1}$ 的 (1,1) 元素，从而 $\mathrm{tr}(H)=\sum_{i=1}^{n}\gamma_{i,i}$。

1.3.3.3　单边交叉验证 (One Sided Cross Validation, OSCV) 准则

把样本观察值分成两部分 $(x_1,y_1),\cdots,(x_m,y_m)$ 和 $(x_{m+1},y_{m+1}),\cdots,(x_n,y_n)$，其中前 m 组数据用来作估计，后 $n-m$ 对用来检验预测性能的好坏。假定利用前 m 对得到了 $m(x)$ 的估计 $\hat{m}_{h,m}(x)$，利用其分别对 $x=x_{m+1},\cdots,x_n$ 处的值进行预测，使得预测的误差平方和

$$\mathrm{OSCV}(h)=\sum_{i=m+1}^{n}[y_i-\hat{m}_{h,m}(x_i)]^2 \tag{1.37}$$

达到最小的窗宽，记作 $\hat{h}_{opt}$。

对于局域线性估计，因 h 的收敛速度为 $n^{-1/5}$，因此，利用全部 n 对观察值估计 $m(x)$ 时，窗宽应当取

$$\hat{h}=\hat{h}_{opt}\left(\frac{n}{m}\right)^{-1/5}=h_{opt}\left(\frac{m}{n}\right)^{1/5} \tag{1.38}$$

对于局域二次多项式估计，因 h 的收敛速度为 $n^{-1/9}$，因此，利用全部 $n+m$ 对观察值估计 $m(x)$ 时，窗宽应当取

$$\hat{h}=\hat{h}_{opt}\left(\frac{n}{m}\right)^{-1/9}=h_{opt}\left(\frac{m}{n}\right)^{1/9} \tag{1.39}$$

上面的准则只能用于估计 $m(x)$，而不能用于估计 $m(x)$ 的导数，下面介绍几个 Plug-in 准则，对两者均可以用，但需要假定 $\sigma^2(x)=\sigma^2$，即齐方差，另外，假定 X 的边缘密度 $f(x)$ 是已知的。

1.3.3.4 拇指准则 (Rule of Thumb, ROT)

为估计 $m^j(x)$，用 $p-j$ 为奇数的 p 阶局域多项式，则全局常数最优窗宽为

$$h=\left\{\frac{(1+2j)a_{p,j}}{2(p+1-j)b_{p,j}^2}\frac{\int[\sigma^2(x)/f(x)]\mathrm{d}x}{\int[m^{(p+1)}(x)]^2\mathrm{d}x}\right\}^{1/(2p+3)}n^{-1/(2p+3)} \tag{1.40}$$

其中，

$$a_{p,j}=e'_{j+1}\boldsymbol{S}^{-1}\boldsymbol{S}^*\boldsymbol{S}^{-1}e_{j+1},\quad b_{p,j}=\frac{e'_{j+1}\boldsymbol{S}^{-1}c_p}{(p+1)!}$$

令

$$\mu_l=\int x^lK(x)\mathrm{d}x,\quad v_l=\int x^lK^2(x)\mathrm{d}x$$

定义

$$\boldsymbol{c}_p=(\mu_{p+1},\cdots,\mu_{2p+1})'$$

$$\boldsymbol{S}=\begin{pmatrix}\mu_0&\mu_1&\cdots&\mu_p\\\mu_1&\mu_2&\cdots&\mu_{p+1}\\\vdots&\vdots&&\vdots\\\mu_p&\mu_{p+1}&\cdots&\mu_{2p}\end{pmatrix}$$

$$\boldsymbol{S}^*=\begin{pmatrix}v_0&v_1&\cdots&v_p\\v_1&v_2&\cdots&v_{p+1}\\\vdots&\vdots&&\vdots\\v_p&v_{p+1}&\cdots&v_{2p}\end{pmatrix}$$

由式 (1.40)，需知道 σ^2 和 $m^{p+1}(x)$，为此，首先对 $m(x)$ 拟合一个全局的 $p+3$ 阶多项式而得到

$$\tilde{m}(x)=\tilde{\beta}_0+\tilde{\beta}_1x+\cdots+\tilde{\beta}_{p+3}x^{p+3}$$

相应地得到了 σ^2 的一个估计 $\tilde{\sigma}^2$ 和 $m^{p+1}(x)$ 的估计 $\tilde{m}^{p+1}(x)$，代入式 (1.40)，得到

$$h=\left\{\frac{(1+2j)a_{p,j}\tilde{\sigma}^2\int[1/f(x)]\mathrm{d}x}{2(p+1-j)b_{p,j}^2\int[\tilde{m}^{p+1}(x)]^2\mathrm{d}x}\right\}^{1/(2p+3)}n^{-1/(2p+3)}$$

通常，取 $p=j+1$ 或 $j+3$。

1.3.4　蒙特卡罗和 Bootstrap 方法

在本书中，我们使用蒙特卡罗模拟方法对所构建的估计方法的有效性进行检验，并在实证研究中利用 Bootstrap(自助) 方法得到关于非参数部分的逐点置信区间，这两种方法均为现今普遍适用的统计研究方法，被广泛应用于区间估计、假设检验、参数估计以及统计量检验等研究领域。

蒙特卡罗方法的特点是在难以得到统计量在原假设下的精确分布或者极限分布的条件下，使用随机实验方法逼近统计量分布，相关研究参见 (Hope, 1968; Besag, Diggle, 1977; Zhu et al., 1997) 及朱力行和许王莉 (2008) 的专著；Bootstrap 方法的特点在于可以根据给定的原始样本对观测信息进行复制，进而对总体的分布特性进行统计推断，对模型结构和数据分布限制较少，本质上完全属于非参数统计方法，相关研究参见 (Efron, 1979; Beran, Ducharme, 1991; Shao, Tu, 1995; Bühlmann, 1997; Davison, Hinkley, 1997; Politis, 2003)。

朱力行和许王莉 (2008) 对比了非参数蒙特卡罗检验和 Bootstrap 方法研究在不同半参数模型研究中的差异，并且说明了关于 Bootstrap 方法的使用需要注意几个问题：第一，很难研究逼近的精确性或者渐近精确性，关于这方面的研究仍停留在某些具体的问题中，并没有形成统一方法 (Singh, 1981)；第二，由于参考数据从经验分布中产生，且经验分布收敛于数据的分布，Bootstrap 逼近不能使统计量本身有效，可能只达到渐近有效；第三，自助逼近有时并不能够相合，对于这种不相合的修正也没有统一方法。在回归分析中，Wu(1986) 提出了模型中存在异方差时，减少方差估计偏差的新方法，Mammen(1993) 很好地发展了这种方法，即 Wild Bootstrap 方法，并且已经成功应用在许多不同的领域 (Härdle, Mammen, 1993；Stute et al., 1998)。

近年来，关于空间计量模型的相关检验研究，旨在解决在模型残差分布未知情况下，模型的空间相关性的检验与诊断问题，判断地区间经济行为的空间相关性是否存在，基于 Bootstrap 方法的研究包括 Moran's I 检验 (林光平等, 2007; 龙志和等, 2009; 欧变玲等, 2009, 2010)、LM-Error 和 LM-Lag 检验 (林光平等, 2007; 林怡坚等, 2011)，基于蒙特卡罗方法的研究包括 Moran's I 检验 (欧变玲等, 2012; 张进峰, 方颖, 2013)。

第2章 固定效应空间滞后单指数模型

2.1 引　言

近年来，非参数模型引起了众多研究者的关注，并取得了丰富的研究成果 (Fan, Gijbels, 1996)，其主要原因是实际研究中变量间关系较为复杂，通过预先设定形式的参数模型往往很难准确描述这种关系。当非参数模型中的解释变量较多时，往往会出现所谓的“维数灾难”问题，导致估计的可靠性降低。为了有效地克服“维数灾难”问题，人们提出了一些新模型，其中一种行之有效的方法就是建立单指数模型。

单指数模型的基本数学形式为 $y_i = g(\boldsymbol{x}'_i\boldsymbol{\beta}) + \varepsilon_i$ (Friedman, Stuetzle, 1981)，其中，$\boldsymbol{\beta}$ 为未知参数，$g(\cdot)$ 为未知连接函数。其优点在于通过连接函数 $g(\cdot)$ 实现了降维效果，有效地避免了“维数灾难”问题，同时还可以更好地反映变量间的相互关系。在此基础上，人们发展和研究了各种拓展的单指数模型，主要包括截面数据单指数模型和面板数据单指数模型，研究的重点在于如何寻求 $\boldsymbol{\beta}$ 和 $g(\cdot)$ 的有效估计。

对于截面数据单指数模型，人们提出了各种估计方法。借鉴投影寻踪回归的思想，Ichimura(1993) 和 Carroll 等 (1997) 基于非参连接函数的最小二乘准则，分别采用不同函数估计形式替代未知函数进行估计；Ai 和 Chen(2003) 则利用了半参数极大似然估计研究了单指数模型的估计问题；Wang 等 (2010) 和 Cui 等 (2011) 基于参数约束假设分别给出关于单指数模型未知参数和未知函数估计的非迭代方法，提高了运算速度；其他估计方法还有半参数秩估计法、平均导数法、半参数 M 估计方法等等。与截面数据单指数模型相比，面板数据单指数模型更为复杂，目前其研究成果相对较少。基于截面最小二乘估计 (Profile Least Squares Estimation) 的思想，Pang 和 Xue(2012) 给出了随机效应单指数面板模型的估计方法，并证明了估计量的渐近正态性；Chen 等 (2013) 则对固定效应部分线性单指数面板模型构建了半参数最小平均方差估计方法，并证明了估计的渐近性质。

随着实际研究的需要，相关理论深入推动了空间计量模型理论迅速发展，其应用日趋广泛。其中，参数空间计量模型的理论研究已趋于成熟，对于截面数据空间计量模型研究和面板数据空间计量模型研究均得到了丰富的、较完整的理论成果 (Kelejian, Prucha, 2010; Lee, Yu, 2010b)。应用研究成果表明，对一些具有空间相关性的实际问题，由于参数空间回归模型预先设定了模型形式，其并不能很好地解释空间变量间的非线性关系 (Gress, 2004)。近年来，对模型形式限制较少的非参数空间计量模型开始引起学者们的关注 (Robinson, 2010; Su, 2012)，其理论研究才刚刚起步，成果较少。为了克服非参数空间滞后模型中存在的“维数灾难”问题，在本章中，我们提出一种现有研究文献还未涉及的具有固定效应的空间滞后单指数面板模型。针对该模型，构建了其截面极大似然估计方法，从理论上证明了其估计量的优良性，通过数据模拟考察了其估计量的小样本表现，并考察了空间权重矩阵结构复杂性对估计的影响。

对固定效应空间滞后单指数面板数据模型，我们构建了该模型的截面极大似然估计方法，从理论证明和数值模拟两方面分别考察了其估计量的大样本性质和小样本表现。研究结果表明：① 在大样本条件下，估计量均具有一致性和渐近正态性；② 在小样本条件下，各估计量依然具有良好的表现，其精度随着样本容量的增加而提高，空间权重矩阵结构的复杂性对空间相关系数的估计量影响较大，但对其他估计量的影响较小。

本章余下部分的结构安排如下：首先介绍了固定效应空间滞后单指数面板模型的非参数设定形式；然后给出了模型的估计方法、具体实现步骤及估计量的大样本性质，并用蒙特卡罗模拟考察了估计量的小样本表现以及空间权重矩阵结构复杂性对估计效果的影响；最后是对本章中出现的部分引理和定理的证明。

2.2 固定效应空间滞后单指数模型的估计

2.2.1 模型设定

参考 (Su, 2012) 的模型设定，考虑固定效应空间滞后单指数面板模型，其数学表达式为

$$y_{it}=\rho(\boldsymbol{W}_0\boldsymbol{Y}_t)_i+g(\boldsymbol{x}'_{it}\boldsymbol{\beta})+b_i+\varepsilon_{it},\quad 1\leqslant i\leqslant N,1\leqslant t\leqslant T \tag{2.1}$$

其中，y_{it} 为被解释变量在第 i 个截面单元第 t 个时刻观测值，$\boldsymbol{Y}_t=(y_{1t},\cdots,y_{Nt})'$，$\rho$ 为待估空间相关系数，$\boldsymbol{W}_0=(w_{ij})_{N\times N}$ 为预先设定的空间权重矩阵，$(\boldsymbol{W}_0\boldsymbol{Y}_t)_i$ 代表 $\boldsymbol{W}_0\boldsymbol{Y}_t$ 的第 i 个分量，$g(\cdot)$ 是未知连接函数，$\boldsymbol{x}_{it}=(x_{it1},\cdots,x_{itp})'$ 为 p 个解释变量在第 i 个截面单元第 t 个时刻的观测值向量，$\boldsymbol{\beta}\in R^p$ 为待估参数向量，ε_{it} 为在第 i 个截面单元第 t 个时刻的观测值的随机误差项，$\varepsilon_{it}\sim \text{i.i.d.}N(0,\sigma^2)$。$b_i$ 为第 i 个截面单元的个体效应，当 $\{b_i\}$ 与 $\{\boldsymbol{x}_{it}\}$ 相关时，式 (2.1) 为固定效应模型，当 $\{b_i\}$ 与 $\{\boldsymbol{x}_{it}\}$ 不相关时，则式 (2.1) 为随机效应模型，本章中我们关注了固定效应模型，假设 $\sum\limits_{i=1}^{N}b_i=0$ 成立。

记 $\boldsymbol{Y}\hat{=}(y_{11},\cdots,y_{1T},\cdots,y_{N1},\cdots,y_{NT})'$，则模型 (2.1) 的矩阵形式可等价地表达为

$$\boldsymbol{Y}=\rho\boldsymbol{W}\boldsymbol{Y}+\boldsymbol{G}+\boldsymbol{U}_0\boldsymbol{b}_0+\boldsymbol{\varepsilon} \tag{2.2}$$

其中，$\boldsymbol{W}=\boldsymbol{W}_0\otimes\boldsymbol{I}_T$，$\boldsymbol{G}=\boldsymbol{G}(\boldsymbol{X}\boldsymbol{\beta})=(g(\boldsymbol{x}'_{11}\boldsymbol{\beta}),\cdots,g(\boldsymbol{x}'_{1T}\boldsymbol{\beta}),\cdots,g(\boldsymbol{x}'_{N1}\boldsymbol{\beta}),\cdots,g(\boldsymbol{x}'_{NT}\boldsymbol{\beta}))'$，$\boldsymbol{U}_0=\boldsymbol{I}_N\otimes\boldsymbol{e}_T$，$\boldsymbol{b}_0=(b_1,\cdots,b_N)'$，$\boldsymbol{\varepsilon}=(\varepsilon_{11},\cdots,\varepsilon_{1T},\cdots,\varepsilon_{N1},\cdots,\varepsilon_{NT})'$，$\boldsymbol{I}_N$ 为 N 阶单位矩阵，$\boldsymbol{e}_T$ 为 $T\times 1$ 全为 1 的列向量，"$\otimes$" 为克罗内克 (Kronecker) 乘积。

2.2.2 模型估计

记 $\boldsymbol{\theta}=\left(\boldsymbol{\lambda}',\sigma^2\right)'$，其中，$\boldsymbol{\lambda}=\left(\boldsymbol{\beta}',\rho\right)'$。对于模型 (2.2) 而言，统计推断最重要的第一步就是发现合适的估计方法给出未知参数向量 $\boldsymbol{\theta}$ 和函数 $g(\cdot)$ 的估计。在具体的面板数据模型的统计推断研究中，一阶差分 (First-differenced) 估计方法常用于消除固定效应中不随时间变化的固定效应，而在数据时间平稳性的假设不满足的条件下可能会造成估计的有偏性 (Lee，Yu, 2010a)，这里我们对短面板数据模型考虑另外一种研究方法，Chen 等 (2013) 提出的迭代方法是基于部分参数已知，对其他参数进行求解，由于其估计步骤较多，这里我们参考 Sun 等 (2009) 中的做法，为了减少限制模型估计中的复杂度，采用矩阵变换方法将固定效应线性约束代入模型，定义 $\boldsymbol{b}=(b_2,\cdots,b_N)'$，则模型 (2.2) 的矩阵形式可转换为

$$\boldsymbol{Y}=\rho\boldsymbol{W}\boldsymbol{Y}+\boldsymbol{G}+\boldsymbol{U}\boldsymbol{b}+\boldsymbol{\varepsilon} \tag{2.3}$$

其中 $\boldsymbol{U}=(-\boldsymbol{e}_{N-1},\boldsymbol{I}_{N-1})'\otimes\boldsymbol{e}_T$ 为 $NT\times(N-1)T$ 的矩阵，易得：$\boldsymbol{U}\boldsymbol{b}=\boldsymbol{U}_0\boldsymbol{b}_0$。对于空间计量模型，通常采用的估计方法是极大似然估计方法，下面我们考察该方法是否适用于提出的模型 (2.3)。

令 $\boldsymbol{A}(\rho)=\boldsymbol{I}_{NT}-\rho\boldsymbol{W}$，则模型 (2.3) 可写为

$$\boldsymbol{A}(\rho)\boldsymbol{Y}=\boldsymbol{G}+\boldsymbol{U}\boldsymbol{b}+\boldsymbol{\varepsilon} \tag{2.4}$$

由上式易知，$\partial\boldsymbol{\varepsilon}/\partial\boldsymbol{Y}=\boldsymbol{A}(\rho)$。再由 $\varepsilon_{it}\sim \text{i.i.d.}N(0,\sigma^2)$ 可知 $\boldsymbol{\Sigma}\hat{=}E\boldsymbol{\varepsilon}\boldsymbol{\varepsilon}'=\sigma^2\boldsymbol{I}_{NT}$，于是 $|\boldsymbol{\Sigma}|=\sigma^{2NT}$，$[\boldsymbol{\Sigma}]^{-1}=\left(\sigma^2\right)^{-1}\boldsymbol{I}_{NT}$，因此，模型 (2.3) 的总体似然函数可以写为

$$L(\boldsymbol{\theta},\boldsymbol{b})=(2\pi)^{-NT/2}(\sigma^2)^{-NT/2}\exp\left\{-\frac{1}{2\sigma^2}[\boldsymbol{A}(\rho)\boldsymbol{Y}-\boldsymbol{G}-\boldsymbol{U}\boldsymbol{b}]'[\boldsymbol{A}(\rho)\boldsymbol{Y}-\boldsymbol{G}-\boldsymbol{U}\boldsymbol{b}]\right\}|\boldsymbol{A}(\rho)| \tag{2.5}$$

可得其对数似然函数为

$$\begin{aligned}\ln L(\boldsymbol{\theta},\boldsymbol{b})=&-\frac{NT}{2}\ln(2\pi)-\frac{NT}{2}\ln(\sigma^2)\\&-\frac{1}{2\sigma^2}[\boldsymbol{A}(\rho)\boldsymbol{Y}-\boldsymbol{G}-\boldsymbol{U}\boldsymbol{b}]'[\boldsymbol{A}(\rho)\boldsymbol{Y}-\boldsymbol{G}-\boldsymbol{U}\boldsymbol{b}]+\ln|\boldsymbol{A}(\rho)|\end{aligned} \tag{2.6}$$

首先，对上式关于 $\boldsymbol{b}$ 求偏导并令其为 0，则可以得到 $\boldsymbol{b}$ 的极大似然估计为

$$\hat{\boldsymbol{b}}_T = (\boldsymbol{U}'\boldsymbol{U})^{-1}\boldsymbol{U}'[\boldsymbol{A}(\rho)\boldsymbol{Y} - \boldsymbol{G}] \tag{2.7}$$

其次，将 $\hat{\boldsymbol{b}}_T$ 代入总体对数似然函数，可以得到关于未知参数的对数似然函数为

$$\begin{aligned}\ln L(\boldsymbol{\theta}) = & -\frac{NT}{2}\ln(2\pi) - \frac{NT}{2}\ln(\sigma^2) \\ & - \frac{1}{2\sigma^2}[\boldsymbol{A}(\rho)\boldsymbol{Y} - \boldsymbol{G}]'\boldsymbol{H}[\boldsymbol{A}(\rho)\boldsymbol{Y} - \boldsymbol{G}] + \ln|\boldsymbol{A}(\rho)|\end{aligned} \tag{2.8}$$

其中，$\boldsymbol{H} = \boldsymbol{I}_{NT} - \boldsymbol{U}(\boldsymbol{U}'\boldsymbol{U})^{-1}\boldsymbol{U}'$，对上式关于 σ^2 求偏导并令其为 0，则可得 σ^2 的极大似然估计分别为

$$\hat{\sigma}_T^2 = (NT)^{-1}[\boldsymbol{A}(\rho)\boldsymbol{Y} - \boldsymbol{G}]'\boldsymbol{H}[\boldsymbol{A}(\rho)\boldsymbol{Y} - \boldsymbol{G}] \tag{2.9}$$

将式 (2.9) 代入式 (2.8) 得到关于 $\boldsymbol{\lambda}$ 的集中对数似然 (Concentrated Log Likelihood) 函数：

$$\ln L(\boldsymbol{\lambda}) = \frac{-NT}{2}\ln(2\pi) - \frac{NT}{2}\ln(\hat{\sigma}_T^2) - \frac{NT}{2} + \ln|\boldsymbol{A}(\rho)| \tag{2.10}$$

对于式 (2.10)，因为 $g(\boldsymbol{x}'_{it}\boldsymbol{\beta})$ 未知，$i = 1, \cdots, N$，$t = 1, \cdots, T$，无法直接通过关于 $\boldsymbol{\lambda}$ 求最大化得到 $\boldsymbol{\lambda}$ 的估计值，故本书尝试使用截面极大似然估计方法寻求模型 (2.2) 中未知参数和函数的估计，具体估计方法的实施步骤如下。

第 1 步 假定 $\boldsymbol{\theta}$ 已知，利用 $\hat{\boldsymbol{b}}_T$ 替换 $\boldsymbol{b}$，可以利用集中加权最小二乘方法得到 $g(u)$ 的可行初始估计 $\hat{g}_{IN}(u)$，即 $\hat{g}_{IN}(u) = \hat{a}_1$，而关于 $(\hat{a}_1, \hat{a}_2)$ 的定义为

$$(\hat{a}_1, \hat{a}_2) = \arg\min_{a_1, a_2} \frac{1}{NT}\sum_{i=1}^{N}\sum_{t=1}^{T}[\tilde{y}_{it} - a_1 - a_2(u_{it} - u)]^2\boldsymbol{k}_h(u_{it} - u) \tag{2.11}$$

其中，$\dot{\hat{g}}_{IN}(u) = \hat{a}_2$，$\tilde{y}_{it} = y_{it} - \rho(\boldsymbol{W}_0\boldsymbol{Y}_t)_i - \hat{b}_{T,i}$，$\boldsymbol{k}_h(u_{it} - u) = h^{-1}\boldsymbol{k}((u_{it} - u)/h)$，$u_{it} = \boldsymbol{x}'_{it}\boldsymbol{\beta}$，$i = 1, \cdots, N$，$t = 1, \cdots, T$，$\boldsymbol{k}(\cdot)$ 为一元核函数，h 为窗宽。

令 $\delta = (a_1, ha_2)'$，则其估计值为 $\hat{\delta} = (\hat{a}_1, h\hat{a}_2)'$，

$$\boldsymbol{Z}(u, \boldsymbol{\beta}) = \begin{pmatrix} 1 & \cdots & 1 \\ \dfrac{u_{11} - u}{h} & \cdots & \dfrac{u_{NT} - u}{h} \end{pmatrix}'$$

$$\boldsymbol{K}(u, \boldsymbol{\beta}) = \mathrm{diag}(\boldsymbol{k}_h(u_{11} - u), \cdots, \boldsymbol{k}_h(u_{NT} - u))$$

则式 (2.11) 可写成如下形式：

$$\hat{\delta} = \arg\min_{a,b} \frac{1}{NT}[\boldsymbol{A}(\rho)\boldsymbol{Y} - \boldsymbol{Z}(u, \boldsymbol{\beta})\delta]'\boldsymbol{H}\boldsymbol{K}(u, \boldsymbol{\beta})\boldsymbol{H}[\boldsymbol{A}(\rho)\boldsymbol{Y} - \boldsymbol{Z}(u, \boldsymbol{\beta})\delta]$$

即有

$$\hat{\delta} = [\boldsymbol{Z}'(u,\boldsymbol{\beta})\boldsymbol{H}\boldsymbol{K}(u,\boldsymbol{\beta})\boldsymbol{H}\boldsymbol{Z}(u,\boldsymbol{\beta})]^{-1}\boldsymbol{Z}'(u,\boldsymbol{\beta})\boldsymbol{H}\boldsymbol{K}(u,\boldsymbol{\beta})\boldsymbol{H}\boldsymbol{A}(\rho)\boldsymbol{Y} \tag{2.12}$$

令 $\boldsymbol{S}(u,\boldsymbol{\beta}) = [\boldsymbol{Z}'(u,\boldsymbol{\beta})\boldsymbol{H}\boldsymbol{K}(u,\boldsymbol{\beta})\boldsymbol{H}\boldsymbol{Z}(u,\boldsymbol{\beta})]^{-1}\boldsymbol{Z}'(u,\boldsymbol{\beta})\boldsymbol{H}\boldsymbol{K}(u,\boldsymbol{\beta})\boldsymbol{H}$，则式 (2.12) 可表示为 $\hat{\delta} = \boldsymbol{S}(u,\boldsymbol{\beta})\boldsymbol{A}(\rho)\boldsymbol{Y}$。易知

$$\hat{g}_{IN}(u) = \hat{a}_1 = \boldsymbol{e}'_0\hat{\delta} = \boldsymbol{e}'_0\boldsymbol{S}(u,\boldsymbol{\beta})\boldsymbol{A}(\rho)\boldsymbol{Y} = \boldsymbol{s}(u,\boldsymbol{\beta})\boldsymbol{A}(\rho)\boldsymbol{Y} \tag{2.13}$$

其中，$\boldsymbol{e}'_0\boldsymbol{S}(u,\boldsymbol{\beta}) = \boldsymbol{s}(u,\boldsymbol{\beta})$，$\boldsymbol{e}_0 = (1,0)'$。记 $\boldsymbol{S}(\boldsymbol{\beta}) = (\boldsymbol{s}(u_{11},\boldsymbol{\beta})',\cdots,\boldsymbol{s}(u_{NT},\boldsymbol{\beta})')'$，则 $\boldsymbol{G}$ 的初始估计为

$$\begin{aligned}\hat{\boldsymbol{G}}_{IN} &= (\hat{g}_{IN}(u_{11}),\cdots,\hat{g}_{IN}(u_{NT}))' = (\boldsymbol{s}(u_{11},\boldsymbol{\beta})\boldsymbol{A}(\rho)\boldsymbol{Y},\cdots,\boldsymbol{s}(u_{NT},\boldsymbol{\beta})\boldsymbol{A}(\rho)\boldsymbol{Y})'\\ &= (\boldsymbol{s}(u_{11},\boldsymbol{\beta})',\cdots,\boldsymbol{s}(u_{NT},\boldsymbol{\beta})')'\boldsymbol{A}(\rho)\boldsymbol{Y} = \boldsymbol{S}(\boldsymbol{\beta})\boldsymbol{A}(\rho)\boldsymbol{Y}\end{aligned} \tag{2.14}$$

第 2 步 用 $\hat{\boldsymbol{G}}_{IN}$ 替代式 (2.8) 中的 $\boldsymbol{G}$，得到对数似然函数的近似值为

$$\begin{aligned}\ln\tilde{L}(\boldsymbol{\theta}) = &-\frac{NT}{2}\ln\sigma^2 - \frac{NT}{2}\ln(2\pi)\\ &-\frac{1}{2\sigma^2}[\boldsymbol{A}(\rho)\boldsymbol{Y} - \hat{\boldsymbol{G}}_{IN}]'\boldsymbol{H}[\boldsymbol{A}(\rho)\boldsymbol{Y} - \hat{\boldsymbol{G}}_{IN}] + \ln|\boldsymbol{A}(\rho)|\end{aligned} \tag{2.15}$$

上式为未知参数 $\boldsymbol{\theta}$ 的函数，其极大似然估计为

$$\hat{\boldsymbol{\theta}} = \arg\max_{\boldsymbol{\theta}}\frac{1}{NT}\ln\tilde{L}(\boldsymbol{\theta})$$

在实际应用中，往往分以下两步来完成。

首先，假定 $\boldsymbol{\lambda}$ 已知，对式 (2.15) 求解关于 σ^2 的最大化问题，得到其初始估计分别为

$$\hat{\sigma}^2_{IN} = (NT)^{-1}[\boldsymbol{A}(\rho)\boldsymbol{Y} - \hat{\boldsymbol{G}}_{IN}]'\boldsymbol{H}[\boldsymbol{A}(\rho)\boldsymbol{Y} - \hat{\boldsymbol{G}}_{IN}] \tag{2.16}$$

其次，将 $\hat{\sigma}^2_{IN}$ 替代式 (2.15) 中的 σ^2，得到关于 $\boldsymbol{\lambda}$ 的集中对数似然函数:

$$\ln\tilde{L}(\boldsymbol{\lambda}) = -\frac{NT}{2}\ln(2\pi) - \frac{NT}{2}\ln(\hat{\sigma}^2_{IN}) - \frac{NT}{2} + \ln|\boldsymbol{A}(\rho)| \tag{2.17}$$

从而 $\boldsymbol{\lambda}$ 的估计为

$$\hat{\boldsymbol{\lambda}} = \arg\max_{\boldsymbol{\lambda}}\frac{1}{NT}\ln\tilde{L}(\boldsymbol{\lambda}) \tag{2.18}$$

上式为非线性最优化求解问题，可用迭代方法来实现。得到 $\hat{\boldsymbol{\lambda}} = (\hat{\boldsymbol{\beta}},\hat{\rho})'$ 后，用 $\hat{\boldsymbol{\lambda}}$ 替代式 (2.16) 中的 $\boldsymbol{\lambda}$，可得 σ^2 的最终估计分别为

$$\hat{\sigma}^2 = \frac{1}{NT}[\boldsymbol{A}(\hat{\rho})\boldsymbol{Y} - \boldsymbol{S}(\hat{\boldsymbol{\beta}})\boldsymbol{A}(\hat{\rho})\boldsymbol{Y}]'\boldsymbol{H}[\boldsymbol{A}(\hat{\rho})\boldsymbol{Y} - \boldsymbol{S}(\hat{\boldsymbol{\beta}})\boldsymbol{A}(\hat{\rho})\boldsymbol{Y}] \tag{2.19}$$

第 3 步　用第 2 步得到的 $\hat{\boldsymbol{\lambda}}$ 替代式 (2.13) 中的 $\boldsymbol{\lambda}$，则非参数函数 $g(u)$ 的最终估计为

$$\hat{g}(u)=\boldsymbol{s}(u,\hat{\boldsymbol{\beta}})\boldsymbol{A}(\hat{\rho})\boldsymbol{Y} \tag{2.20}$$

进一步，可以求出 $\boldsymbol{b}$ 的估计：

$$\hat{\boldsymbol{b}}=(\boldsymbol{U}'\boldsymbol{U})^{-1}\boldsymbol{U}'[\boldsymbol{A}(\hat{\rho})\boldsymbol{Y}-\hat{\boldsymbol{G}}]$$

2.2.3　估计的大样本性质

2.2.3.1　假设条件

记 $\boldsymbol{\theta}_0=\left(\boldsymbol{\beta}'_0,\rho_0,\sigma_0^2\right)'$ 为待估参数的真实值。为了推导 $\hat{\boldsymbol{\theta}}=\left(\hat{\boldsymbol{\beta}}',\hat{\rho},\hat{\sigma}^2\right)'$ 和 $\hat{g}(u)$ 的一致性和渐近正态性，我们需要建立适当的正则假设条件。

A2.1　关于模型中变量的假设条件：

(i) $\{\boldsymbol{x}_{it},y_{it},\varepsilon_{it}\}_{i=1,t=1}^{N,T}$ 为 i.i.d. 随机序列，$\boldsymbol{x}'_{it}\boldsymbol{\beta}$ 的边际密度函数 $f_t(u)$ 及两两之间的联合分布密度函数 $f_{t_1,t_2}(u)$ 在 $u_{it,0}=\boldsymbol{x}'_{it}\boldsymbol{\beta}_0\in\mathcal{U}$ 处连续可微，并满足一致有界且不为零，对任意的 i，$(\boldsymbol{x}'_{i1}\boldsymbol{\beta},\cdots,\boldsymbol{x}'_{iT}\boldsymbol{\beta})$ 存在联合密度函数；在 $t_1\neq t_2$ 时，$(\boldsymbol{x}'_{it_1}\boldsymbol{\beta},\boldsymbol{x}'_{it_2}\boldsymbol{\beta})$ 联合密度函数 $f_{t_1t_2}(u,v)$ 在 $(\boldsymbol{x}'_{it_1}\boldsymbol{\beta}_0,\boldsymbol{x}'_{it_2}\boldsymbol{\beta}_0)\in\mathcal{U}\times\mathcal{U}$ 处连续可微，其中，$i=1,\cdots,N$，$t_1,t_2=1,\cdots,T$。$\mathcal{U}$ 为 $\boldsymbol{k}(u)$ 的支撑集；固定效应 b_i 满足 $E(b_i\,|\boldsymbol{x}_1,\cdots,\boldsymbol{x}_{NT})=0$，$\mathrm{Var}(b_i\,|\boldsymbol{x}_{11},\cdots,\boldsymbol{x}_{NT})=\sigma_b^2<\infty$，以及 $E(\|b_i\boldsymbol{x}'_{it}\|)<\infty$；$\varepsilon_{it}$ 满足 $E(\varepsilon_{it}\,|\boldsymbol{x}_1,\cdots,\boldsymbol{x}_{NT})=0$，$\mathrm{Var}(\varepsilon_{it}\,|\boldsymbol{x}_{11},\cdots,\boldsymbol{x}_{NT})=\sigma_\varepsilon^2<\infty$，以及 $E(\|\varepsilon_{it}\boldsymbol{x}'_{it}\|)<\infty$；其中，$i=1,\cdots,N$；$t=1,\cdots,T$。参考 Chen 等 (2013) 中关于密度函数的假设。

(ii) 存在 $r=\max\{4,s\}$，使得 $E\,\|\boldsymbol{x}_{it}\|^r<\infty$，$E\,|b_i|^r<\infty$，$E\,|\varepsilon_{it}|^r<\infty$，并对 $\tau<2-s^{-1}$，则有 $(NT)^{2\tau-1}h\to\infty$，其中 $i=1,\cdots,N,t=1,\cdots,T$。

(iii) 实值函数 $g(\cdot)$ 为二阶连续可微的有界函数，在 $u\in\mathcal{U}$ 上满足一阶 Lipschitz 条件，对于任意支撑集上的点 u 都有 $|g(u)|\leqslant m_g$，其中，m_g 为正常数。

A2.2　关于模型中常量的假设条件：

(i) $\boldsymbol{W}_0$ 的对角元为零，非对角元 $w_{0,ij}$ 一致小于 $O\left(\dfrac{1}{l_N}\right)$，并且 $\lim\limits_{N\to\infty}\dfrac{l_N}{N}=0$。对任意 $\rho\in\Theta$，$\boldsymbol{I}_N-\rho\boldsymbol{W}_0$ 非奇异，其中，Θ 为凸紧集，ρ_0 为 Θ 的内点。

(ii) $\boldsymbol{W}_0$ 和 $(\boldsymbol{I}_N-\rho\boldsymbol{W}_0)^{-1}$ 在 $\rho\in\Theta$ 上满足绝对行和与绝对列和一致有界。①

---

① 矩阵 $\boldsymbol{D}=(D_{ij})_{N\times N}$ 绝对行 (或列) 和一致有界是指存在非负常数 $m_{\boldsymbol{D}}$ 使得 $\sum\limits_{i=1}^{N}|D_{ij}|\leqslant m_{\boldsymbol{D}}$ 及 $\sum\limits_{j=1}^{N}|D_{ij}|\leqslant m_{\boldsymbol{D}}$，常数 $m_{\boldsymbol{D}}$ 在下文中会根据不同的矩阵进行不同定义。

A2.3 关于核函数的假设条件：

$\boldsymbol{k}(\cdot)$ 的支撑集为有界闭集，且在其支撑集上为连续非负的偶函数。即存在常数 $m_{\boldsymbol{k}}>0$，使得支撑集 $[-m_{\boldsymbol{k}},m_{\boldsymbol{k}}]\subset\boldsymbol{R}$，当 $|v|\leqslant m_{\boldsymbol{k}}$ 时，$\boldsymbol{k}(v)\geqslant 0$。令

$$\mu_l=\int\boldsymbol{k}(v)v^l\mathrm{d}v,\quad \nu_l=\int\boldsymbol{k}^2(v)v^l\mathrm{d}v$$

则对于任意的正奇数 l，$\mu_l=v_l=0$，同时 $\mu_0=1,\mu_2\neq 0$。

A2.4 关于窗宽的假设条件：在 $N\to\infty$，$T\to\infty$ 及 $h\to 0$ 时，$NTh\to\infty$。

A2.5 参数估计唯一性条件：存在唯一的 $\boldsymbol{\theta}=\boldsymbol{\theta}_0$，使得模型 (2.2) 成立。

A2.6 模型 (2.2) 中关于单指数部分可识别的条件：$\boldsymbol{\beta}_0$ 为 $\mathcal{B}$ 的内点，其中，$\mathcal{B}\in\mathbf{R}^p$ 为凸紧集，且 $\|\boldsymbol{\beta}_0\|=1$ 而且向量 $\boldsymbol{\beta}_0$ 的第一个分量为正，其中，$\|\cdot\|$ 表示欧几里得范数。①

A2.7 $\lim\limits_{N,T\to\infty}\dfrac{1}{NT}(\dot{\boldsymbol{G}}_\Delta(\boldsymbol{X}\boldsymbol{\beta}_0)\boldsymbol{X},\ \boldsymbol{B}_0(\boldsymbol{G}(\boldsymbol{X}\boldsymbol{\beta}_0)+\boldsymbol{U}\boldsymbol{b}))'\boldsymbol{H}(\dot{\boldsymbol{G}}_\Delta(\boldsymbol{X}\boldsymbol{\beta}_0)\boldsymbol{X},\ \boldsymbol{B}_0(\boldsymbol{G}(\boldsymbol{X}\boldsymbol{\beta}_0)+\boldsymbol{U}\boldsymbol{b}))$ 存在并且非奇异，其中

$$\dot{\boldsymbol{G}}_\Delta(\boldsymbol{X}\boldsymbol{\beta}_0)=\mathrm{diag}\{\dot{g}(\boldsymbol{x}_{11}\boldsymbol{\beta}_0),\cdots,\dot{g}(\boldsymbol{x}_{NT}\boldsymbol{\beta}_0)\},\quad \boldsymbol{B}_0=\boldsymbol{W}\boldsymbol{A}^{-1}(\rho_0)$$

A2.8 $\lim\limits_{N,T\to\infty}\dfrac{1}{NT}\mathrm{tr}(\boldsymbol{B}_0^2)+\dfrac{1}{NT}\mathrm{tr}(\boldsymbol{B}_0'\boldsymbol{H}\boldsymbol{B}_0)-\dfrac{2}{N^2T^2}[\mathrm{tr}(\boldsymbol{B}_0'\boldsymbol{H})]^2>0$。

评论 A2.1 和 A2.2 描述了本章提出的模型及其空间权重矩阵的特征；A2.3 和 A2.4 给出了核函数和窗宽条件；A2.5 和 A2.6 为唯一性识别条件；A2.7 和 A2.8 为渐近正态性的条件。

2.2.3.2 主要结论

在给出估计量的大样本性质之前，先列出几个有用的引理。

引理 2.1 在假设条件 A2.1—A2.4 下，

$$(NT)^{-1}\boldsymbol{Z}'(u,\boldsymbol{\beta})\boldsymbol{H}\boldsymbol{K}(u,\boldsymbol{\beta})\boldsymbol{H}\boldsymbol{Z}(u,\boldsymbol{\beta})\xrightarrow{P}F(u)\mathrm{diag}\{1,\mu_2\}$$

其中，$F(u)=\lim\limits_{T\to\infty}\dfrac{1}{T}\sum\limits_{t=1}^{T}f_t(u)$。

引理 2.2 在假设条件 A2.1—A2.4 下，

$$\boldsymbol{S}(\boldsymbol{\beta})\boldsymbol{\varepsilon}=op(1)$$

同样假设条件下，$\boldsymbol{S}(\boldsymbol{\beta})\boldsymbol{B}\boldsymbol{\varepsilon}=op(1)$，$\boldsymbol{S}(\boldsymbol{\beta})\boldsymbol{U}\boldsymbol{b}=op(1)$，$(\boldsymbol{I}_{NT}-\boldsymbol{S}(\boldsymbol{\beta}))\boldsymbol{G}=op(1)$，$(\boldsymbol{I}_{NT}-\boldsymbol{S}(\boldsymbol{\beta}))\boldsymbol{B}\boldsymbol{G}=Op(c)$，其中，$c>0$ 为常数。

① Carroll 等 (1997)，Wang 等 (2010) 也采用此识别条件。

引理 2.3 若 $\boldsymbol{A}$ 为 N 阶方阵，有 $\text{tr}(\boldsymbol{A}^2) \leqslant \text{tr}(\boldsymbol{A}'\boldsymbol{A})$。进一步，若 $\boldsymbol{A}$ 的 N 个特征值均为实数并且其中 k 个非零，则有 $\text{tr}(\boldsymbol{A}^2) > 0$，并且 $(\text{tr}\boldsymbol{A})^2/\text{tr}(\boldsymbol{A}^2) \leqslant k$。

在给出主要结论前，我们需要记

$$\Theta_0 = \{\rho | \rho \in \Theta, \|\rho - \rho_0\| \leqslant c_1(NT)^{-1/2}\}$$
$$\mathcal{B}_0 = \{\boldsymbol{\beta} | \boldsymbol{\beta} \in \mathcal{B}, \|\boldsymbol{\beta}\| = 1, \|\boldsymbol{\beta} - \boldsymbol{\beta}_0\| \leqslant c_2(NT)^{-1/2}\}$$

其中，c_1 和 c_2 为正常数，类似约束参见 Härdle 等 (1993)。

定理 2.1 在假设条件 A2.1—A2.6 下，$\hat{\rho} - \rho_0 = op(1)$，$\hat{\boldsymbol{\beta}} - \boldsymbol{\beta}_0 = op(1)$。

定理 2.2 在假设条件 A2.1—A2.6 下，$\hat{\sigma}^2 - \sigma_0^2 = op(1)$，对 $\rho \in \Theta_0$ 与 $\beta \in \mathcal{B}_0$ 成立。

定理 2.3 在假设条件 A2.1—A2.6 下，$\hat{g}(u) - g(u) = op(1)$，对 $\rho \in \Theta_0$，$\boldsymbol{\beta} \in \mathcal{B}_0$ 及 $u \in \mathcal{U}$ 成立。

定理 2.4 在假设条件 A2.1—A2.7 下或假设条件 A2.1—A2.6 和 A2.8 下，

$$\sqrt{NT}(\hat{\boldsymbol{\theta}} - \boldsymbol{\theta}_0) \xrightarrow{L} N(\mathbf{0}, \boldsymbol{\Sigma}_{\boldsymbol{\theta}_0}^{-1})$$

其中，$\boldsymbol{\Sigma}_{\boldsymbol{\theta}_0} = -\lim\limits_{N,T\to\infty} E\left[\left(\dfrac{1}{NT}\dfrac{\partial^2 \ln L(\boldsymbol{\theta})}{\partial\boldsymbol{\theta}\partial\boldsymbol{\theta}'}\right)\Bigg|_{\boldsymbol{\theta}=\boldsymbol{\theta}_0}\right]$。

定理 2.5 在假设条件 A2.1—A2.6 下，

$$\sqrt{NTh}(\hat{g}(u) - g(u) - \varphi(u)) \xrightarrow{L} N(0, \gamma^2(u))$$

对 $\rho \in \Theta_0$，$\boldsymbol{\beta} \in \mathcal{B}_0$ 及 $u \in \mathcal{U}$ 成立。其中 $\gamma^2(u) = \nu_0\sigma_0^2[F(u)]^{-1}$，$\varphi(u) = \dfrac{1}{2}h^2\mu_2\ddot{g}(u)$。进一步，当 $NTh^5 \to 0$ 时，

$$\sqrt{NTh}(\hat{g}(u) - g(u)) \xrightarrow{L} N(0, \gamma^2(u))$$

定理 3.1 和定理 3.2 分别给出了模型参数估计量 $\left(\hat{\boldsymbol{\beta}}', \hat{\rho}\right)'$ 和 $(\hat{\sigma}_\varepsilon^2, \hat{\sigma}_b^2)'$ 的一致性，定理 3.3 给出了模型非参数估计量 $\hat{g}(u)$ 的一致性，定理 3.4 给出了所有参数估计量的联合渐近正态分布，定理 3.5 则给出了未知函数估计量的渐近正态分布。

2.2.4 蒙特卡罗模拟结果

对估计量的小样本表现如何，我们将利用蒙特卡罗数值模拟方法评估 2.2.3 节中构建的估计量小样本效果。参考陈琳娜 (2013)，对模型中参数部分的估计，使用的评价标准为样本标准差 (Std. dev) 以及两种均方根误 (Root Mean Square Error, RMSE) RMSE1 和 RMSE2：

$$\text{RMSE1} = \left[\frac{1}{mcn}\sum_{i=1}^{mcn}(\hat{\theta}_i - \theta_0)^2\right]^{1/2}, \quad \text{RMSE2} = (\hat{\theta}_{0.5} - \theta_0)^2 + \frac{\hat{\theta}_{0.75} - \hat{\theta}_{0.25}}{1.35}$$

其中，mcn 为模拟次数，$\hat{\theta}_i$ 为每次模拟所得到的参数估计值，$i=1,\cdots,mcn$，θ_0 为参数真实值，$\hat{\theta}_{0.25},\hat{\theta}_{0.5},\hat{\theta}_{0.75}$ 分别为参数估计的上四分位数、中位数和下四分位数；对于模型中的非参数部分估计，采用平均绝对误差 (Mean Absolute Deviation Error，MADE) 作为评价标准，其计算公式为

$$\text{MADE}_j = Q^{-1}\sum_{q=1}^{Q}|\hat{g}_j(u_q)-g_j(u_q)|, \quad j=1,\cdots,mcn$$

其中，$\{u_q\}_{q=1}^{Q}$ 为 u 的支撑集内所选取的 Q 个固定网格点。

由于难以选择最优窗宽 (Su, 2012)，我们利用拇指准则 (Rule of Thumb) 在非参数估计时选择窗宽，这里使用的核函数为常用的 Epanechnikov 核函数。

2.2.4.1 数据生成过程

我们考虑以下数据生成过程，对模型 (2.2)，通过代入已知参数数据生成样本，假设模拟样本时间长度 T 满足 $T=3$ 和 $T=5$，对于数据生成过程，作如下具体设计。

(i) $\boldsymbol{x}_{it}=(x_{it1},\ x_{it2})'$，$i=1,\cdots,N$，$t=1,\cdots,T$，为二维随机变量，每个分量服从均匀分布 $U(-3,3)$，

$$\boldsymbol{\beta}_0=(\beta_{10},\beta_{20})'=\left(\sqrt{1/3},\sqrt{2/3}\right)'\approx(0.5774,0.8165)'$$

$$g(u_{it})=2\mathrm{e}^{-u_{it}^2},\quad u_{it}=\boldsymbol{x}'_{it}\boldsymbol{\beta}_0$$

随机误差项 $\boldsymbol{\varepsilon}$ 的各分量 $\varepsilon_{it}\sim$ i.i.d.$N(0,\sigma_0^2)$，其中 $\sigma_0^2=0.5$；固定效应 $\boldsymbol{b}$ 满足 $b_i=0.5x_{iA}^*+v_i$，$i=1,\cdots,N-1$，$b_N=-\sum\limits_{i=1}^{N-1}b_i$，$x_{iA}^*=\dfrac{1}{2T}\sum\limits_{t=1}^{T}(x_{it1}+x_{it2})$，$v_i\sim$ i.i.d.$N(0,1)$，其中，$\{\boldsymbol{x}_{it}\}$，$\{v_i\}$，$\{\varepsilon_{it}\}$ 相互独立。

(ii) 取 $\rho_0=0.5$，为了考察空间权重矩阵的影响，使用 Case (1991) 中一类权重矩阵①，这里 $N=R\times M$，分别取 $R=20,30$ 和 $M=2,3$ 进行模拟得到结果。另外，为了比较不同空间权重矩阵的影响，同时采用实际中常用的 Rook 权重矩阵②，分别取 $N=49,64,81,100$ 进行模拟以对比最终结果。

2.2.4.2 数据模拟结果

利用 Matlab 进行 300 次模拟，记录每次模拟结果，计算各项评级指标，其中，参数的模拟结果见表 2.1。

① Case (1991) 权重矩阵假设存在 R 个区域，每个地区有 M 个成员，同一地区内的成员互为“邻居”并且具有相同的权重，满足 $\boldsymbol{W}_0=I_R\otimes B_M$，其中，$B_M=(e_Me_M'-I_M)/(M-1)$。

② 参考 Su(2012)，Rook 权重矩阵指每一个空间单元与与其成直角关系的空间单元连接，故居中的单元具有四个相邻空间，边界的单元具有三个相邻空间，角落的单元则仅具有两个相邻空间。

表 2.1 参数模拟结果 (Case 权重矩阵)

T	R	参数	M = 2				M = 3			
			Mean	Std. dev	RMSE1	RMSE2	Mean	Std. dev	RMSE1	RMSE2
3	20	ρ	0.4916	0.0552	0.0557	0.0505	0.4963	0.0474	0.0474	0.0443
		β_1	0.5766	0.0517	0.0516	0.0466	0.5785	0.0359	0.0359	0.0360
		β_2	0.8146	0.0356	0.0356	0.0331	0.8145	0.0258	0.0258	0.0256
		σ^2	0.4143	0.0646	0.1072	0.0695	0.4138	0.0513	0.1002	0.0616
	30	ρ	0.5009	0.0403	0.0403	0.0402	0.4927	0.0385	0.0391	0.0394
		β_1	0.5728	0.0360	0.0363	0.0352	0.5772	0.0283	0.0282	0.0269
		β_2	0.8185	0.0253	0.0254	0.0246	0.8159	0.0201	0.0201	0.019
		σ^2	0.4126	0.054	0.1026	0.0575	0.4132	0.0405	0.0958	0.0471
5	20	ρ	0.5003	0.0336	0.0335	0.0312	0.4957	0.0339	0.0341	0.0344
		β_1	0.5741	0.0306	0.0308	0.0319	0.5754	0.0208	0.0209	0.0216
		β_2	0.8179	0.0217	0.0217	0.0224	0.8175	0.0147	0.0147	0.0151
		σ^2	0.4571	0.0521	0.0674	0.0553	0.4592	0.0411	0.0578	0.0412
	30	ρ	0.4982	0.0293	0.0293	0.0298	0.4983	0.0292	0.0292	0.0284
		β_1	0.5743	0.0221	0.0223	0.0218	0.5765	0.0190	0.0189	0.0191
		β_2	0.8182	0.0155	0.0156	0.0153	0.8168	0.0133	0.0133	0.0135
		σ^2	0.4553	0.0424	0.0616	0.0427	0.4494	0.0335	0.0607	0.0351

观察表 2.1，容易看出，参数 ρ，σ^2，β_1 和 β_2 的估计值与其真实值在各类情况下均较为接近，说明各估计量在小样本下均有较好的表现，表明本书所提出的估计方法具有优良的实用性。首先，在考虑样本时间长度固定 (T 相同) 时，我们能够有以下几点发现。

第一，当空间复杂度固定时 (M 相同)，所有参数的估计值与其真实值的偏误随地区数 R 的增加而减小，主要表现为 RMSE1 或 RMSE2 随 R 的增加而减少，说明在空间复杂度相同的情况下，样本容量越大，参数估计的偏误越小，同时可以看到参数估计值的标准差随着地区数 R 的增加而减小，说明参数的估计值会随着样本容量的增大而收敛。

第二，在地区数固定时 (R 相同)，参数 ρ 的估计偏误没有因空间复杂度 M 的增加而减少，与参数 ρ 不同，σ^2，β_1 和 β_2 在 M 为 4 时的估计偏误和标准差均小于 M 为 2 时的相应结果，说明在地区数 R 相同情况下，空间复杂度的增加会抵消由于样本容量增加所带来的参数 ρ 的估计偏误的减少。

第三，在样本截面单元容量固定时 (N 相同)，参数 ρ 的估计偏误会因空间复杂度的增加而增加，其他参数的估计偏误和标准差受空间复杂度的影响较小。为说明结论，考虑样本 $N=60$，即 $R=20$，$M=3$ 与 $R=30$，$M=2$ 的情形，我们发现当 $R=20$，$M=3$ 时，ρ 的估计偏误和标准差均比 $R=30$，$M=2$ 时大，而其他参数的估计偏误和标准差在两种情形下相近。

第四，当样本截面单元数量、空间复杂度、地区数均固定时 (N，M，R 均相同)，参数 ρ，β_1 和 β_2，σ^2 的估计值与其真实值的偏误随时间长度 T 的增加而减小，表现为 RMSE1，RMSE2 随 T 的增加而减少。说明在样本截面单元数量、空间复杂度、地区数均固定时 (N，M，R 均相同)，样本容量越大，参数估计的偏误越小。同时可以看到，参数估计值的标准差也随着 T 的增加而减小，同样说明参数的估计值会随着样本容量的增大而收敛到参数的真值。

表 2.2　未知函数 $g(\cdot)$ 估计的 MADE 值的中位数和标准差 (Case 权重矩阵)

统计量	$T=3$				$T=5$			
	$M=2$		$M=3$		$M=2$		$M=3$	
	$R=20$	$R=30$	$R=20$	$R=30$	$R=20$	$R=30$	$R=20$	$R=30$
Median	0.3675	0.3321	0.3382	0.3215	0.2761	0.2523	0.2558	0.2348
Std.dev	0.0552	0.0469	0.0484	0.0386	0.0399	0.0352	0.0384	0.0305

表 2.2 给出了非参数部分，即未知函数 $g(\cdot)$ 在 20 个固定格点处估计值的 MADE 值的中位数和标准差。通过对比模拟结果，我们发现，关于未知函数的估计的效果与空间复杂度 (M 的取值) 关系不大，估计效果主要受样本的截面单元数量 ($N=R\times M$) 和样本的时间长度 (T) 的影响，随着样本容量的增大，未知函数 $g(\cdot)$ 的 MADE 的中位数和标准差均趋于下降，说明未知函数的估计是收敛的。

图 2.1 分别为在样本截面单元容量满足 $N=300(R=100,M=3)$ 和 $N=600(R=100,M=6)$ 时，时间长度满足 $T=3$，模型参数满足 $\rho_0=0.5$，$\boldsymbol{\beta}_0=\left(\sqrt{1/3},\sqrt{2/3}\right)'\approx(0.5774,0.8165)'$，$\sigma_0^2=0.5$ 的情形下，关于非参数部分，即未知函数 $g(\cdot)$ 的估计效果。从图 2.1 可以看出，样本容量的增加会带来未知函数的估计效果的改善。

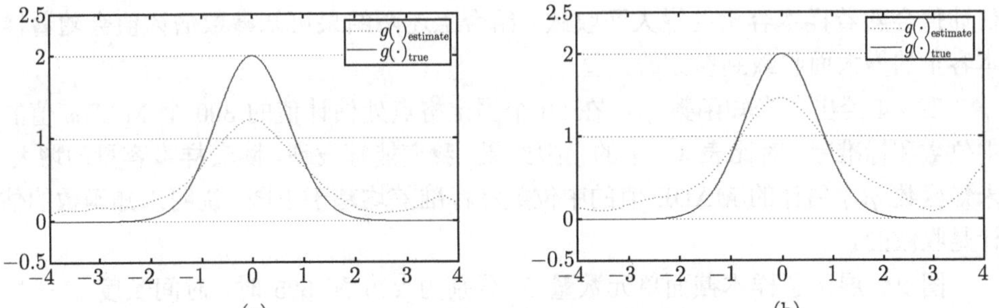

图 2.1　(a) 图和 (b) 图分别为 $N=300$ 和 600 下，$g(\cdot)$ 的估计效果 (Case 权重矩阵)

表 2.3　参数模拟结果 (Rook 权重矩阵)

N	参数	$T=3$				$T=5$			
		Mean	Std.dev	RMSE1	RMSE2	Mean	Std.dev	RMSE1	RMSE2
49	ρ	0.4857	0.0884	0.0894	0.0845	0.4929	0.0628	0.0631	0.0622
	β_1	0.5742	0.0424	0.0425	0.0421	0.5732	0.0272	0.0274	0.0282
	β_2	0.8171	0.0297	0.0297	0.0297	0.8187	0.0189	0.019	0.0198
	σ^2	0.4128	0.0539	0.1025	0.0567	0.4563	0.0467	0.0639	0.0454
64	ρ	0.4899	0.0722	0.0727	0.0700	0.4975	0.0533	0.0532	0.0544
	β_1	0.5734	0.0360	0.0361	0.0339	0.5732	0.0224	0.0227	0.0232
	β_2	0.8181	0.0253	0.0253	0.0238	0.8189	0.0156	0.0157	0.0162
	σ^2	0.4131	0.0487	0.0996	0.0558	0.4559	0.0382	0.0583	0.0404
81	ρ	0.4919	0.0748	0.0751	0.0764	0.4920	0.0510	0.0516	0.0490
	β_1	0.5745	0.0318	0.0319	0.0308	0.5756	0.0187	0.0187	0.0194
	β_2	0.8176	0.0226	0.0226	0.0216	0.8174	0.0132	0.0132	0.0136
	σ^2	0.4076	0.0423	0.1016	0.0512	0.4541	0.0338	0.0570	0.0337
100	ρ	0.5000	0.0648	0.0646	0.0662	0.4984	0.0426	0.0426	0.0441
	β_1	0.5776	0.0256	0.0256	0.0272	0.5753	0.0186	0.0187	0.0189
	β_2	0.8157	0.0183	0.0183	0.0193	0.8176	0.0130	0.0131	0.0133
	σ^2	0.4082	0.0386	0.0996	0.0441	0.4477	0.0280	0.0593	0.0322

为了说明不同空间权重矩阵的影响，再利用 Rook 邻接矩阵作为空间权重矩阵，进行模拟以对比最终结果。观察表 2.3 可知，与权重矩阵为 Case 时类似，参数 ρ，σ^2，β_1 和 β_2 的估计值与其真实值在各类情况下均较为接近，说明各估计量在小样本下均有较好的表现，表明本书所提出的估计方法具有优良的实用性，同时我们发现：在样本时间长度固定 (T 相同) 时，参数的估计偏误随样本截面单元数量的增加而减小，而在样本截面单元数量固定 (N 相同) 时，参数的估计偏误随样本时间长度的增加而减小，均说明了随着样本容量越大，参数估计的偏误越小；从表 2.3 中还可以看到，参数估计值的标准差随样本数的增加而减小，这说明参数的估计值会随着样本容量的增大而收敛。结合上述两结果可知参数估计值会随着样本容量的增大而收敛到参数的真值。

表 2.4 给出了未知函数 $g(\cdot)$ 在 20 个固定格点处估计值的 300 个 MADE 值的中位数和标准差。对比表 3.4 中的模拟结果，我们能够发现，随着样本容量的增大，未知函数 $g(\cdot)$ 估计的 MADE 值的中位数和标准差均趋于下降，说明未知函数的估计是收敛的。

图 2.2 展示了样本截面单元数量 N 分别为 225 和 625 时，时间长度 $T=5$，参数满足 $\rho_0=0.5$，$\boldsymbol{\beta}_0=\left(\sqrt{1/3},\sqrt{2/3}\right)'$，$\sigma_0^2=0.5$，未知函数 $g(\cdot)$ 的估计效果。同样可知未知函数的估计效果会随样本容量的增加而改善。

表 2.4 未知函数 $g(\cdot)$ 估计的 MADE 值的中位数和标准差 (Rook 权重矩阵)

统计量	$T=3$				$T=5$			
	$N=49$	$N=64$	$N=81$	$N=100$	$N=49$	$N=64$	$N=81$	$N=100$
Median	0.3433	0.3361	0.3273	0.3192	0.2669	0.2521	0.2431	0.2370
Std.dev	0.0528	0.0493	0.0469	0.0438	0.0413	0.0388	0.0353	0.0309

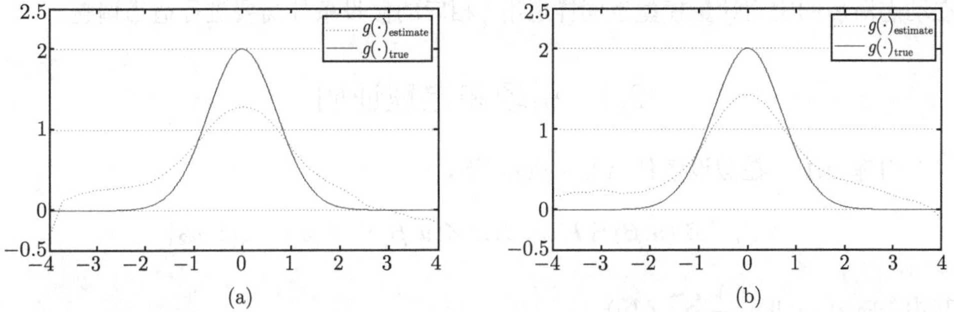

图 2.2 (a) 图和 (b) 图分别为 $N=225$ 和 625 下，$g(\cdot)$ 的估计效果 (Rook 权重矩阵)

通过本章所提出的模型和估计方法，为进一步完善研究成果，我们给出了一些新的思路。

在大样本理论证明中，对任意时间 $t=1,\cdots,T$，若 $\boldsymbol{x}'_{it}\boldsymbol{\beta}$ 的边际密度函数 $f_t(u)$ 均相同，即均为 $f(u)$，则 $\dfrac{1}{T}\boldsymbol{\Lambda}^1 \xrightarrow{P} f(u)\text{diag}(1,\mu_2)$，估计量的一致性和渐近正态性的证明可以相应简化，但同时假设 A2.1 条件进一步增强，见 Chen 等 (2013)。我们在理论证明中未对空间权重矩阵进行标准化的假设，这里并不影响最终蒙特卡罗数值模拟的效果，类似做法可以参考 Lee(2004), Su 和 Jin(2010) 等。

在蒙特卡罗数值模拟中，同样可以使用较为复杂的几类窗宽选择方法，如采用交叉验证方法选择窗宽 (Pang, Xue, 2012)，相应地，本章中模型相应统计量则应通过下式给出：

$$\text{CV}(h)=\frac{1}{NT}\sum_{i=1}^{N}\sum_{t=1}^{T}\left[\bar{y}_{it}-\hat{g}^*(\boldsymbol{x}_{h,-it}\hat{\boldsymbol{\beta}}^*)-\hat{b}_i^*\right]^2$$

其中，$\boldsymbol{A}(\hat{\rho}^*)\boldsymbol{Y}=(\bar{y}_{11},\cdots,\bar{y}_{1T},\cdots,\bar{y}_{N1},\cdots,\bar{y}_{NT})'$，$\hat{g}^*(\boldsymbol{x}_{h,-it}\hat{\boldsymbol{\beta}}^*)$ 为去掉 $(\boldsymbol{x}_{it},y_{it})$ 后对 $g(\boldsymbol{x}_{it}\boldsymbol{\beta})$ 的估计，$\hat{\boldsymbol{\beta}}^*$，$\hat{\rho}^*$，$\hat{b}_i^*$ 分别为在窗宽 h 下 $\boldsymbol{\beta}_0$ 和 ρ_0 及个体效应 b_i 的估计值，在计算 $\hat{\boldsymbol{\beta}}^*$，$\hat{\rho}^*$，$\hat{b}_i^*$ 时，我们利用拇指准则 (Rule of Thumb) 选择窗宽，对 CV(h) 关于 h 求解最小化问题可得到最优窗宽 h_{opt}，这里使用的核函数为常用的 Epanechnikov 核函数。我们在模拟中对比了几种不同的窗宽选择方法，结果显示窗宽选择对估计量的收敛速度影响较小，为了提高运算速度，我们采用本书中的方法进行窗宽选择。

本章的研究对于短面板模型 (时间长度 $T < \infty$) 同样适用 (Pang, Xue, 2012)，估计量的一致性和渐近正态性的证明同样可以参考以上证明过程得到，相应的定理 2.1 至定理 2.5 的结论即可推广，并且对窗宽以及数据在时间序列上的平稳性的要求可以进一步降低；但在固定效应短面板模型中，方差的渐近无偏性无法得到保证，需给出修正的方差估计。同时本章提出的研究方法同样适用于误差滞后空间计量模型和空间 Durbin 模型，并且对存在线性部分的半参数空间计量模型，以及存在动态滞后的空间计量模型也同样适用，相应的假设条件需要进行适当调整。

2.3　引理和定理证明

引理 2.1　在假设条件 A2.1—A2.4 下，

$$(NT)^{-1}\boldsymbol{Z}'(u,\boldsymbol{\beta})\boldsymbol{H}\boldsymbol{K}(u,\boldsymbol{\beta})\boldsymbol{H}\boldsymbol{Z}(u,\boldsymbol{\beta}) \xrightarrow{P} F(u)\text{diag}\{1,\mu_2\}$$

其中，$F(u) = \lim\limits_{T\to\infty}\dfrac{1}{T}\sum\limits_{t=1}^{T} f_t(u)$。

证明　已知

$$\boldsymbol{H} = \boldsymbol{I}_{NT} - \boldsymbol{U}(\boldsymbol{U}'\boldsymbol{U})^{-1}\boldsymbol{U}',\quad \boldsymbol{U} = (-e_{N-1},\boldsymbol{I}_{N-1})'\otimes \boldsymbol{e}_T$$

可以得到

$$\boldsymbol{H} = \boldsymbol{I}_{NT} - \boldsymbol{I}_N \otimes \left(\frac{1}{T}\boldsymbol{e}_T\boldsymbol{e}'_T\right) + \left(\frac{1}{N}\boldsymbol{e}_N\boldsymbol{e}'_N\right)\otimes\left(\frac{1}{T}\boldsymbol{e}_T\boldsymbol{e}'_T\right)$$

通过简单的代数计算易知，$\boldsymbol{H} = (\boldsymbol{H}_{ij})_{N\times N}(i,\ j = 1,\ \cdots,\ N)$ 满足

$$\boldsymbol{H}_{ij} = \begin{pmatrix} 1-(N-1)/(NT) & -(N-1)/(NT) & \cdots & -(N-1)/(NT) \\ -(N-1)/(NT) & 1-(N-1)/(NT) & \cdots & -(N-1)/(NT) \\ \vdots & \vdots & & \vdots \\ -(N-1)/(NT) & -(N-1)/(NT) & \cdots & 1-(N-1)/(NT) \end{pmatrix}_{T\times T},\quad i=j$$

$$\boldsymbol{H}_{ij} = \begin{pmatrix} 1/(NT) & 1/(NT) & \cdots & 1/(NT) \\ 1/(NT) & 1/(NT) & \cdots & 1/(NT) \\ \vdots & \vdots & & \vdots \\ 1/(NT) & 1/(NT) & \cdots & 1/(NT) \end{pmatrix}_{T\times T},\quad i\neq j$$

记

$$(NT)^{-1}\boldsymbol{Z}'(u,\boldsymbol{\beta})\boldsymbol{H}\boldsymbol{K}(u,\boldsymbol{\beta})\boldsymbol{H}\boldsymbol{Z}(u,\boldsymbol{\beta}) \hat{=} \boldsymbol{\Lambda}^1 = \begin{pmatrix} \boldsymbol{\Lambda}_0^1 & \boldsymbol{\Lambda}_1^1 \\ \boldsymbol{\Lambda}_1^1 & \boldsymbol{\Lambda}_2^1 \end{pmatrix}$$

由 $\boldsymbol{H}=(a_{i_1t_1,i_2t_2})_{NT\times NT}$，可知

$$\boldsymbol{\Lambda}_0^1=\frac{1}{NT}\sum_{i_1=1}^{N}\sum_{i_2=1}^{N}\sum_{i_3=1}^{N}\sum_{t_1=1}^{T}\sum_{t_2=1}^{T}\sum_{t_3=1}^{T}[a_{i_1t_1,i_2t_2}a_{i_2t_2,i_3t_3}\boldsymbol{k}_h(u_{i_2t_2}-u)]$$

$$\boldsymbol{\Lambda}_1^1=\frac{1}{NT}\sum_{i_1=1}^{N}\sum_{i_2=1}^{N}\sum_{i_3=1}^{N}\sum_{t_1=1}^{T}\sum_{t_2=1}^{T}\sum_{t_3=1}^{T}\left[a_{i_1t_1,i_2t_2}a_{i_2t_2,i_3t_3}\boldsymbol{k}_h(u_{i_2t_2}-u)\left(\frac{u_{i_1t_1}-u}{h}\right)\right]$$

$$\boldsymbol{\Lambda}_2^1=\frac{1}{NT}\sum_{i_1=1}^{N}\sum_{i_2=1}^{N}\sum_{i_3=1}^{N}\sum_{t_1=1}^{T}\sum_{t_2=1}^{T}\sum_{t_3=1}^{T}\cdot\left[a_{i_1t_1,i_2t_2}a_{i_2t_2,i_3t_3}\boldsymbol{k}_h(u_{i_2t_2}-u)\left(\frac{u_{i_1t_1}-u}{h}\right)\left(\frac{u_{i_3t_3}-u}{h}\right)\right]$$

由于 $\{u_{it}\}_{i=1,t=1}^{N,\,T}$ 为 i.i.d. 随机序列，因此

$$\frac{1}{NT}\sum_{i=1}^{N}\sum_{t=1}^{T}E\left[\boldsymbol{k}_h(u_{it}-u)\left(\frac{u_{it}-u}{h}\right)^l\right]=\sum_{t=1}^{T}f_t(u)\mu_l+O(h)$$

其中，$\mu_l=\int v^lk(v)\mathrm{d}v$，$l=0,\ 1,\ 2$。注意到 $\sum_{i_2,1}^{N}\sum_{t_2=1}^{T}a_{i_1t_1,i_2t_2}=1$，易知

$$\begin{aligned}\boldsymbol{\Lambda}_0^1&=\frac{1}{NT}\sum_{i_1=1}^{N}\sum_{i_2=1}^{N}\sum_{i_3=1}^{N}\sum_{t_1=1}^{T}\sum_{t_2=1}^{T}\sum_{t_3=1}^{T}[a_{i_1t_1,i_2t_2}a_{i_2t_2,i_3t_3}\boldsymbol{k}_h(u_{i_2t_2}-u)]\\&=\frac{1}{NT}\sum_{i_2=1}^{N}\sum_{t_2=1}^{T}\boldsymbol{k}_h(u_{i_2t_2}-u)\end{aligned}$$

记$F(u)=\lim\limits_{T\to\infty}\frac{1}{T}\sum_{t=1}^{T}f_t(u)$，容易验证在 $N\to\infty$，$T\to\infty$ 时满足：$E\boldsymbol{\Lambda}_0^1=F(u)$。

类似地，通过相应代数运算，最终可得

$$\boldsymbol{\Lambda}^1\xrightarrow{P}\begin{pmatrix}E\boldsymbol{\Lambda}_0^1 & E\boldsymbol{\Lambda}_1^1\\ E\boldsymbol{\Lambda}_1^1 & E\boldsymbol{\Lambda}_2^1\end{pmatrix}=F(u)\mathrm{diag}(1,\mu_2)$$

引理 2.1 得证。

引理 2.2 在假设条件 A2.1—A2.4 下，

$$\boldsymbol{S}(\boldsymbol{\beta})\boldsymbol{\varepsilon}=op(1)$$

同样假设条件下，$\boldsymbol{S}(\boldsymbol{\beta})\boldsymbol{B}\boldsymbol{\varepsilon}=op(1)$，$\boldsymbol{S}(\boldsymbol{\beta})\boldsymbol{U}\boldsymbol{b}=op(1)$，$(\boldsymbol{I}_{NT}-\boldsymbol{S}(\boldsymbol{\beta}))\boldsymbol{G}=op(1)$，$(\boldsymbol{I}_{NT}-\boldsymbol{S}(\boldsymbol{\beta}))\boldsymbol{B}\boldsymbol{G}=Op(c)$，其中，$c>0$ 为常数。

证明 记 $(NT)^{-1}\boldsymbol{Z}'(u,\boldsymbol{\beta})\boldsymbol{H}\boldsymbol{K}(u,\boldsymbol{\beta})\boldsymbol{H}\boldsymbol{\varepsilon}=\begin{pmatrix}\boldsymbol{\Lambda}_0^2\\ \boldsymbol{\Lambda}_1^2\end{pmatrix}\hat{=}\boldsymbol{\Lambda}^2$，其中，

$$\boldsymbol{\Lambda}_0^2=\frac{1}{NT}\sum_{i_1=1}^{N}\sum_{i_2=1}^{N}\sum_{i_3=1}^{N}\sum_{t_1=1}^{T}\sum_{t_2=1}^{T}\sum_{t_3=1}^{T}[a_{i_1t_1,i_2t_2}a_{i_2t_2,i_3t_3}\boldsymbol{k}_h(u_{i_2t_2}-u)\boldsymbol{\varepsilon}_{i_3t_3}]$$

$$\boldsymbol{\Lambda}_1^2=\frac{1}{NT}\sum_{i_1=1}^{N}\sum_{i_2=1}^{N}\sum_{i_3=1}^{N}\sum_{t_1=1}^{T}\sum_{t_2=1}^{T}\sum_{t_3=1}^{T}\left[a_{i_1t_1,i_2t_2}a_{i_2t_2,i_3t_3}\boldsymbol{k}_h(u_{i_2t_2}-u)\left(\frac{u_{i_1t_1}-u}{h}\right)\boldsymbol{\varepsilon}_{i_3t_3}\right]$$

显然 $\boldsymbol{\varepsilon}_{it}$ 独立同分布，$i=1,\cdots,N$，$t=1,\cdots,T$。

对 $\sum_{i=1}^{N}\sum_{t=1}^{T}\boldsymbol{k}_h(u_{it}-u)\left(\frac{u_{it}-u}{h}\right)^l\boldsymbol{\varepsilon}_{it}$，其方差为

$$\frac{1}{N^2T^2}\sum_{i=1}^{N}\sum_{t=1}^{T}\left\{E\left[k_h^2(u_{it}-u)\left(\frac{u_{it}-u}{h}\right)^{2l}\right]E(\varepsilon_{it})^2\right\}=O\left(\frac{1}{NTh}\right)$$

参考引理 2.1 的证明，基于相应的代数运算，可以得到：$\boldsymbol{\Lambda}_l^2=op(1)$，其中，$l=0,1$，于是 $\boldsymbol{\Lambda}^2=op(1)$。因此

$$\boldsymbol{s}(u,\boldsymbol{\beta})\boldsymbol{\varepsilon}=\boldsymbol{e'}_1\boldsymbol{S}(u,\boldsymbol{\beta})\boldsymbol{\varepsilon}=\boldsymbol{e'}_0(\boldsymbol{\Lambda}^1)^{-1}\boldsymbol{\Lambda}^2=op(1)$$

其中，$\boldsymbol{\Lambda}^1$ 具体形式见引理 2.1。由 $\boldsymbol{S}(\boldsymbol{\beta})$ 的定义知 $\boldsymbol{S}(\boldsymbol{\beta})\boldsymbol{\varepsilon}=op(1)$，容易得到

$$(\boldsymbol{I}_{NT}-\boldsymbol{S}(\boldsymbol{\beta}))\boldsymbol{\varepsilon}=\boldsymbol{\varepsilon}(1+op(1))$$

类似上面做法，可以得到：$\boldsymbol{S}(\boldsymbol{\beta})\boldsymbol{B}\boldsymbol{\varepsilon}=op(1)$。类似地，我们可以验证：

$$\boldsymbol{S}(\boldsymbol{\beta})\boldsymbol{U}\boldsymbol{b}=op(1),\quad(\boldsymbol{I}_{NT}-\boldsymbol{S}(\boldsymbol{\beta}))\boldsymbol{G}=op(1),\quad(\boldsymbol{I}_{NT}-\boldsymbol{S}(\boldsymbol{\beta}))\boldsymbol{B}\boldsymbol{G}=op(c)$$

其中，$c>0$ 为常数。

引理 2.2 得证。

引理 2.3 若 $\boldsymbol{A}$ 为 N 阶方阵，有 $\mathrm{tr}(\boldsymbol{A}^2)\leqslant\mathrm{tr}(\boldsymbol{A}'\boldsymbol{A})$。进一步，若 $\boldsymbol{A}$ 的 N 个特征值均为实数并且其中 k 个非零，则有 $\mathrm{tr}(\boldsymbol{A}^2)>0$，并且 $\mathrm{tr}(\boldsymbol{A})^2/\mathrm{tr}(\boldsymbol{A}^2)\leqslant k$。

证明 注意到 $(\boldsymbol{A}-\boldsymbol{A}')^2=(\boldsymbol{A}-\boldsymbol{A}')(\boldsymbol{A}-\boldsymbol{A}')=\boldsymbol{A}^2-\boldsymbol{A}'\boldsymbol{A}-\boldsymbol{A}\boldsymbol{A}'+(\boldsymbol{A}')^2$，由于 $\boldsymbol{A}-\boldsymbol{A}'$ 为反对称矩阵，易知 $\mathrm{tr}((\boldsymbol{A}-\boldsymbol{A}')^2)\leqslant 0$，则 $\mathrm{tr}(\boldsymbol{A}^2)\leqslant\mathrm{tr}(\boldsymbol{A}'\boldsymbol{A})$；设 $\boldsymbol{A}$ 的 N 个特征根分别为 $\lambda_1,\lambda_2,\cdots,\lambda_N$，且满足当 $1\leqslant i\leqslant k$ 时，$\lambda_i\neq 0$，当 $k+1\leqslant i\leqslant N$ 时，$\lambda_i=0$，则 $\boldsymbol{A}^2$ 的特征值 $\lambda_1^2,\lambda_2^2,\cdots,\lambda_N^2$ 满足：

$$\lambda_i^2\neq 0,\ 1\leqslant i\leqslant k;\quad \lambda_i^2=0,\ k+1\leqslant i\leqslant N$$

因此，$M=\sum_{i=1}^{k}\left(\lambda_i-\frac{1}{k}\sum_{j=1}^{k}\lambda_j\right)^2\geqslant 0$。进一步，利用结果

$$\operatorname{tr}(\boldsymbol{A}^2)=\frac{1}{k}\sum_{i=1}^{k}\lambda_i^2 \quad \text{和} \quad \operatorname{tr}(\boldsymbol{A})=\frac{1}{k}\sum_{i=1}^{k}\lambda_i$$

可得$\operatorname{tr}(\boldsymbol{A}^2)-\frac{1}{k}(\operatorname{tr}\boldsymbol{A})^2\geqslant 0$。

引理 2.3 得证。

定理 2.1 的证明 由式 (2.17) 可知，$\hat{\boldsymbol{\lambda}}$ 是由对近似的集中对数似然函数关于 $\boldsymbol{\lambda}$ 求最大化所得，真正的集中对数似然函数为

$$\ln L(\boldsymbol{\lambda})=-\frac{NT}{2}\ln(2\pi)-\frac{NT}{2}\ln(\hat{\sigma}_T^2)-\frac{NT}{2}+\ln|\boldsymbol{A}(\rho)|$$

参考 White (1994，定理 3)，Lee (2004，定理 3.1) 的证明和假设 A2.5 以及 A2.6(Delecroix, 2003)，这里只需证明：$(NT)^{-1}[\ln\tilde{L}(\boldsymbol{\lambda})-\ln L(\boldsymbol{\lambda})]=op(1)$。由上式可得

$$\frac{1}{NT}[\ln\tilde{L}(\boldsymbol{\lambda})-\ln L(\boldsymbol{\lambda})]=\frac{1}{2}[\ln(\hat{\sigma}_T^2)-\ln(\hat{\sigma}_{IN}^2)]$$

故而这里只需证明 $\hat{\sigma}_{IN}^2-\hat{\sigma}_T^2=op(1)$。由于

$$\begin{aligned}\hat{\sigma}_{IN}^2&=\frac{1}{NT}[\boldsymbol{A}(\rho)\boldsymbol{Y}-\hat{\boldsymbol{G}}_{IN}]'\boldsymbol{H}[\boldsymbol{A}(\rho)\boldsymbol{Y}-\hat{\boldsymbol{G}}_{IN}]\\&=\frac{1}{NT}[\boldsymbol{A}(\rho)\boldsymbol{Y}-\boldsymbol{G}]'\boldsymbol{H}[\boldsymbol{A}(\rho)\boldsymbol{Y}-\boldsymbol{G}]+\frac{2}{NT}[\boldsymbol{A}(\rho)\boldsymbol{Y}-\boldsymbol{G}]'\boldsymbol{H}(\boldsymbol{G}-\hat{\boldsymbol{G}}_{IN})\\&\quad+\frac{1}{NT}(\boldsymbol{G}-\hat{\boldsymbol{G}}_{IN})'\boldsymbol{H}(\boldsymbol{G}-\hat{\boldsymbol{G}}_{IN})\end{aligned}$$

注意到$\hat{\sigma}_T=\frac{1}{NT}[\boldsymbol{A}(\rho)\boldsymbol{Y}-\boldsymbol{G}]'\boldsymbol{H}[\boldsymbol{A}(\rho)\boldsymbol{Y}-\boldsymbol{G}]$，因此要证明 $\hat{\sigma}_{IN}^2-\hat{\sigma}_T^2=op(1)$，只需证 $\hat{\sigma}_{IN}^2$ 的后两项依概率为零。

首先，考虑 $\frac{1}{NT}[\boldsymbol{A}(\rho)\boldsymbol{Y}-\boldsymbol{G}]'\boldsymbol{H}(\boldsymbol{G}-\hat{\boldsymbol{G}}_{IN})$。由引理 2.2 可知

$$\begin{aligned}\boldsymbol{G}-\hat{\boldsymbol{G}}_{IN}&=\boldsymbol{G}-\boldsymbol{S}(\boldsymbol{\beta})\boldsymbol{A}(\rho)\boldsymbol{Y}=\boldsymbol{G}-\boldsymbol{S}(\boldsymbol{\beta})(\boldsymbol{G}+\boldsymbol{U}\boldsymbol{b}+\boldsymbol{\varepsilon})\\&=(\boldsymbol{I}_{NT}-\boldsymbol{S}(\boldsymbol{\beta}))\boldsymbol{G}-\boldsymbol{S}(\boldsymbol{\beta})(\boldsymbol{U}\boldsymbol{b}+\boldsymbol{\varepsilon})=op(1)\end{aligned} \tag{2.21}$$

容易验证：

$$\begin{aligned}&[\boldsymbol{A}(\rho)\boldsymbol{Y}-\boldsymbol{G}]'\boldsymbol{H}\\=&\Bigg(\varepsilon_{11}-T^{-1}\sum_{t=1}^{T}\varepsilon_{1t}-(NT)^{-1}\sum_{i=1}^{N}\sum_{t=1}^{T}\varepsilon_{it},\cdots,\varepsilon_{1T}-T^{-1}\sum_{t=1}^{T}\varepsilon_{1t}-(NT)^{-1}\sum_{i=1}^{N}\sum_{t=1}^{T}\varepsilon_{it},\cdots,\\&\varepsilon_{N1}-T^{-1}\sum_{t=1}^{T}\varepsilon_{Nt}-(NT)^{-1}\sum_{i=1}^{N}\sum_{t=1}^{T}\varepsilon_{it},\cdots,\varepsilon_{NT}-T^{-1}\sum_{t=1}^{T}\varepsilon_{Nt}-(NT)^{-1}\sum_{i=1}^{N}\sum_{t=1}^{T}\varepsilon_{it}\Bigg)'\end{aligned}$$

利用辛钦大数定律，则有

$$\begin{aligned}&\frac{1}{NT}\sum_{i=1}^{N}\sum_{t=1}^{T}\left|\varepsilon_{it}-T^{-1}\sum_{t=1}^{T}\varepsilon_{it}-(NT)^{-1}\sum_{i=1}^{N}\sum_{t=1}^{T}\varepsilon_{it}\right|\\&\leqslant\frac{3}{NT}\sum_{i=1}^{N}\sum_{t=1}^{T}|\varepsilon_{it}|\leqslant 3\left(\frac{1}{NT}\sum_{i=1}^{N}\sum_{t=1}^{T}\varepsilon_{it}^2\right)^{1/2}\xrightarrow{P}3\sigma\end{aligned}$$

从而

$$\frac{1}{NT}[\boldsymbol{A}(\rho)\boldsymbol{Y}-\boldsymbol{G}]'\boldsymbol{H}(\boldsymbol{G}-\hat{\boldsymbol{G}}_{IN})=op(1) \tag{2.22}$$

然后我们考虑$\frac{1}{NT}(\boldsymbol{G}-\hat{\boldsymbol{G}}_{IN})'\boldsymbol{H}(\boldsymbol{G}-\hat{\boldsymbol{G}}_{IN})$。由式 (2.21) 可知 $\boldsymbol{G}-\hat{\boldsymbol{G}}_{IN}=op(1)$，因此，记 $\tilde{\boldsymbol{G}}\hat{=}\boldsymbol{G}-\hat{\boldsymbol{G}}_{IN}=(\tilde{g}_{11},\cdots,\tilde{g}_{1T},\cdots,\tilde{g}_{N1},\cdots,\tilde{g}_{NT})'$，则 $\tilde{g}_{it}=op(1)$，$i=1,\cdots,N$，$t=1,\cdots,T$，于是有

$$\frac{1}{NT}(\boldsymbol{G}-\hat{\boldsymbol{G}}_{IN})'\boldsymbol{H}(\boldsymbol{G}-\hat{\boldsymbol{G}}_{IN})=op(1) \tag{2.23}$$

综合式 (2.22) 和式 (2.23)，易得

$$\hat{\sigma}_{IN}^2-\hat{\sigma}_T^2=op(1) \tag{2.24}$$

利用 ln(·) 的连续性，故有

$$\ln(\hat{\sigma}_T^2)-\ln(\hat{\sigma}_{IN}^2)=op(1)$$

因此

$$\frac{1}{NT}[\ln\tilde{L}(\boldsymbol{\lambda})-\ln L(\boldsymbol{\lambda})]=op(1)$$

即证明了 $\hat{\boldsymbol{\lambda}}$ 的一致性，定理 2.1 得证。

定理 2.2 的证明　由定理 2.1 的证明可知 $\hat{\sigma}_{IN}^2-\hat{\sigma}_T^2=op(1)$，故要证明 $\hat{\sigma}^2-\sigma_0^2=op(1)$，只需要证明：

$$\hat{\sigma}^2-\hat{\sigma}_{IN}^2=op(1),\quad \hat{\sigma}_T^2-\sigma_0^2=op(1) \tag{2.25}$$

首先我们证明 $\hat{\sigma}_T^2-\sigma_0^2=op(1)$，利用

$$\begin{aligned}\hat{\sigma}_T^2&=\frac{1}{NT}[\boldsymbol{A}(\rho)\boldsymbol{Y}-\boldsymbol{G}]'\boldsymbol{H}[\boldsymbol{A}(\rho)\boldsymbol{Y}-\boldsymbol{G}]\\&=\frac{1}{NT}[\boldsymbol{A}(\rho_0)\boldsymbol{Y}-\boldsymbol{G}(\boldsymbol{X}\boldsymbol{\beta}_0)]'\boldsymbol{H}[\boldsymbol{A}(\rho_0)\boldsymbol{Y}-\boldsymbol{G}(\boldsymbol{X}\boldsymbol{\beta}_0)]+op\left(\frac{1}{\sqrt{NT}}\right)\\&=\frac{1}{NT}(\boldsymbol{U}\boldsymbol{b}+\boldsymbol{\varepsilon})'\boldsymbol{H}(\boldsymbol{U}\boldsymbol{b}+\boldsymbol{\varepsilon})+op\left(\frac{1}{\sqrt{NT}}\right)\\&=\frac{1}{NT}\sum_{i=1}^{N}\sum_{t=1}^{T}\varepsilon_{it}^2-\frac{1}{NT^2}\left[\sum_{i=1}^{N}\left(\sum_{t=1}^{T}\varepsilon_{it}\right)^2\right]-\frac{1}{N^2T^2}\left(\sum_{i=1}^{N}\sum_{t=1}^{T}\varepsilon_{it}\right)^2+op\left(\frac{1}{\sqrt{NT}}\right)\end{aligned}$$

注意到$\boldsymbol{\lambda}=\boldsymbol{\lambda}_0$ 对应的固定效应 $\boldsymbol{b}$ 和随机误差 $\boldsymbol{\varepsilon}$ 的方差为真实值，由辛钦大数定律可得：$\frac{1}{NT}\sum_{i=1}^{N}\sum_{t=1}^{T}\varepsilon_{it}^2\xrightarrow{P}\sigma_0^2$，注意到第二项存在相关项，先交换求和次序再利用辛钦大数定律，即有

$$\frac{1}{NT}\sum_{i=1}^{N}\left(\sum_{t=1}^{T}\varepsilon_{it}\right)^2=\frac{1}{NT}\sum_{i=1}^{N}\sum_{t=1}^{T}\varepsilon_{it}^2+\frac{2}{NT}\sum_{i=1}^{N}\sum_{j>k}^{T}\varepsilon_{ij}\varepsilon_{ik}\xrightarrow{P}E(\varepsilon_{it}^2)=\sigma_0^2$$

再利用相合估计的连续性，可得

$$\frac{1}{N^2T^2}\left(\sum_{i=1}^{N}\sum_{t=1}^{T}\varepsilon_{it}\right)^2=\left(\frac{1}{NT}\sum_{i=1}^{N}\sum_{t=1}^{T}\varepsilon_{it}\right)^2=op(1)$$

因此，$\hat{\sigma}_T^2-\sigma_0^2=op(1)$。

下面证明 $\hat{\sigma}^2-\hat{\sigma}_{IN}^2=op(1)$，共分两步完成。第 1 步，利用定理 2.1，容易得到 $\hat{\boldsymbol{\beta}}-\boldsymbol{\beta}=op(1)$，再利用 $u_{it}=\boldsymbol{x}'_{it}\boldsymbol{\beta}$ 关于 $\boldsymbol{\beta}$ 的连续性，对给定 $\boldsymbol{\beta}$，则

$$\boldsymbol{S}(\hat{\boldsymbol{\beta}})=\boldsymbol{S}(\boldsymbol{\beta})(1+op(1)),\quad \boldsymbol{I}-\boldsymbol{S}(\hat{\boldsymbol{\beta}})=[\boldsymbol{I}-\boldsymbol{S}(\boldsymbol{\beta})](1+op(1))$$

从而有

$$\begin{aligned}\hat{\sigma}^2&=\frac{1}{NT}[\boldsymbol{A}(\hat{\rho})\boldsymbol{Y}-\boldsymbol{S}(\hat{\boldsymbol{\beta}})\boldsymbol{A}(\hat{\rho})\boldsymbol{Y}]'\boldsymbol{H}[\boldsymbol{A}(\hat{\rho})\boldsymbol{Y}-\boldsymbol{S}(\hat{\boldsymbol{\beta}})\boldsymbol{A}(\hat{\rho})\boldsymbol{Y}]\\&=\frac{1}{NT}(1+op(1))^2[(\boldsymbol{I}-\boldsymbol{S}(\boldsymbol{\beta}))\boldsymbol{A}(\hat{\rho})\boldsymbol{Y}]'\boldsymbol{H}[(\boldsymbol{I}-\boldsymbol{S}(\boldsymbol{\beta}))\boldsymbol{A}(\hat{\rho})\boldsymbol{Y}]'\\&=\frac{1}{NT}(1+op(1))^2[(\boldsymbol{I}-\boldsymbol{S}(\boldsymbol{\beta}))(\boldsymbol{A}(\rho)+\boldsymbol{A}(\hat{\rho})-\boldsymbol{A}(\rho))\boldsymbol{Y}]'\boldsymbol{H}\\&\quad\cdot[(\boldsymbol{I}-\boldsymbol{S}(\boldsymbol{\beta}))(\boldsymbol{A}(\rho)+\boldsymbol{A}(\hat{\rho})-\boldsymbol{A}(\rho))\boldsymbol{Y}]'\end{aligned}$$

注意到

$$\begin{aligned}&\frac{1}{NT}[(\boldsymbol{I}-\boldsymbol{S}(\boldsymbol{\beta}))(\boldsymbol{A}(\rho)+\boldsymbol{A}(\hat{\rho})-\boldsymbol{A}(\rho))\boldsymbol{Y}]'\boldsymbol{H}[(\boldsymbol{I}-\boldsymbol{S}(\boldsymbol{\beta}))(\boldsymbol{A}(\rho)+\boldsymbol{A}(\hat{\rho})-\boldsymbol{A}(\rho))\boldsymbol{Y}]'\\&=\hat{\sigma}_{IN}^2+\frac{2}{NT}\{(\boldsymbol{I}-\boldsymbol{S}(\boldsymbol{\beta}))[\boldsymbol{A}(\hat{\rho})-\boldsymbol{A}(\rho)]\boldsymbol{Y}\}'\boldsymbol{H}[(\boldsymbol{I}-\boldsymbol{S}(\boldsymbol{\beta}))\boldsymbol{A}(\rho)\boldsymbol{Y}]\\&\quad+\frac{1}{NT}\{(\boldsymbol{I}-\boldsymbol{S}(\boldsymbol{\beta}))[\boldsymbol{A}(\hat{\rho})-\boldsymbol{A}(\rho)]\boldsymbol{Y}\}'\boldsymbol{H}\{(\boldsymbol{I}-\boldsymbol{S}(\boldsymbol{\beta}))[\boldsymbol{A}(\hat{\rho})-\boldsymbol{A}(\rho)]\boldsymbol{Y}\}\end{aligned}\tag{2.26}$$

第 2 步则只需要证明式 (2.26) 后两项依概率为零即可，记 $\boldsymbol{B}\hat{=}\boldsymbol{W}(\boldsymbol{I}_{NT}-$

$\rho\boldsymbol{W})^{-1}$，$\boldsymbol{B}_0 \hat{=} \boldsymbol{W}(\boldsymbol{I}_{NT}-\rho_0\boldsymbol{W})^{-1}$。由 $\boldsymbol{A}(\hat{\rho})-\boldsymbol{A}(\rho)=(\rho-\hat{\rho})\boldsymbol{W}$，有

$$\begin{aligned}
&\frac{2}{NT}\{(\boldsymbol{I}_{NT}-\boldsymbol{S}(\boldsymbol{\beta}))[\boldsymbol{A}(\hat{\rho})-\boldsymbol{A}(\rho)]\boldsymbol{Y}\}'\boldsymbol{H}[(\boldsymbol{I}_{NT}-\boldsymbol{S}(\boldsymbol{\beta}))\boldsymbol{A}(\rho)\boldsymbol{Y}]\\
=&\frac{2}{NT}(\rho-\hat{\rho})[(\boldsymbol{I}_{NT}-\boldsymbol{S}(\boldsymbol{\beta}))\boldsymbol{W}\boldsymbol{Y}]'\boldsymbol{H}[(\boldsymbol{I}_{NT}-\boldsymbol{S}(\boldsymbol{\beta}))\boldsymbol{A}(\rho)\boldsymbol{Y}]\\
=&\frac{2}{NT}(\rho-\hat{\rho})[(\boldsymbol{I}_{NT}-\boldsymbol{S}(\boldsymbol{\beta}))\boldsymbol{B}(\boldsymbol{G}+\boldsymbol{U}\boldsymbol{b}+\boldsymbol{\varepsilon})]'\boldsymbol{H}[(\boldsymbol{I}_{NT}-\boldsymbol{S}(\boldsymbol{\beta}))(\boldsymbol{G}+\boldsymbol{U}\boldsymbol{b}+\boldsymbol{\varepsilon})]\\
=&\frac{2}{NT}(\rho-\hat{\rho})\{[(\boldsymbol{I}_{NT}-\boldsymbol{S}(\boldsymbol{\beta}))\boldsymbol{B}\boldsymbol{G}]'\boldsymbol{H}(\boldsymbol{I}_{NT}-\boldsymbol{S}(\boldsymbol{\beta}))\boldsymbol{G}\\
&+[(\boldsymbol{I}_{NT}-\boldsymbol{S}(\boldsymbol{\beta}))\boldsymbol{B}\boldsymbol{G}]'\boldsymbol{H}(\boldsymbol{I}_{NT}-\boldsymbol{S}(\boldsymbol{\beta}))(\boldsymbol{U}\boldsymbol{b}+\boldsymbol{\varepsilon})\\
&+[(\boldsymbol{I}_{NT}-\boldsymbol{S}(\boldsymbol{\beta}))\boldsymbol{B}(\boldsymbol{U}\boldsymbol{b}+\boldsymbol{\varepsilon})]'\boldsymbol{H}(\boldsymbol{I}_{NT}-\boldsymbol{S}(\boldsymbol{\beta}))\boldsymbol{G}\\
&+[(\boldsymbol{I}_{NT}-\boldsymbol{S}(\boldsymbol{\beta}))\boldsymbol{B}(\boldsymbol{U}\boldsymbol{b}+\boldsymbol{\varepsilon})]'\boldsymbol{H}(\boldsymbol{I}_{NT}-\boldsymbol{S}(\boldsymbol{\beta}))(\boldsymbol{U}\boldsymbol{b}+\boldsymbol{\varepsilon})\}
\end{aligned}$$

由引理 2.2 可知

$$(\boldsymbol{I}_{NT}-\boldsymbol{S}(\boldsymbol{\beta}))\boldsymbol{B}\boldsymbol{G}=Op(c),\quad (\boldsymbol{I}_{NT}-\boldsymbol{S}(\boldsymbol{\beta}))\boldsymbol{G}=op(1)$$

再由定理 2.1 知 $\rho-\hat{\rho}=\rho-\rho_0+\rho_0-\hat{\rho}=op(1)$，因此

$$\frac{2}{NT}(\rho-\hat{\rho})[(\boldsymbol{I}_{NT}-\boldsymbol{S}(\boldsymbol{\beta}))\boldsymbol{B}\boldsymbol{G}]'\boldsymbol{H}(\boldsymbol{I}_{NT}-\boldsymbol{S}(\boldsymbol{\beta}))\boldsymbol{G}=op(1) \tag{2.27}$$

利用引理 2.2 易知: $(\boldsymbol{I}_{NT}-\boldsymbol{S}(\boldsymbol{\beta}))(\boldsymbol{U}\boldsymbol{b}+\boldsymbol{\varepsilon})=(\boldsymbol{U}b+\boldsymbol{\varepsilon})(1+op(1))$，再由定理 2.1，即有

$$\frac{2}{NT}(\rho-\hat{\rho})[(\boldsymbol{I}_{NT}-\boldsymbol{S}(\boldsymbol{\beta}))\boldsymbol{B}\boldsymbol{G}]'\boldsymbol{H}(\boldsymbol{I}_{NT}-\boldsymbol{S}(\boldsymbol{\beta}))(\boldsymbol{U}\boldsymbol{b}+\boldsymbol{\varepsilon})=op(1) \tag{2.28}$$

再由引理 2.2 可得

$$(\boldsymbol{I}_{NT}-\boldsymbol{S}(\boldsymbol{\beta}))\boldsymbol{B}(\boldsymbol{U}\boldsymbol{b}+\boldsymbol{\varepsilon})=\boldsymbol{B}(\boldsymbol{U}\boldsymbol{b}+\boldsymbol{\varepsilon})(1+op(1)),\quad (\boldsymbol{I}_{NT}-\boldsymbol{S}(\boldsymbol{\beta}))\boldsymbol{G}=op(1)$$

由于

$$\boldsymbol{B}=\boldsymbol{W}(\boldsymbol{I}_{NT}-\rho\boldsymbol{W})^{-1}=(\boldsymbol{W}_0\otimes\boldsymbol{I}_T)(\boldsymbol{I}_N\otimes\boldsymbol{I}_T-\rho\boldsymbol{W}_0\otimes\boldsymbol{I}_T)^{-1}=[\boldsymbol{W}_0(\boldsymbol{I}_N-\rho\boldsymbol{W}_0)^{-1}]\otimes\boldsymbol{I}_T$$

再记 $\tilde{\boldsymbol{B}} \hat{=} \boldsymbol{B}'\boldsymbol{H}$，容易验证矩阵 $\boldsymbol{B}$ 绝对行和与列和一致有界，则矩阵 $\tilde{\boldsymbol{B}}$ 也满足绝对行和与列和一致有界，记 $B_{ij,st}$ 为矩阵 $\boldsymbol{B}$ 的第 ij 行第 st 列的元素。利用引理 2.2

及定理 2.1，因此

$$\begin{aligned}
&\frac{2}{NT}\left|(\rho-\hat{\rho})[(\boldsymbol{I}_{NT}-\boldsymbol{S}(\boldsymbol{\beta}))\boldsymbol{B}(\boldsymbol{U}\boldsymbol{b}+\boldsymbol{\varepsilon})]'\boldsymbol{H}(\boldsymbol{I}_{NT}-\boldsymbol{S}(\boldsymbol{\beta}))\boldsymbol{G}\right| \\
\leqslant&\frac{2}{NT}(1+op(1))op(1)\left|(\rho-\hat{\rho})\right|\sum_{i=1}^{N}\sum_{j=1}^{T}\left|\sum_{s=1}^{N}\sum_{t=1}^{T}\tilde{B}_{ij,st}(b_s+\varepsilon_{st})\right| \\
\leqslant&\frac{2}{NT}(1+op(1))op(1)\left|(\rho-\hat{\rho})\right|\sum_{s=1}^{N}\sum_{t=1}^{T}\sum_{i=1}^{N}\sum_{j=1}^{T}\left[\left|\tilde{B}_{ij,st}\right|\left|b_s+\varepsilon_{st}\right|\right] \\
\leqslant&\frac{2}{NT}(1+op(1))op(1)\left|(\rho-\hat{\rho})\right|m_{\tilde{\boldsymbol{B}}}\sum_{s=1}^{N}\sum_{t=1}^{T}\left|b_s+\varepsilon_{st}\right|
\end{aligned}$$

注意到

$$\frac{1}{NT}\sum_{s=1}^{N}\sum_{t=1}^{T}|b_s+\varepsilon_{st}|\leqslant\frac{1}{N}\sum_{s=1}^{N}|b_s|+\frac{1}{NT}\sum_{s=1}^{N}\sum_{t=1}^{T}|\varepsilon_{st}|\leqslant\frac{1}{N}\sum_{s=1}^{N}|b_s|+\left(\frac{1}{NT}\sum_{t=1}^{T}\sum_{s=1}^{N}\varepsilon_{st}^2\right)^{1/2}$$

由于 $\left(\frac{1}{NT}\sum_{t=1}^{T}\sum_{s=1}^{N}\varepsilon_{st}^2\right)^{1/2}\xrightarrow{P}\sigma$，$\frac{1}{N}\sum_{s=1}^{N}|b_s|<\infty$，则有

$$\frac{2}{NT}\left|(\rho-\hat{\rho})[(\boldsymbol{I}_{NT}-\boldsymbol{S}(\boldsymbol{\beta}))\boldsymbol{B}(\boldsymbol{U}\boldsymbol{b}+\boldsymbol{\varepsilon})]'\boldsymbol{H}(\boldsymbol{I}_{NT}-\boldsymbol{S}(\boldsymbol{\beta}))\boldsymbol{G}\right|=op(1)$$

因而

$$\frac{2}{NT}(\rho-\hat{\rho})[(\boldsymbol{I}_{NT}-\boldsymbol{S}(\boldsymbol{\beta}))\boldsymbol{B}(\boldsymbol{U}\boldsymbol{b}+\boldsymbol{\varepsilon})]'\boldsymbol{H}(\boldsymbol{I}_{NT}-\boldsymbol{S}(\boldsymbol{\beta}))\boldsymbol{G}=op(1) \tag{2.29}$$

再利用引理 2.2，可得

$$\begin{aligned}
&\frac{2}{NT}(\rho-\hat{\rho})[(\boldsymbol{I}_{NT}-\boldsymbol{S}(\boldsymbol{\beta}))\boldsymbol{B}(\boldsymbol{U}\boldsymbol{b}+\boldsymbol{\varepsilon})]'\boldsymbol{H}(\boldsymbol{I}_{NT}-\boldsymbol{S}(\boldsymbol{\beta}))(\boldsymbol{U}\boldsymbol{b}+\boldsymbol{\varepsilon}) \\
=&\frac{2}{NT}(\rho-\hat{\rho})(1+op(1))^2(\boldsymbol{U}\boldsymbol{b}+\boldsymbol{\varepsilon})'\boldsymbol{B}'\boldsymbol{H}(\boldsymbol{U}\boldsymbol{b}+\boldsymbol{\varepsilon}) \\
=&\frac{2}{NT}(\rho-\hat{\rho})(1+op(1))^2(\boldsymbol{U}\boldsymbol{b}+\boldsymbol{\varepsilon})'\boldsymbol{B}'\boldsymbol{H}\boldsymbol{\varepsilon}
\end{aligned}$$

记 $\boldsymbol{M}\hat{=}\tilde{\boldsymbol{B}}'+\tilde{\boldsymbol{B}}$，由 $\tilde{\boldsymbol{B}}=\boldsymbol{B}'\boldsymbol{H}$，易知 $\boldsymbol{M}$ 满足绝对行和与列和一致有界。则有

$$E(\boldsymbol{\varepsilon}'\boldsymbol{M}\boldsymbol{\varepsilon})=\sigma^2\mathrm{tr}(\boldsymbol{M})$$

$$\mathrm{Var}[\boldsymbol{\varepsilon}'\boldsymbol{M}\boldsymbol{\varepsilon}]=2\sigma^4\mathrm{tr}(\boldsymbol{M}^2)$$

由 $\mathrm{tr}(\boldsymbol{M}^2)\leqslant NTm_{\boldsymbol{M}^2}$，从而

$$E\left(\frac{1}{NT}\boldsymbol{\varepsilon}'\tilde{\boldsymbol{B}}\boldsymbol{\varepsilon}\right)=\frac{1}{2NT}[\sigma^2\mathrm{tr}(\boldsymbol{M})]=O(1)$$

$$\mathrm{Var}(\frac{1}{NT}\boldsymbol{\varepsilon}'\tilde{\boldsymbol{B}}\boldsymbol{\varepsilon})=\frac{1}{4}\mathrm{Var}(\frac{1}{NT}\boldsymbol{\varepsilon}'\boldsymbol{M}\boldsymbol{\varepsilon})=O\left(\frac{1}{NT}\right)$$

利用切比雪夫不等式，则有 $\dfrac{1}{NT}\boldsymbol{\varepsilon}'\tilde{\boldsymbol{B}}\boldsymbol{\varepsilon} \xrightarrow{P} O(1)$。因此

$$\frac{2}{NT}(\rho-\hat{\rho})[(\boldsymbol{I}_{NT}-\boldsymbol{S}(\boldsymbol{\beta}))\boldsymbol{B}(\boldsymbol{Ub}+\boldsymbol{\varepsilon})]'\boldsymbol{H}(\boldsymbol{I}_{NT}-\boldsymbol{S}(\boldsymbol{\beta}))(\boldsymbol{Ub}+\boldsymbol{\varepsilon})=op(1) \tag{2.30}$$

综合式 (2.27)—(2.30) 可得

$$\frac{2}{NT}\{(\boldsymbol{I}_{NT}-\boldsymbol{S}(\boldsymbol{\beta}))[\boldsymbol{A}(\hat{\rho})-\boldsymbol{A}(\rho)]\boldsymbol{Y}\}'\boldsymbol{H}[(\boldsymbol{I}_{NT}-\boldsymbol{S}(\boldsymbol{\beta}))\boldsymbol{A}(\rho)\boldsymbol{Y}]=op(1) \tag{2.31}$$

容易验证

$$\begin{aligned}&\frac{1}{NT}\{(\boldsymbol{I}_{NT}-\boldsymbol{S}(\boldsymbol{\beta}))[\boldsymbol{A}(\hat{\rho})-\boldsymbol{A}(\rho)]\boldsymbol{Y}\}'\boldsymbol{H}\{(\boldsymbol{I}_{NT}-\boldsymbol{S}(\boldsymbol{\beta}))[\boldsymbol{A}(\hat{\rho})-\boldsymbol{A}(\rho)]\boldsymbol{Y}\}\\ \leqslant&\frac{1}{NT}\{(\boldsymbol{I}_{NT}-\boldsymbol{S}(\boldsymbol{\beta}))[\boldsymbol{A}(\hat{\rho})-\boldsymbol{A}(\rho)]\boldsymbol{Y}\}'\{(\boldsymbol{I}_{NT}-\boldsymbol{S}(\boldsymbol{\beta}))[\boldsymbol{A}(\hat{\rho})-\boldsymbol{A}(\rho)]\boldsymbol{Y}\}\end{aligned}$$

由于

$$\begin{aligned}&\frac{1}{NT}\{(\boldsymbol{I}_{NT}-\boldsymbol{S}(\boldsymbol{\beta}))[\boldsymbol{A}(\hat{\rho})-\boldsymbol{A}(\rho)]\boldsymbol{Y}\}'\{(\boldsymbol{I}_{NT}-\boldsymbol{S}(\boldsymbol{\beta}))[\boldsymbol{A}(\hat{\rho})-\boldsymbol{A}(\rho)]\boldsymbol{Y}\}\\ =&\frac{1}{NT}(\rho-\hat{\rho})^2[(\boldsymbol{I}_{NT}-\boldsymbol{S}(\boldsymbol{\beta}))\boldsymbol{B}(\boldsymbol{G}+\boldsymbol{Ub}+\boldsymbol{\varepsilon})]'[(\boldsymbol{I}_{NT}-\boldsymbol{S}(\boldsymbol{\beta}))\boldsymbol{B}(\boldsymbol{G}+\boldsymbol{Ub}+\boldsymbol{\varepsilon})]'\\ =&\frac{1}{NT}(\rho-\hat{\rho})^2\{[(\boldsymbol{I}_{NT}-\boldsymbol{S}(\boldsymbol{\beta}))\boldsymbol{BG}]'(\boldsymbol{I}_{NT}-\boldsymbol{S}(\boldsymbol{\beta}))\boldsymbol{BG}\\ &+2[(\boldsymbol{I}_{NT}-\boldsymbol{S}(\boldsymbol{\beta}))\boldsymbol{B}(\boldsymbol{Ub}+\boldsymbol{\varepsilon})]'(\boldsymbol{I}_{NT}-\boldsymbol{S}(\boldsymbol{\beta}))\boldsymbol{BG}\\ &+[(\boldsymbol{I}-\boldsymbol{S}(\boldsymbol{\beta}))\boldsymbol{B}(\boldsymbol{Ub}+\boldsymbol{\varepsilon})]'(\boldsymbol{I}-\boldsymbol{S}(\boldsymbol{\beta}))\boldsymbol{B}(\boldsymbol{Ub}+\boldsymbol{\varepsilon})\}\end{aligned}$$

利用引理 2.2 及定理 2.1，则有

$$\frac{1}{NT}(\rho-\hat{\rho})^2[(\boldsymbol{I}_{NT}-\boldsymbol{S}(\boldsymbol{\beta}))\boldsymbol{BG}]'(\boldsymbol{I}_{NT}-\boldsymbol{S}(\boldsymbol{\beta}))\boldsymbol{BG}=op(1) \tag{2.32}$$

易知

$$\begin{aligned}&\frac{2}{NT}\left|(\rho-\hat{\rho})^2[(\boldsymbol{I}_{NT}-\boldsymbol{S}(\boldsymbol{\beta}))\boldsymbol{B}(\boldsymbol{Ub}+\boldsymbol{\varepsilon})]'(\boldsymbol{I}_{NT}-\boldsymbol{S}(\boldsymbol{\beta}))\boldsymbol{BG}\right|\\ \leqslant&\frac{2}{NT}Op(c)\left|(\rho-\hat{\rho})^2\right|\sum_{i=1}^{N}\sum_{j=1}^{T}\left|\sum_{s=1}^{N}\sum_{t=1}^{T}B_{ij,st}(b_s+\varepsilon_{st})\right|\\ \leqslant&\frac{2}{NT}Op(c)\left|(\rho-\hat{\rho})^2\right|m_{\boldsymbol{B}}\sum_{s=1}^{N}\sum_{t=1}^{T}|b_s+\varepsilon_{st}|\end{aligned}$$

其中，

$$\frac{1}{NT}\sum_{s=1}^{N}\sum_{t=1}^{T}|b_s+\varepsilon_{st}|\leqslant\frac{1}{N}\sum_{s=1}^{N}|b_s|+\frac{1}{NT}\sum_{s=1}^{N}\sum_{t=1}^{T}|\varepsilon_{st}|$$

由 $\frac{1}{NT}\sum_{s=1}^{N}\sum_{t=1}^{T}|\varepsilon_{st}|\xrightarrow{P}\sigma$，故有

$$\left|\frac{2}{NT}(\rho-\hat{\rho})^2[(\boldsymbol{I}_{NT}-\boldsymbol{S}(\boldsymbol{\beta}))\boldsymbol{B}(\boldsymbol{U}\boldsymbol{b}+\boldsymbol{\varepsilon})]'(\boldsymbol{I}_{NT}-\boldsymbol{S}(\boldsymbol{\beta}))\boldsymbol{B}\boldsymbol{G}\right|=op(1)$$

由以上结论，所以

$$\frac{2}{N(T-1)}(\rho-\hat{\rho})^2[(\boldsymbol{I}_{NT}-\boldsymbol{S}(\boldsymbol{\beta}))\boldsymbol{B}(\boldsymbol{U}\boldsymbol{b}+\boldsymbol{\varepsilon})]'(\boldsymbol{I}_{NT}-\boldsymbol{S}(\boldsymbol{\beta}))\boldsymbol{B}\boldsymbol{G}=op(1) \tag{2.33}$$

注意到 $\boldsymbol{B}'\boldsymbol{B}$ 满足绝对行和与绝对列和一致有界，由引理 2.2 和定理 2.1，容易验证：

$$\begin{aligned}&\frac{1}{NT}(\rho-\hat{\rho})^2[(\boldsymbol{I}_{NT}-\boldsymbol{S}(\boldsymbol{\beta}))\boldsymbol{B}(\boldsymbol{U}\boldsymbol{b}+\boldsymbol{\varepsilon})]'(\boldsymbol{I}_{NT}-\boldsymbol{S}(\boldsymbol{\beta}))\boldsymbol{B}(\boldsymbol{U}\boldsymbol{b}+\boldsymbol{\varepsilon})\\=&\frac{1}{NT}(op(1))^2(1+op(1))^2(\boldsymbol{U}\boldsymbol{b}+\boldsymbol{\varepsilon})'\boldsymbol{B}'\boldsymbol{B}(\boldsymbol{U}\boldsymbol{b}+\boldsymbol{\varepsilon})\end{aligned}$$

通过代数运算，可以得到

$$\frac{1}{NT}(\rho-\hat{\rho})^2[(\boldsymbol{I}_{NT}-\boldsymbol{S}(\boldsymbol{\beta}))\boldsymbol{B}(\boldsymbol{U}\boldsymbol{b}+\boldsymbol{\varepsilon})]'(\boldsymbol{I}_{NT}-\boldsymbol{S}(\boldsymbol{\beta}))\boldsymbol{B}(\boldsymbol{U}\boldsymbol{b}+\boldsymbol{\varepsilon})=op(1) \tag{2.34}$$

再由式 (2.32)—(2.34)，即有

$$\frac{1}{NT}\{(\boldsymbol{I}_{NT}-\boldsymbol{S}(\boldsymbol{\beta}))[\boldsymbol{A}(\hat{\rho})-\boldsymbol{A}(\rho)]\boldsymbol{Y}\}'\{(\boldsymbol{I}_{NT}-\boldsymbol{S}(\boldsymbol{\beta}))[\boldsymbol{A}(\hat{\rho})-\boldsymbol{A}(\rho)]\boldsymbol{Y}\}=op(1)$$

因此，我们可以得到

$$\frac{1}{NT}\{(\boldsymbol{I}_{NT}-\boldsymbol{S}(\boldsymbol{\beta}))[\boldsymbol{A}(\hat{\rho})-\boldsymbol{A}(\rho)]\boldsymbol{Y}\}'\boldsymbol{H}\{(\boldsymbol{I}_{NT}-\boldsymbol{S}(\boldsymbol{\beta}))[\boldsymbol{A}(\hat{\rho})-\boldsymbol{A}(\rho)]\boldsymbol{Y}\}=op(1) \tag{2.35}$$

联合式 (2.31) 和式 (2.35)，因此

$$\hat{\sigma}^2=(1+op(1))^2(\hat{\sigma}_{IN}^2+op(1))=\hat{\sigma}_{IN}^2+op(1)$$

定理 2.2 得证。

定理 2.3 的证明 由定理 2.1 和定理 2.2，容易验证，对于 $\rho\in\Theta_0$，$\beta\in\boldsymbol{B}_0$ 及 $u\in\mathcal{U}$，满足 $\boldsymbol{s}(u,\hat{\boldsymbol{\beta}})=\boldsymbol{s}(u,\boldsymbol{\beta})(1+op(1))$，再利用式 (2.20)，我们有

$$\begin{aligned}\hat{g}(u)&=\boldsymbol{s}(u,\hat{\boldsymbol{\beta}})\boldsymbol{A}(\hat{\rho})\boldsymbol{Y}\\&=(1+op(1))\boldsymbol{s}(u,\boldsymbol{\beta})(\boldsymbol{Y}-\hat{\rho}\boldsymbol{W}\boldsymbol{Y})+Op((NT)^{-1/2})\\&=(1+op(1))\boldsymbol{s}(u,\boldsymbol{\beta})[\boldsymbol{Y}-\rho\boldsymbol{W}\boldsymbol{Y}+(\rho-\hat{\rho})\boldsymbol{W}\boldsymbol{Y}]+Op((NT)^{-1/2})\\&=(1+op(1))[\boldsymbol{s}(u,\boldsymbol{\beta})(\boldsymbol{Y}-\rho\boldsymbol{W}\boldsymbol{Y})+(\rho-\hat{\rho})\boldsymbol{s}(u,\boldsymbol{\beta})\boldsymbol{W}\boldsymbol{Y}]+Op((NT)^{-1/2})\\&=(1+op(1))[\hat{g}_{IN}(u)+(\rho-\hat{\rho})(\boldsymbol{s}(u,\boldsymbol{\beta})\boldsymbol{B}\boldsymbol{G}+\boldsymbol{s}(u,\boldsymbol{\beta})\boldsymbol{B}(\boldsymbol{U}\boldsymbol{b}+\boldsymbol{\varepsilon}))]+Op((NT)^{-1/2})\end{aligned}$$

再由定理 2.1，可以得到 $\rho-\hat{\rho}=\rho-\rho_0+\rho_0-\hat{\rho}=op(1)$，并且由引理 2.2 可知，$\boldsymbol{s}(u,\boldsymbol{\beta})\boldsymbol{B}\boldsymbol{G}=Op(c)$，$\boldsymbol{s}(u,\boldsymbol{\beta})\boldsymbol{B}(\boldsymbol{U}\boldsymbol{b}+\boldsymbol{\varepsilon})=op(1)$，因此

$$\hat{g}(u)=(1+op(1))(\hat{g}_{IN}(u)+op(1))$$

即有

$$\hat{g}(u)-\hat{g}_{IN}(u)=op(1) \tag{2.36}$$

由式 (2.21)，可得

$$g(u)-\hat{g}_{IN}(u)=op(1) \tag{2.37}$$

综合上述两式，我们有

$$\hat{g}(u)-g(u)=(\hat{g}(u)-\hat{g}_{IN}(u))-(g(u)-\hat{g}_{IN}(u))=op(1)$$

定理 2.3 得证。

定理 2.4 的证明　关于 $(\boldsymbol{\beta}',\rho,\sigma^2)'$ 截面极大似然估计的渐近性证明主要参考了 Lee (2004，定理 3.2)，Su 和 Jin (2010，定理 4.3) 中的证明方法。关于 $\hat{\boldsymbol{\theta}}$ 的渐近分布可以对式 (2.31) 求解 $\left.\dfrac{\partial\ln\tilde{L}(\boldsymbol{\theta})}{\partial\boldsymbol{\theta}}\right|_{\boldsymbol{\theta}=\hat{\boldsymbol{\theta}}}=0$ 在 $\boldsymbol{\theta}_0=({\boldsymbol{\beta}'}_0,\rho_0,\sigma_0^2)'$ 泰勒展开得到，为了使公式表述更加简洁，参考 Lee (2004，定理 3.2)，记

$$\frac{\partial\ln\tilde{L}(\boldsymbol{\theta}_0)}{\partial\boldsymbol{\theta}}\hat{=}\left.\frac{\partial\ln\tilde{L}(\boldsymbol{\theta})}{\partial\boldsymbol{\theta}}\right|_{\boldsymbol{\theta}=\boldsymbol{\theta}_0},\quad \frac{\partial^2\ln\tilde{L}(\boldsymbol{\theta}_0)}{\partial\boldsymbol{\theta}\partial\boldsymbol{\theta}'}\hat{=}\left.\frac{\partial^2\ln\tilde{L}(\boldsymbol{\theta})}{\partial\boldsymbol{\theta}\partial\boldsymbol{\theta}'}\right|_{\boldsymbol{\theta}=\boldsymbol{\theta}_0}$$

于是有

$$\sqrt{NT}(\hat{\boldsymbol{\theta}}-\boldsymbol{\theta}_0)=-\left(\frac{1}{NT}\frac{\partial^2\ln\tilde{L}(\tilde{\boldsymbol{\theta}})}{\partial\boldsymbol{\theta}\partial\boldsymbol{\theta}'}\right)^{-1}\frac{1}{\sqrt{NT}}\frac{\partial\ln\tilde{L}(\boldsymbol{\theta}_0)}{\partial\boldsymbol{\theta}} \tag{2.38}$$

其中 $\tilde{\boldsymbol{\theta}}$ 位于 $\hat{\boldsymbol{\theta}}$ 和 $\boldsymbol{\theta}_0$ 之间，并且依概率收敛于 $\boldsymbol{\theta}_0$，下面我们主要证明

$$\frac{1}{NT}\frac{\partial^2\ln\tilde{L}(\tilde{\boldsymbol{\theta}})}{\partial\boldsymbol{\theta}\partial\boldsymbol{\theta}'}-\frac{1}{NT}\frac{\partial^2\ln L(\boldsymbol{\theta}_0)}{\partial\boldsymbol{\theta}\partial\boldsymbol{\theta}'}=op(1) \tag{2.39}$$

$$\frac{1}{\sqrt{NT}}\frac{\partial\ln\tilde{L}(\boldsymbol{\theta}_0)}{\partial\boldsymbol{\theta}}\xrightarrow{L}N(\boldsymbol{0},\boldsymbol{\Sigma}_{\boldsymbol{\theta}_0}) \tag{2.40}$$

其中 $\boldsymbol{\Sigma}_{\boldsymbol{\theta}_0}=-\lim\limits_{N,T\to\infty}E\left(\dfrac{1}{NT}\dfrac{\partial^2\ln L(\boldsymbol{\theta}_0)}{\partial\boldsymbol{\theta}\partial\boldsymbol{\theta}'}\right)$，则有

$$\frac{\partial\ln\tilde{L}(\boldsymbol{\theta}_0)}{\partial\boldsymbol{\beta}}=\frac{1}{\sigma_0^2}\boldsymbol{X}'\dot{\hat{\boldsymbol{G}}}_{IN,\Delta}(\boldsymbol{X}\boldsymbol{\beta}_0)\boldsymbol{H}[\boldsymbol{A}(\rho_0)\boldsymbol{Y}-\hat{\boldsymbol{G}}_{IN}(\boldsymbol{X}\boldsymbol{\beta}_0)]$$

再由式 (2.8) 得到 $\ln L(\boldsymbol{\theta})$ 关于 $\boldsymbol{\beta}$ 的一阶导数在 $\boldsymbol{\theta}_0$ 处的值为

$$\frac{\partial \ln L(\boldsymbol{\theta}_0)}{\partial \boldsymbol{\beta}} = \frac{1}{\sigma_0^2}\boldsymbol{X}'\dot{\boldsymbol{G}}_{\Delta}(\boldsymbol{X}\boldsymbol{\beta}_0)\boldsymbol{H}[\boldsymbol{A}(\rho_0)\boldsymbol{Y} - \boldsymbol{G}(\boldsymbol{X}\boldsymbol{\beta}_0)]$$

由式 (2.21)，$\hat{g}_{IN}(u) - g(u) = op(1)$，易得

$$\frac{1}{\sqrt{NT}}\frac{\partial \ln \tilde{L}(\boldsymbol{\theta}_0)}{\partial \boldsymbol{\beta}} - \frac{1}{\sqrt{NT}}\frac{\partial \ln L(\boldsymbol{\theta}_0)}{\partial \boldsymbol{\beta}} = op(1)$$

进一步我们可验证 $\ln \tilde{L}(\boldsymbol{\theta})$ 关于其余参数的一阶导数也满足依概率收敛，因此

$$\frac{1}{\sqrt{NT}}\frac{\partial \ln \tilde{L}(\boldsymbol{\theta}_0)}{\partial \boldsymbol{\theta}} - \frac{1}{\sqrt{NT}}\frac{\partial \ln L(\boldsymbol{\theta}_0)}{\partial \boldsymbol{\theta}} = op(1) \tag{2.41}$$

再由

$$\frac{1}{NT}\frac{\partial^2 \ln \tilde{L}(\boldsymbol{\theta})}{\partial \boldsymbol{\beta}\partial \boldsymbol{\beta}'} = \frac{1}{NT\sigma^2}\boldsymbol{X}'\dot{\hat{\boldsymbol{G}}}_{IN,\Delta}(\boldsymbol{X}\boldsymbol{\beta})\boldsymbol{H}\dot{\hat{\boldsymbol{G}}}_{IN,\Delta}(\boldsymbol{X}\boldsymbol{\beta})\boldsymbol{X}$$

并由 $\ln L(\boldsymbol{\theta})$ 关于 $\boldsymbol{\beta}$ 的二阶导数在 $\boldsymbol{\theta}_0$ 处的值为

$$\frac{1}{NT}\frac{\partial^2 \ln L(\boldsymbol{\theta}_0)}{\partial \boldsymbol{\beta}\partial \boldsymbol{\beta}'} = \frac{1}{NT\sigma_0^2}\boldsymbol{X}'\dot{\boldsymbol{G}}_{\Delta}(\boldsymbol{X}\boldsymbol{\beta}_0)\boldsymbol{H}\dot{\boldsymbol{G}}_{\Delta}(\boldsymbol{X}\boldsymbol{\beta}_0)\boldsymbol{X}$$

利用定理 2.1 与定理 2.2，$\tilde{\boldsymbol{\theta}} - \boldsymbol{\theta}_0 = op(1)$，结合定理 2.3 和假设条件 A2.1，可知

$$\frac{1}{NT}\frac{\partial^2 \ln \tilde{L}(\tilde{\boldsymbol{\theta}})}{\partial \boldsymbol{\beta}\partial \boldsymbol{\beta}'} - \frac{1}{NT}\frac{\partial^2 \ln L(\boldsymbol{\theta}_0)}{\partial \boldsymbol{\beta}\partial \boldsymbol{\beta}'} = op(1)$$

类似地，可以验证 $\ln \tilde{L}(\boldsymbol{\theta})$ 关于其余参数的二阶导数也满足依概率收敛，因此

$$\frac{1}{NT}\frac{\partial^2 \ln \tilde{L}(\tilde{\boldsymbol{\theta}})}{\partial \boldsymbol{\theta}\partial \boldsymbol{\theta}'} - \frac{1}{NT}\frac{\partial^2 \ln L(\boldsymbol{\theta}_0)}{\partial \boldsymbol{\theta}\partial \boldsymbol{\theta}'} = op(1) \tag{2.42}$$

由式 (2.41) 可知，要证明式 (2.40)，则只需证明 $\frac{1}{\sqrt{NT}}\frac{\partial \ln L(\boldsymbol{\theta}_0)}{\partial \boldsymbol{\theta}} \xrightarrow{L} N(\boldsymbol{0}, \boldsymbol{\Sigma}_{\boldsymbol{\theta}_0})$，参照前文给出的 $\ln L(\boldsymbol{\theta})$ 关于 $\boldsymbol{\beta}$ 的一阶导数在 $\boldsymbol{\theta}_0$ 处的值，再给出关于其他参数的一阶导数在 $\boldsymbol{\theta}_0$ 处的值：

$$\frac{\partial \ln L(\boldsymbol{\theta}_0)}{\partial \boldsymbol{\beta}} = \frac{1}{\sigma_0^2}\boldsymbol{X}'\dot{\boldsymbol{G}}_{\Delta}(\boldsymbol{X}\boldsymbol{\beta}_0)\boldsymbol{H}[\boldsymbol{A}(\rho_0)\boldsymbol{Y} - \boldsymbol{G}(\boldsymbol{X}\boldsymbol{\beta}_0)]$$

$$\frac{\partial \ln L(\boldsymbol{\theta}_0)}{\partial \rho} = \frac{1}{\sigma_0^2}\boldsymbol{Y}'\boldsymbol{W}'\boldsymbol{H}[\boldsymbol{A}(\rho_0)\boldsymbol{Y} - \boldsymbol{G}(\boldsymbol{X}\boldsymbol{\beta}_0)] - \mathrm{tr}(\boldsymbol{B}_0)$$

$$\frac{\partial \ln L(\boldsymbol{\theta}_0)}{\partial \sigma^2} = -\frac{NT}{2\sigma_0^2} + \frac{1}{2(\sigma_0^2)^2}[\boldsymbol{A}(\rho_0)\boldsymbol{Y} - \boldsymbol{G}(\boldsymbol{X}\boldsymbol{\beta}_0)]'\boldsymbol{H}[\boldsymbol{A}(\rho_0)\boldsymbol{Y} - \boldsymbol{G}(\boldsymbol{X}\boldsymbol{\beta}_0)]$$

易知各式的值均为 $\boldsymbol{A}(\rho_0)\boldsymbol{Y}-\boldsymbol{G}(\boldsymbol{X}\boldsymbol{\beta}_0)=\boldsymbol{U}\boldsymbol{b}+\boldsymbol{\varepsilon}$ 的线型或二次型形式，进一步，可以得到

$$\begin{aligned}
\frac{\partial^2 \ln L(\boldsymbol{\theta}_0)}{\partial\boldsymbol{\beta}\partial\boldsymbol{\beta}'}&=-\frac{1}{\sigma_0^2}\boldsymbol{X}'\dot{\boldsymbol{G}}_\Delta(\boldsymbol{X}\boldsymbol{\beta}_0)\boldsymbol{H}\dot{\boldsymbol{G}}_\Delta(\boldsymbol{X}\boldsymbol{\beta}_0)\boldsymbol{X}\\
\frac{\partial^2 \ln L(\boldsymbol{\theta}_0)}{\partial\boldsymbol{\beta}\partial\rho}&=-\frac{1}{\sigma_0^2}\boldsymbol{X}'\dot{\boldsymbol{G}}_\Delta(\boldsymbol{X}\boldsymbol{\beta}_0)\boldsymbol{H}\boldsymbol{W}\boldsymbol{Y}\\
\frac{\partial^2 \ln L(\boldsymbol{\theta}_0)}{\partial\rho^2}&=-\frac{1}{\sigma_0^2}\boldsymbol{Y}'\boldsymbol{W}'\boldsymbol{H}\boldsymbol{W}\boldsymbol{Y}-\mathrm{tr}(\boldsymbol{B}_0^2)\\
\frac{\partial^2 \ln L(\boldsymbol{\theta}_0)}{\partial\rho\partial\sigma^2}&=-\frac{1}{(\sigma_0^2)^2}\boldsymbol{Y}'\boldsymbol{W}'\boldsymbol{H}[\boldsymbol{A}(\rho_0)\boldsymbol{Y}-\boldsymbol{G}(\boldsymbol{X}\boldsymbol{\beta}_0)]\\
\frac{\partial^2 \ln L(\boldsymbol{\theta}_0)}{\partial\boldsymbol{\beta}\partial\sigma^2}&=-\frac{1}{(\sigma_0^2)^2}\boldsymbol{X}'\dot{\boldsymbol{G}}'(\boldsymbol{X}\boldsymbol{\beta}_0)\boldsymbol{H}[\boldsymbol{A}(\rho_0)\boldsymbol{Y}-\boldsymbol{G}(\boldsymbol{X}\boldsymbol{\beta}_0)]\\
\frac{\partial^2 \ln L(\boldsymbol{\theta}_0)}{\partial(\sigma^2)^2}&=-\frac{NT}{2(\sigma_0^2)^2}
\end{aligned}$$

利用 $\dfrac{1}{\sqrt{NT}}\dfrac{\partial\ln L(\boldsymbol{\theta}_0)}{\partial\boldsymbol{\theta}}$ 的方差满足：

$$\begin{aligned}
-E\left(\frac{1}{NT}\frac{\partial^2\ln L(\boldsymbol{\theta}_0)}{\partial\boldsymbol{\theta}\partial\boldsymbol{\theta}'}\right)&=E\left(\frac{1}{\sqrt{NT}}\frac{\partial\ln L(\boldsymbol{\theta}_0)}{\partial\boldsymbol{\theta}}\frac{1}{\sqrt{NT}}\frac{\partial\ln L(\boldsymbol{\theta}_0)}{\partial\boldsymbol{\theta}'}\right)\\
&=\begin{pmatrix}\boldsymbol{L}_{11}&\boldsymbol{L}_{12}&\boldsymbol{L}_{13}\\\boldsymbol{L}_{21}&\boldsymbol{L}_{22}&\boldsymbol{L}_{23}\\\boldsymbol{L}_{31}&\boldsymbol{L}_{32}&\boldsymbol{L}_{33}\end{pmatrix}
\end{aligned}$$

其中，

$$\begin{aligned}
\boldsymbol{L}_{11}&=\frac{1}{NT\sigma_0^2}\boldsymbol{X}'\dot{\boldsymbol{G}}_\Delta(\boldsymbol{X}\boldsymbol{\beta}_0)\boldsymbol{H}\dot{\boldsymbol{G}}_\Delta(\boldsymbol{X}\boldsymbol{\beta}_0)\boldsymbol{X}\\
\boldsymbol{L}_{12}&=\boldsymbol{L}'_{21}=\frac{1}{NT(\sigma_0^2)^2}\boldsymbol{X}'\dot{\boldsymbol{G}}_\Delta(\boldsymbol{X}\boldsymbol{\beta}_0)\boldsymbol{H}\boldsymbol{B}_0(\boldsymbol{G}(\boldsymbol{X}\boldsymbol{\beta}_0)+\boldsymbol{U}\boldsymbol{b})\\
\boldsymbol{L}_{22}&=\frac{1}{NT\sigma_0^2}[(\boldsymbol{G}(\boldsymbol{X}\boldsymbol{\beta}_0)+\boldsymbol{U}\boldsymbol{b})'\boldsymbol{B}'_0\boldsymbol{H}\boldsymbol{B}_0(\boldsymbol{G}(\boldsymbol{X}\boldsymbol{\beta}_0)+\boldsymbol{U}\boldsymbol{b})]\\
&\quad+\frac{1}{NT}[\mathrm{tr}(\boldsymbol{B}'_0\boldsymbol{H}\boldsymbol{B}_0)+\mathrm{tr}(\boldsymbol{B}_0^2)]\\
\boldsymbol{L}_{13}&=\boldsymbol{L}'_{31}=0,\quad \boldsymbol{L}_{23}=\boldsymbol{L}'_{32}=\frac{1}{NT\sigma_0^2}\mathrm{tr}(\boldsymbol{B}'_0\boldsymbol{H}),\quad \boldsymbol{L}_{33}=\frac{1}{2(\sigma_0^2)^2}
\end{aligned}$$

记 $\boldsymbol{\Sigma}_{\boldsymbol{\theta}_0}=-\lim\limits_{N,T\to\infty}E\left(\dfrac{1}{NT}\dfrac{\partial^2\ln L(\boldsymbol{\theta}_0)}{\partial\boldsymbol{\theta}\partial\boldsymbol{\theta}'}\right)$。为此，利用 Kelejian 和 Prucha (2001，定理 1) 即有

$$\frac{1}{\sqrt{NT}}\frac{\partial\ln L(\boldsymbol{\theta}_0)}{\partial\boldsymbol{\theta}}\xrightarrow{L}N(\boldsymbol{0},\boldsymbol{\Sigma}_{\boldsymbol{\theta}_0})$$

由上述结论可知，要得到 $\hat{\boldsymbol{\theta}}$ 的渐近分布，还需证明 $\boldsymbol{\Sigma}_{\boldsymbol{\theta}_0}$ 为非奇异矩阵，即证明 $\boldsymbol{\Sigma}_{\boldsymbol{\theta}_0}\boldsymbol{X}=\boldsymbol{0}$ 当且仅当 $\boldsymbol{X}=\boldsymbol{0}$。$\boldsymbol{X}=(\boldsymbol{x}'_1,x_2,x_3)'$，其中 $\boldsymbol{x}_1$ 为 $p\times 1$ 维向量，x_2,x_3 为 1×1 维向量。由 $\boldsymbol{\Sigma}_{\boldsymbol{\theta}_0}\boldsymbol{X}=\boldsymbol{0}$ 可得，在 N，T 足够大时满足

$$\begin{cases}\boldsymbol{L}_{11}\boldsymbol{x}_1+\boldsymbol{L}_{12}x_2=0 & \text{(i)}\\ \boldsymbol{L}_{21}\boldsymbol{x}_1+\boldsymbol{L}_{22}x_2+\boldsymbol{L}_{23}x_3=0 & \text{(ii)}\\ \boldsymbol{L}_{32}x_2+\boldsymbol{L}_{33}x_3=0 & \text{(iii)}\end{cases}$$

由式 (i)，式 (iii) 分别解出 $\boldsymbol{x}_1,x_3$ 关于 x_2 的表达式，将其代入式 (ii)，可得

$$\left\{-\boldsymbol{L}_{21}(\boldsymbol{L}_{11})^{-1}\boldsymbol{L}_{12}+\boldsymbol{L}_{22}-\left(\frac{2}{N^2T}[\mathrm{tr}(\boldsymbol{B}'_0\boldsymbol{H})]^2\right)\right\}x_2=0$$

利用引理 2.3，从而有

$$\frac{1}{NT}\mathrm{tr}(\boldsymbol{B}_0^2)+\frac{1}{NT}\mathrm{tr}(\boldsymbol{B}'_0\boldsymbol{H}\boldsymbol{B}_0)-\frac{2}{N^2T^2}[\mathrm{tr}(\boldsymbol{B}'_0\boldsymbol{H})]^2\geqslant 0$$

由 A3.7，有

$$\frac{1}{NT}(\dot{\boldsymbol{G}}_\Delta(\boldsymbol{X}\boldsymbol{\beta}_0)\boldsymbol{X},\ \boldsymbol{B}_0(\boldsymbol{G}(\boldsymbol{X}\boldsymbol{\beta}_0)+\boldsymbol{U}\boldsymbol{b}))'\boldsymbol{H}(\dot{\boldsymbol{G}}_\Delta(\boldsymbol{X}\boldsymbol{\beta}_0)\boldsymbol{X},\ \boldsymbol{B}_0(\boldsymbol{G}(\boldsymbol{X}\boldsymbol{\beta}_0)+\boldsymbol{U}\boldsymbol{b}))$$

在 N，T 足够大时为非奇异矩阵，利用 Schur 补引理 (Zhang, 2005) 可得：到在 N，T 足够大时 $\boldsymbol{\Sigma}_{\boldsymbol{\theta}_0}$ 为非奇异矩阵。或者若满足

$$\frac{1}{NT}\mathrm{tr}(\boldsymbol{B}_0^2)+\frac{1}{NT}\mathrm{tr}(\boldsymbol{B}'_0\boldsymbol{H}\boldsymbol{B}_0)-\frac{2}{N^2T^2}[\mathrm{tr}(\boldsymbol{B}'_0\boldsymbol{H})]^2>0$$

即由假设条件 A2.8，同样满足 $\boldsymbol{\Sigma}_{\boldsymbol{\theta}_0}$ 为非奇异矩阵。

综合上述结论，应用 Kolmogorov 中心极限定理即有

$$\sqrt{NT}(\hat{\boldsymbol{\theta}}-\boldsymbol{\theta}_0)\xrightarrow{L}N(\boldsymbol{0},\boldsymbol{\Sigma}_{\boldsymbol{\theta}_0}^{-1})$$

定理 2.4 得证。

定理 2.5 的证明 由引理 2.1，

$$\boldsymbol{\Lambda}^1=(NT)^{-1}\boldsymbol{Z}'(u,\boldsymbol{\beta})\boldsymbol{H}\boldsymbol{K}(u,\boldsymbol{\beta})\boldsymbol{H}\boldsymbol{Z}(u,\boldsymbol{\beta})\xrightarrow{P}\boldsymbol{S}(u)$$

其中，$\boldsymbol{S}(u)=F(u)\mathrm{diag}(1,\mu_2)$，$F(u)=\lim\limits_{T\to\infty}\dfrac{1}{T}\sum\limits_{t=1}^{T}f_t(u)$，利用矩阵反演公式，

$$(\boldsymbol{A}+\boldsymbol{B})^{-1}=\boldsymbol{A}^{-1}-\boldsymbol{A}^{-1}(\boldsymbol{I}+\boldsymbol{B}\boldsymbol{A}^{-1})^{-1}\boldsymbol{B}\boldsymbol{A}^{-1}$$

即有

$$(\boldsymbol{\Lambda}^1)^{-1}=\boldsymbol{S}^{-1}(u)+op(1) \tag{2.43}$$

记 $\boldsymbol{\Lambda}^3 \hat{=} (NT)^{-1}\boldsymbol{Z}'(u,\boldsymbol{\beta})\boldsymbol{H}\boldsymbol{K}(u,\boldsymbol{\beta})\boldsymbol{H}\boldsymbol{A}(\rho)\boldsymbol{Y}$，故式 (2.12) 可以整理为

$$\hat{\delta} = (\hat{g}_{IN}(u), h\hat{\dot{g}}_{IN}(u))' = (\boldsymbol{\Lambda}^1)^{-1}\boldsymbol{\Lambda}^3 \tag{2.44}$$

由引理 3.2，$\boldsymbol{\Lambda}^2 = (NT)^{-1}\boldsymbol{Z}'(u,\boldsymbol{\beta})\boldsymbol{H}\boldsymbol{K}(u,\boldsymbol{\beta})\boldsymbol{H}(\boldsymbol{U}\boldsymbol{b}+\boldsymbol{\varepsilon})$，利用 $g(\boldsymbol{x}'_{it}\boldsymbol{\beta})$ 在 u 处泰勒展开，则有

$$\boldsymbol{\Lambda}^3 - \boldsymbol{\Lambda}^2 = \boldsymbol{\Lambda}^1\begin{pmatrix} g(u) \\ h\dot{g}(u)\end{pmatrix} + \frac{1}{2}h^2\begin{pmatrix}\boldsymbol{\Delta}_1\ddot{g}(u) \\ \boldsymbol{\Delta}_2\ddot{g}(u)\end{pmatrix} + op(h^2) \tag{2.45}$$

其中，

$$\boldsymbol{\Delta}_1 = \frac{1}{NT}\sum_{i_1=1}^{N}\sum_{i_2=1}^{N}\sum_{i_3=1}^{N}\sum_{t_1=1}^{T}\sum_{t_2=1}^{T}\sum_{t_3=1}^{T}\left[a_{i_1t_1,i_2t_2}a_{i_2t_2,i_3t_3}\boldsymbol{k}_h(u_{i_2t_2}-u)\left(\frac{u_{i_3t_3}-u}{h}\right)^2\right]$$

$$\boldsymbol{\Delta}_2 = \frac{1}{NT}\sum_{i_1=1}^{N}\sum_{i_2=1}^{N}\sum_{i_3=1}^{N}\sum_{t_1=1}^{T}\sum_{t_2=1}^{T}\sum_{t_3=1}^{T} \cdot\left[a_{i_1t_1,i_2t_2}a_{i_2t_2,i_3t_3}\boldsymbol{k}_h(u_{i_2t_2}-u)\left(\frac{u_{i_1t_1}-u}{h}\right)\left(\frac{u_{i_3t_3}-u}{h}\right)^2\right]$$

由式 (2.43)—(2.45) 可得

$$\begin{pmatrix}\hat{g}_{IN}(u)-g(u) \\ h[\hat{\dot{g}}_{IN}(u)-\dot{g}(u)]\end{pmatrix} = (\boldsymbol{S}(u))^{-1}\boldsymbol{\Lambda}^2 + \frac{h^2}{2}\begin{pmatrix}\mu_2\ddot{g}(u) \\ \dfrac{\mu_3}{\mu_2}\ddot{g}(u)\end{pmatrix} + op(1) \tag{2.46}$$

从式 (2.46) 可以得到

$$\hat{g}_{IN}(u) - g(u) = [\boldsymbol{F}(u)]^{-1}\boldsymbol{\Lambda}_0^2 + \frac{1}{2}h^2\mu_2\ddot{g}(u) + op(1)$$

其中，

$$\begin{aligned}\boldsymbol{\Lambda}_0^2 &= \frac{1}{NT}\sum_{i_1=1}^{N}\sum_{i_2=1}^{N}\sum_{i_3=1}^{N}\sum_{t_1=1}^{T}\sum_{t_2=1}^{T}\sum_{t_3=1}^{T}[a_{i_1t_1,i_2t_2}a_{i_2t_2,i_3t_3}\boldsymbol{k}_h(u_{i_2t_2}-u)\varepsilon_{i_3t_3}] \\ &= \frac{1}{NT}\sum_{i_2=1}^{N}\sum_{i_3=1}^{N}\sum_{t_2=1}^{T}\sum_{t_3=1}^{T}[a_{i_2t_2,i_3t_3}\boldsymbol{k}_h(u_{i_2t_2}-u)\varepsilon_{i_3t_3}]\end{aligned}$$

由 $\rho\in\Theta_0$，$\beta\in\boldsymbol{\beta}_0$，可知

$$\boldsymbol{\Lambda}_0^2 = \frac{1}{NT}\sum_{i_1=1}^{N}\sum_{i_2=1}^{N}\sum_{t_1=1}^{T}\sum_{t_2=1}^{T}a_{i_1t_1,i_2t_2}\boldsymbol{k}_h(\boldsymbol{x}_{i_1t_1}\boldsymbol{\beta}_0-u)\varepsilon_{i_2t_2} + Op(N^{-1/2})$$

参考 Masry 和 Tjøstheim (1995，定理 4.4)，对于 $\rho \in \Theta_0$，$\boldsymbol{\beta} \in \boldsymbol{\beta}_0$，$u \in \mathcal{U}$，注意到 $\boldsymbol{\lambda} = \boldsymbol{\lambda}_0$ 对应的随机误差 $\boldsymbol{\varepsilon}$ 的方差为真实值，则

$$\sqrt{NTh}\boldsymbol{\Lambda}_0^2 \xrightarrow{L} N(\mathbf{0},\, \nu_0\sigma_0^2\boldsymbol{F}(u))$$

于是有

$$\sqrt{NTh}(\hat{g}_{IN}(u) - g(u) - \varphi(u)) \xrightarrow{L} N(0, \gamma^2(u))$$

其中 $\varphi(u) = \dfrac{1}{2}h^2\mu_2\ddot{g}(u)$，$\gamma^2(u) = \nu_0\sigma_0^2[F(u)]^{-1}$。若 $Nh^5 \to 0$，则进一步可得

$$\sqrt{NTh}(\hat{g}_{IN}(u) - g(u)) \xrightarrow{L} N(0, \gamma^2(u))$$

再由定理 2.3，易得 $\hat{g}(u) - \hat{g}_{IN}(u) = op(1)$。故

$$\sqrt{NTh}(\hat{g}(u) - g(u) - \varphi(u)) \xrightarrow{L} N(0, \gamma^2(u))$$

特别地，在 $NTh^5 \to 0$ 时，$\sqrt{NTh}(\hat{g}(u) - g(u)) \xrightarrow{L} N(0, \gamma^2(u))$。

定理 2.5 得证。

第3章　随机效应空间滞后单指数模型

3.1　引　　言

在实际经济问题的研究中，变量之间的相互关系通常较为复杂，通过预先设定模型形式的参数模型往往很难准确描述这种关系。近年来，伴随着计算机技术的快速发展，从数据出发，让数据“说话”的非参数模型引起了众多研究者的关注并取得了丰富的研究成果。当非参数模型中的解释变量较多时，往往会出现所谓的“维数灾难”问题，导致估计的可靠性降低。为了有效地克服“维数灾难”问题，人们提出了一些新模型，其中一种行之有效的方法就是建立单指数模型。在第 2 章中我们探讨了固定效应空间滞后单指数模型，给出了模型的截面似然估计方法，并从理论证明和数据模拟说明了估计方法的优良性。本章将继续研究随机效应空间滞后单指数模型。

为了克服非参数空间滞后模型中存在的“维数灾难”问题，进一步提高本书研究的模型对面板数据的适用性，我们在本章中提出了一种现有研究文献还未涉及的具有随机效应的空间滞后单指数面板模型。针对该模型，构建了其截面极大似然估计方法，从理论上证明了其估计量的大样本性质，通过数据模拟考察了其估计量的小样本表现，并考察了空间权重矩阵结构复杂性对估计的影响。研究结果表明: ① 在大样本条件下，估计量均具有一致性和渐近正态性。② 在小样本条件下，各估计量依然具有良好的表现，其精度随着样本容量的增加而提高; 空间权重矩阵结构的复杂性对空间相关系数的估计量影响较大，但对其他估计量的影响较小。

本章余下部分的结构安排如下：首先具体介绍了随机效应空间滞后单指数面板模型的非参数设定形式，然后给出了模型的估计方法及具体实现步骤，再利用给定的正则假设条件证明了估计量的大样本性质，之后用蒙特卡罗模拟考察了估计量的小样本表现以及空间权重矩阵结构复杂性对估计的影响，最后是研究结果总结及本章中出现的相关引理和定理证明。

3.2　随机效应空间滞后单指数模型的估计

3.2.1　模型设定

参考 Su (2012) 的模型设定，考虑随机效应空间滞后单指数面板模型，其数学

表达式为

$$y_{it} = \rho(\boldsymbol{W}_0\boldsymbol{Y}_t)_i+g(\boldsymbol{x}'_{it}\boldsymbol{\beta})+b_i + \varepsilon_{it} \tag{3.1}$$

其中，$1 \leqslant i \leqslant N$，$1 \leqslant t \leqslant T$，$y_{it}$ 为被解释变量在第 i 个截面单元第 t 个时刻的观测值，$\boldsymbol{Y}_t = (y_{1t},\cdots,y_{Nt})'$，$\rho$ 为待估空间相关系数，$\boldsymbol{W}_0 = (w_{ij})_{N\times N}$ 为预先设定的空间权重矩阵，$(\boldsymbol{W}_0\boldsymbol{Y}_t)_i$ 代表 $\boldsymbol{W}_0\boldsymbol{Y}_t$ 的第 i 个分量，$g(\cdot)$ 是未知连接函数，$\boldsymbol{x}_{it} = (x_{it1},\cdots,x_{itp})'$ 为 p 个解释变量在第 i 个截面单元第 t 个时刻的观测值向量，$\boldsymbol{\beta} \in R^p$ 为待估参数向量，b_i 为第 i 个截面单元的个体效应，ε_{it} 为第 i 个截面单元第 t 个时刻观测值的随机误差项，$b_i \sim \text{i.i.d.}N(0,\sigma_b^2)$，$\varepsilon_{it} \sim \text{i.i.d.}N(0,\sigma_\varepsilon^2)$，且 b_i 和 ε_{it} 相互独立。

记 $\boldsymbol{Y}\hat{=}(y_{11},\cdots,y_{1T},\cdots,y_{N1},\cdots,y_{NT})'$，则模型 (3.1) 的矩阵形式可等价地表达为

$$\boldsymbol{Y} =\rho\boldsymbol{W}\boldsymbol{Y} + \boldsymbol{G} + \boldsymbol{U}\boldsymbol{b} + \boldsymbol{\varepsilon} \tag{3.2}$$

其中，$\boldsymbol{W}=\boldsymbol{W}_0 \otimes \boldsymbol{I}_T$，$\boldsymbol{G}=\boldsymbol{G}(\boldsymbol{X}\boldsymbol{\beta}) = (g(\boldsymbol{x}'_{11}\boldsymbol{\beta}),\cdots,g(\boldsymbol{x}'_{1T}\boldsymbol{\beta}),\cdots,g(\boldsymbol{x}'_{N1}\boldsymbol{\beta}),\cdots,g(\boldsymbol{x}'_{NT}\boldsymbol{\beta}))'$，$\boldsymbol{U} = \boldsymbol{I}_N\otimes\boldsymbol{e}_T$，$\boldsymbol{b} = (b_1,\cdots,b_n)'$，$\boldsymbol{\varepsilon} = (\varepsilon_{11},\cdots,\varepsilon_{1T},\cdots,\varepsilon_{N1},\cdots,\varepsilon_{NT})'$，$\boldsymbol{I}_N$ 为 N 阶单位矩阵，$\boldsymbol{e}_T$ 为 $T\times 1$ 阶全为 1 的列向量，“$\otimes$” 为克罗内克乘积。

记 $\boldsymbol{\theta} = (\boldsymbol{\lambda}',\boldsymbol{\sigma}')'$，其中，$\boldsymbol{\lambda} = (\boldsymbol{\beta}',\rho)'$，$\boldsymbol{\sigma} = (\sigma_\varepsilon^2,\sigma_b^2)'$。对于模型 (3.2) 而言，统计推断最重要的第 1 步就是发现合适的估计方法给出未知参数向量 $\boldsymbol{\theta}$ 和函数 $g(\cdot)$ 的估计。通常的估计方法是极大似然估计方法，下面考察该方法是否适应于我们提出的模型 (3.2)。

令 $\boldsymbol{A}(\rho) = \boldsymbol{I}_{NT} - \rho\boldsymbol{W}$，则模型 (3.2) 可写为

$$\boldsymbol{A}(\rho)\boldsymbol{Y} = \boldsymbol{G} + \boldsymbol{U}\boldsymbol{b} + \boldsymbol{\varepsilon} \tag{3.3}$$

即 $\boldsymbol{U}\boldsymbol{b} + \boldsymbol{\varepsilon} = \boldsymbol{A}(\rho)\boldsymbol{Y} - \boldsymbol{G}$。易知，$\partial(\boldsymbol{U}\boldsymbol{b}+\boldsymbol{\varepsilon})/\partial\boldsymbol{Y} = \boldsymbol{A}(\rho)$。因 $b_i \sim \text{i.i.d.}N(0,\sigma_b^2)$，$\varepsilon_{it} \sim \text{i.i.d.}N(0,\sigma_\varepsilon^2)$，所以

$$\boldsymbol{\Sigma}\hat{=}E(\boldsymbol{U}\boldsymbol{b}+\boldsymbol{\varepsilon})(\boldsymbol{U}\boldsymbol{b}+\boldsymbol{\varepsilon})' = \sigma_\varepsilon^2\boldsymbol{I}_{NT} + \sigma_b^2\boldsymbol{I}_N\otimes(\boldsymbol{e}_T\boldsymbol{e}'_T)$$

于是

$$\begin{aligned}
|\boldsymbol{\Sigma}| &= \sigma_\varepsilon^{2(NT-N)}(\sigma_b^2 + T\sigma_\varepsilon^2)^N \\
\boldsymbol{\Sigma}^{-1} &= \frac{1}{\sigma_\varepsilon^2}\boldsymbol{I}_{NT} + \left(\frac{1}{\sigma_\varepsilon^2 + T\sigma_b^2} - \frac{1}{\sigma_\varepsilon^2}\right)\boldsymbol{I}_N\otimes\left(\frac{1}{T}\boldsymbol{e}_T\boldsymbol{e}'_T\right)
\end{aligned}$$

因此，模型 (3.2) 的似然函数可以写为

$$L(\boldsymbol{\theta}) = (2\pi)^{-NT/2}\,|\boldsymbol{\Sigma}|^{-1/2}\exp\left\{-\frac{1}{2}[\boldsymbol{A}(\rho)\boldsymbol{Y} - \boldsymbol{G}]'\boldsymbol{\Sigma}^{-1}[\boldsymbol{A}(\rho)\boldsymbol{Y} - \boldsymbol{G}]\right\}|\boldsymbol{A}(\rho)| \tag{3.4}$$

将式 (3.4) 代入相应的参数表达式可得其对数似然函数为

$$\begin{aligned}\ln L(\boldsymbol{\theta}) = & -\frac{N(T-1)}{2}\ln\sigma_\varepsilon^2 - \frac{N}{2}\ln(\sigma_\varepsilon^2 + T\sigma_b^2) \\ & -\frac{1}{2(\sigma_\varepsilon^2+T\sigma_b^2)}[\boldsymbol{A}(\rho)\boldsymbol{Y}-\boldsymbol{G}]'\boldsymbol{H}[\boldsymbol{A}(\rho)\boldsymbol{Y}-\boldsymbol{G}] \\ & -\frac{1}{2\sigma_\varepsilon^2}[\boldsymbol{A}(\rho)\boldsymbol{Y}-\boldsymbol{G}]'(\boldsymbol{I}_{NT}-\boldsymbol{H})[\boldsymbol{A}(\rho)\boldsymbol{Y}-\boldsymbol{G}] + \ln|\boldsymbol{A}(\rho)| + \text{const}\end{aligned} \tag{3.5}$$

其中，$\boldsymbol{H} = \boldsymbol{I}_N \otimes \left(\frac{1}{T}\boldsymbol{e}_T\boldsymbol{e}_T'\right)$。为便于计算，忽略常数项对上式关于 σ_b^2 和 σ_ε^2 分别求偏导并令其为 0，则 σ_ε^2 和 σ_b^2 的极大似然估计分别为

$$\hat{\sigma}_{\varepsilon T}^2 = [N(T-1)]^{-1}[\boldsymbol{A}(\rho)\boldsymbol{Y}-\boldsymbol{G}]'(I_{NT}-H)[\boldsymbol{A}(\rho)\boldsymbol{Y}-\boldsymbol{G}] \tag{3.6}$$

$$\hat{\sigma}_{bT}^2 = (NT)^{-1}[\boldsymbol{A}(\rho)\boldsymbol{Y}-\boldsymbol{G}]'\boldsymbol{H}[\boldsymbol{A}(\rho)\boldsymbol{Y}-\boldsymbol{G}] - T^{-1}\hat{\sigma}_{\varepsilon T}^2 \tag{3.7}$$

将式 (3.6) 和式 (3.7) 代入式 (3.5)，即可得到关于 $\boldsymbol{\lambda}$ 的集中对数似然 (Concentrated Log Likelihood) 函数：

$$\ln L(\boldsymbol{\lambda}) = \frac{-N(T-1)}{2}\ln\hat{\sigma}_{\varepsilon T}^2 - \frac{N}{2}\ln(\hat{\sigma}_{\varepsilon T}^2 + T\hat{\sigma}_{bT}^2) - \frac{NT}{2} + \ln|\boldsymbol{A}(\rho)| \tag{3.8}$$

对于式 (3.8)，因为 $g(\boldsymbol{x}_{it}'\boldsymbol{\beta})$ 未知，$i=1,\cdots,N$，$t=1,\cdots,T$，无法直接通过关于 $\boldsymbol{\lambda}$ 求最大化得到 $\boldsymbol{\lambda}$ 的估计值，因此，传统的极大似然估计方法在此并不适用。

3.2.2　模型估计

由于一般极大似然估计方法不适用于模型 (3.2)，本书尝试使用截面极大似然估计方法寻求模型 (3.2) 中未知参数和函数的估计，具体估计方法的实施步骤如下。

第 1 步　假定 $\boldsymbol{\theta}$ 已知，我们首先用局部线性法得到 $g(u)$ 的可行初始估计 $\hat{g}_{IN}(u)$，即 $\hat{g}_{IN}(u)=\hat{a}_1$，而关于 $(\hat{a}_1,\hat{a}_2)$ 的定义为

$$(\hat{a}_1,\hat{a}_2) = \arg\min_{a_1,a_2}\frac{1}{NT}\sum_{i=1}^{N}\sum_{t=1}^{T}[\tilde{y}_{it}-a_1-a_2(u_{it}-u)]^2\boldsymbol{k}_h(u_{it}-u) \tag{3.9}$$

其中，$\dot{g}_{IN}(u)=\hat{a}_2$，$\tilde{y}_{it}=y_{it}-\rho(\boldsymbol{W}_0\boldsymbol{Y}_t)_i$，$\boldsymbol{k}_h(u_{it}-u)=h^{-1}\boldsymbol{k}((u_{it}-u)/h)$，$u_{it}=\boldsymbol{x}_{it}'\boldsymbol{\beta}$，$i=1,\cdots,N$，$t=1,\cdots,T$，$\boldsymbol{k}(\cdot)$ 为一元核函数，h 为窗宽。

令

$$\boldsymbol{Z}(u,\boldsymbol{\beta}) = \begin{pmatrix} 1 & \cdots & 1 \\ \frac{u_{11}-u}{h} & \cdots & \frac{u_{NT}-u}{h}\end{pmatrix}'$$

$$\boldsymbol{K}(u,\boldsymbol{\beta}) = \mathrm{diag}(\boldsymbol{k}_h(u_{11}-u),\cdots,\boldsymbol{k}_h(u_{NT}-u))$$
$$\boldsymbol{\delta} = (a_1, ha_2)',\quad \hat{\boldsymbol{\delta}} = (\hat{a}_1, h\hat{a}_2)'$$

则式 (3.9) 可写成如下形式:

$$\hat{\boldsymbol{\delta}} = \arg\min_{a_1,a_2} \frac{1}{NT}[\boldsymbol{A}(\rho)\boldsymbol{Y} - \boldsymbol{Z}(u,\boldsymbol{\beta})\boldsymbol{\delta}]'\boldsymbol{K}(u,\boldsymbol{\beta})[\boldsymbol{A}(\rho)\boldsymbol{Y} - \boldsymbol{Z}(u,\boldsymbol{\beta})\boldsymbol{\delta}]$$

即有

$$\hat{\boldsymbol{\delta}} = [\boldsymbol{Z}'(u,\boldsymbol{\beta})\boldsymbol{K}(u,\boldsymbol{\beta})\boldsymbol{Z}(u,\boldsymbol{\beta})]^{-1}\boldsymbol{Z}'(u,\boldsymbol{\beta})\boldsymbol{K}(u,\boldsymbol{\beta})\boldsymbol{A}(\rho)\boldsymbol{Y} \tag{3.10}$$

令 $[\boldsymbol{Z}'(u,\boldsymbol{\beta})\boldsymbol{K}(u,\boldsymbol{\beta})\boldsymbol{Z}(u,\boldsymbol{\beta})]^{-1}\boldsymbol{Z}'(u,\boldsymbol{\beta})\boldsymbol{K}(u,\boldsymbol{\beta}) = \boldsymbol{S}(u,\boldsymbol{\beta})$，则 $\hat{\delta} = \boldsymbol{S}(u,\boldsymbol{\beta})\boldsymbol{A}(\rho)\boldsymbol{Y}$。易知

$$\hat{g}_{IN}(u) = \hat{a}_1 = \boldsymbol{e}_0'\hat{\delta} = \boldsymbol{e}_0'\boldsymbol{S}(u,\boldsymbol{\beta})\boldsymbol{A}(\rho)\boldsymbol{Y} = \boldsymbol{s}(u,\boldsymbol{\beta})\boldsymbol{A}(\rho)\boldsymbol{Y} \tag{3.11}$$

其中，$\boldsymbol{e}_0'\boldsymbol{S}(u,\boldsymbol{\beta}) = \boldsymbol{s}(u,\boldsymbol{\beta})$，$\boldsymbol{e}_0 = (1,0)'$。记 $\boldsymbol{S}(\boldsymbol{\beta}) = (\boldsymbol{s}(u_{11},\boldsymbol{\beta})',\cdots,\boldsymbol{s}(u_{NT},\boldsymbol{\beta})')'$，则 $\boldsymbol{G}$ 的初始估计为

$$\begin{aligned}\hat{\boldsymbol{G}}_{IN} &= (\hat{g}_{IN}(u_{11}),\cdots,\hat{g}_{IN}(u_{NT}))' = (\boldsymbol{s}(u_{11},\boldsymbol{\beta})\boldsymbol{A}(\rho)\boldsymbol{Y},\cdots,\boldsymbol{s}(u_{NT},\boldsymbol{\beta})\boldsymbol{A}(\rho)\boldsymbol{Y})' \\ &= (\boldsymbol{s}(u_{11},\boldsymbol{\beta})',\cdots,\boldsymbol{s}(u_{NT},\boldsymbol{\beta})')'\boldsymbol{A}(\rho)\boldsymbol{Y} = \boldsymbol{S}(\boldsymbol{\beta})\boldsymbol{A}(\rho)\boldsymbol{Y}\end{aligned} \tag{3.12}$$

第 2 步 用 $\hat{\boldsymbol{G}}_{IN}$ 替代式 (3.5) 中的 $\boldsymbol{G}$，得到对数似然函数的近似值为

$$\begin{aligned}\ln\tilde{L}(\boldsymbol{\theta}) = &-\frac{N}{2}\ln(\sigma_\varepsilon^2 + T\sigma_b^2) - \frac{1}{2(\sigma_\varepsilon^2 + T\sigma_b^2)}[\boldsymbol{A}(\rho)\boldsymbol{Y} - \hat{\boldsymbol{G}}_{IN}]'\boldsymbol{H}[\boldsymbol{A}(\rho)\boldsymbol{Y} - \hat{\boldsymbol{G}}_{IN}] \\ &- \frac{N(T-1)}{2}\ln\sigma_\varepsilon^2 - \frac{1}{2\sigma_\varepsilon^2}[\boldsymbol{A}(\rho)\boldsymbol{Y} - \hat{\boldsymbol{G}}_{IN}]'(\boldsymbol{I}_{NT} - \boldsymbol{H})[\boldsymbol{A}(\rho)\boldsymbol{Y} \\ &- \hat{\boldsymbol{G}}_{IN}] + \ln|\boldsymbol{A}(\rho)|\end{aligned} \tag{3.13}$$

上式为未知参数 $\boldsymbol{\theta}$ 的函数，其极大似然估计为

$$\hat{\boldsymbol{\theta}} = \arg\max_{\boldsymbol{\theta}} \frac{1}{NT}\ln\tilde{L}(\boldsymbol{\theta})$$

在实际应用中，往往分以下两步来完成.

首先，假定 $\boldsymbol{\lambda}$ 已知，对式 (3.13) 求解关于 $(\sigma_\varepsilon^2, \sigma_b^2)'$ 的最大化问题，得到 σ_ε^2 和 σ_b^2 的初始估计分别为

$$\hat{\sigma}_{\varepsilon IN}^2 = [N(T-1)]^{-1}[\boldsymbol{A}(\rho)\boldsymbol{Y} - \hat{\boldsymbol{G}}_{IN}]'(\boldsymbol{I}_{NT} - \boldsymbol{H})[\boldsymbol{A}(\rho)\boldsymbol{Y} - \hat{\boldsymbol{G}}_{IN}] \tag{3.14}$$

$$\hat{\sigma}_{bIN}^2 = (NT)^{-1}[\boldsymbol{A}(\rho)\boldsymbol{Y} - \hat{\boldsymbol{G}}_{IN}]'\boldsymbol{H}[\boldsymbol{A}(\rho)\boldsymbol{Y} - \hat{\boldsymbol{G}}_{IN}] - T^{-1}\hat{\sigma}_{\varepsilon IN}^2 \tag{3.15}$$

其次，将 $\hat{\sigma}_{\varepsilon IN}^2$, $\hat{\sigma}_{bIN}^2$ 分别替代式 (3.13) 中的 σ_ε^2 和 σ_b^2，得到关于 $\boldsymbol{\lambda}$ 的集中对数似然函数:

$$\ln\tilde{L}(\boldsymbol{\lambda}) = -\frac{N(T-1)}{2}\ln\hat{\sigma}_{\varepsilon IN}^2 - \frac{N}{2}\ln(\hat{\sigma}_{\varepsilon IN}^2 + T\hat{\sigma}_{bIN}^2) - \frac{NT}{2} + \ln|\boldsymbol{A}(\rho)| \tag{3.16}$$

从而 $\boldsymbol{\lambda}$ 的估计为

$$\hat{\boldsymbol{\lambda}} = \arg\max_{\boldsymbol{\lambda}} \frac{1}{NT} \ln \tilde{L}(\boldsymbol{\lambda}) \tag{3.17}$$

上式为非线性最优化求解问题，可用迭代方法来实现。

在得到 $\hat{\boldsymbol{\lambda}} = (\hat{\boldsymbol{\beta}}, \hat{\rho})'$ 后，用 $\hat{\boldsymbol{\lambda}}$ 替代式 (3.14) 和 (3.15) 中的 $\boldsymbol{\lambda}$，可得 σ_ε^2 和 σ_b^2 的最终估计分别为

$$\hat{\sigma}_\varepsilon^2 = \frac{1}{N(T-1)}[\boldsymbol{A}(\hat{\rho})\boldsymbol{Y} - \boldsymbol{S}(\hat{\boldsymbol{\beta}})\boldsymbol{A}(\hat{\rho})\boldsymbol{Y}]'(\boldsymbol{I}_{NT} - \boldsymbol{H})[\boldsymbol{A}(\hat{\rho})\boldsymbol{Y} - \boldsymbol{S}(\hat{\boldsymbol{\beta}})\boldsymbol{A}(\hat{\rho})\boldsymbol{Y}] \tag{3.18}$$

$$\hat{\sigma}_b^2 = \frac{1}{NT}[\boldsymbol{A}(\hat{\rho})\boldsymbol{Y} - \boldsymbol{S}(\hat{\boldsymbol{\beta}})\boldsymbol{A}(\hat{\rho})\boldsymbol{Y}]'\boldsymbol{H}[\boldsymbol{A}(\hat{\rho})\boldsymbol{Y} - \boldsymbol{S}(\hat{\boldsymbol{\beta}})\boldsymbol{A}(\hat{\rho})\boldsymbol{Y}] - \frac{1}{T}\hat{\sigma}_\varepsilon^2 \tag{3.19}$$

其中 $\hat{\sigma}_b^2 > 0$，并且在 $\hat{\sigma}_b^2 = 0$ 时，我们进一步可以得到

$$\hat{\sigma}_\varepsilon^2 = \frac{1}{NT}[\boldsymbol{A}(\hat{\rho})\boldsymbol{Y} - \boldsymbol{S}(\hat{\boldsymbol{\beta}})\boldsymbol{A}(\hat{\rho})\boldsymbol{Y}]'[\boldsymbol{A}(\hat{\rho})\boldsymbol{Y} - \boldsymbol{S}(\hat{\boldsymbol{\beta}})\boldsymbol{A}(\hat{\rho})\boldsymbol{Y}]$$

第 3 步 用第 2 步得到的 $\hat{\boldsymbol{\lambda}}$ 替代式 (3.11) 中的 $\boldsymbol{\lambda}$，则非参数函数 $g(u)$ 的最终估计为

$$\hat{g}(u) = \boldsymbol{S}(u, \hat{\boldsymbol{\beta}})\boldsymbol{A}(\hat{\rho})\boldsymbol{Y} \tag{3.20}$$

3.2.3 估计的大样本性质

3.2.3.1 假设条件

记 $\boldsymbol{\theta}_0 = (\boldsymbol{\lambda}_0', \boldsymbol{\sigma}_0')'$ 为待估参数的真实值，其中，$\boldsymbol{\lambda}_0 = (\boldsymbol{\beta}_0', \rho_0)'$，$\boldsymbol{\sigma}_0 = \left(\sigma_{\varepsilon,0}^2, \sigma_{b,0}^2\right)'$。为了推导 $\hat{\boldsymbol{\theta}} = \left(\hat{\boldsymbol{\beta}}', \hat{\rho}, \hat{\sigma}_\varepsilon^2, \hat{\sigma}_b^2\right)'$ 和 $\hat{g}(u)$ 的一致性和渐近正态性，我们需要建立适当的正则假设条件。

A3.1 关于模型中变量的假设条件：

(I) $\{\boldsymbol{x}_{it}, y_{it}, \varepsilon_{it}\}_{i=1,t=1}^{N,T}$ 为 i.i.d. 随机序列，$\{\boldsymbol{x}_{it}, y_{it}, b_i, \varepsilon_{it}\}_{i=1}^{N}$ 在时刻 t 固定时为 i.i.d. 随机序列，$t = 1, \cdots, T$，$\boldsymbol{x}_{it}'\boldsymbol{\beta}$ 的边际密度函数 $f_t(u)$ 在 $u_{it,0} = \boldsymbol{x}_{it}'\boldsymbol{\beta}_0 \in \boldsymbol{\mathcal{U}}$ 处连续可微，同时 $f_t(u)$ 一致有界且不为零，对任意的 i，$(\boldsymbol{x}_{i1}'\boldsymbol{\beta}, \cdots, \boldsymbol{x}_{iT}'\boldsymbol{\beta})$ 存在联合密度函数；在 $t_1 \neq t_2$ 时，$(\boldsymbol{x}_{it_1}'\boldsymbol{\beta}, \boldsymbol{x}_{it_2}'\boldsymbol{\beta})$ 联合密度函数 $f_{t_1t_2}(u,v)$ 在 $(\boldsymbol{x}_{it_1}'\boldsymbol{\beta}_0, \boldsymbol{x}_{it_2}'\boldsymbol{\beta}_0) \in \boldsymbol{\mathcal{U}} \times \boldsymbol{\mathcal{U}}$ 处连续可微，其中 $i = 1, \cdots, N$，$t_1, t_2 = 1, \cdots, T$，$\boldsymbol{\mathcal{U}}$ 为 $\boldsymbol{k}(u)$ 的支撑集。ε_{it} 和 b_i 相互独立，b_i 满足 $E(b_i | \boldsymbol{x}_{11}, \cdots, \boldsymbol{x}_{NT}) = 0$，$\mathrm{Var}(b_i | \boldsymbol{x}_{11}, \cdots, \boldsymbol{x}_{NT}) = \sigma_b^2 < \infty$ 及 $E(\|b_i\boldsymbol{x}_{ij}'\|) < \infty$；$\varepsilon_{it}$ 满足 $E(\varepsilon_{it} | \boldsymbol{x}_{11}, \cdots, \boldsymbol{x}_{NT}) = 0$，$\mathrm{Var}(\varepsilon_{it} | \boldsymbol{x}_{11}, \cdots, \boldsymbol{x}_{NT}) = \sigma_\varepsilon^2 < \infty$ 及 $E(\|\varepsilon_{it}\boldsymbol{x}_{it}'\|) < \infty$；其中，$i = 1, \cdots, N$，$t = 1, \cdots, T$。

(II) 存在 $r = \max\{4, s\}$，使得 $E\|\boldsymbol{x}_{it}\|^r < \infty, E|b_i|^r < \infty, E|\varepsilon_{it}|^r < \infty$，并对 $\tau < 2 - s^{-1}$，有 $(NT)^{2\tau-1}h \to \infty$，其中 $i = 1, \cdots, N$，$t = 1, \cdots, T$。

(III) 实值函数 $g(\cdot)$ 为二阶连续可微的有界函数，在 $u \in \boldsymbol{\mathcal{U}}$ 上满足一阶利普希茨 (Lipschitz) 条件，对于任意支撑集上的点 u 都有 $|g(u)| \leqslant m_g$，其中，m_g 为正常数。

A3.2 关于模型中常量的假设条件:

(I) $\boldsymbol{W}_0$ 的对角元为零, 非对角元 $w_{0,it}$ 一致小于 $O\left(\frac{1}{l_N}\right)$, 并且 $\lim\limits_{N\to\infty}\frac{l_N}{N}=0$。对任意 $\rho\in\Theta$, $\boldsymbol{I}_N-\rho\boldsymbol{W}_0$ 非奇异, 其中, Θ 为凸紧集, ρ_0 为 Θ 的内点。

(II) $\boldsymbol{W}_0$ 和 $(\boldsymbol{I}_N-\rho\boldsymbol{W}_0)^{-1}$ 在 $\rho\in\Theta$ 上满足绝对行和与绝对列和一致有界。

A3.3 关于核函数的假设条件:

$\boldsymbol{k}(\cdot)$ 的支撑集为有界闭集, 且在其支撑集上为连续非负的偶函数。即存在常数 $m_{\boldsymbol{k}}>0$, 使得支撑集 $[-m_{\boldsymbol{k}},m_{\boldsymbol{k}}]\subset\mathbf{R}$, 当 $|v|\leqslant m_{\boldsymbol{k}}$ 时, $\boldsymbol{k}(v)\geqslant 0$; 令 $\mu_l=\int\boldsymbol{k}(v)v^l\mathrm{d}v$, $\nu_l=\int\boldsymbol{k}^2(v)v^l\mathrm{d}v$, 则对于任意的正奇数 l, $\mu_l=v_l=0$, 同时 $\mu_0=1$, $\mu_2\neq 0$。

A3.4 关于窗宽的假设条件: 在 $N\to\infty$, $T\to\infty$ 及 $h\to 0$ 时, $NTh\to\infty$。

A3.5 参数估计唯一性条件: 存在唯一的 $\boldsymbol{\theta}=\boldsymbol{\theta}_0$, 使得模型 (3.2) 成立。

A3.6 模型 (3.2) 中单指数部分可识别的条件: $\boldsymbol{\beta}_0$ 为 $\boldsymbol{\mathcal{B}}$ 的内点, 其中, $\boldsymbol{\mathcal{B}}\in\mathbf{R}^p$ 为凸紧集, 且 $\|\boldsymbol{\beta}_0\|=1$ 而且向量 $\boldsymbol{\beta}_0$ 的第一个分量为正, 其中, $\|\cdot\|$ 表示欧几里得范数。

A3.7 $\lim\limits_{N,T\to\infty}\frac{1}{NT}\begin{pmatrix}\boldsymbol{X}'\dot{\boldsymbol{G}}_\Delta(\boldsymbol{X}\boldsymbol{\beta}_0)\\ \boldsymbol{G}'(\boldsymbol{X}\boldsymbol{\beta}_0)\boldsymbol{B}_0'\end{pmatrix}\left(\frac{\boldsymbol{H}}{\sigma_{\varepsilon,0}^2+T\sigma_{b,0}^2}+\frac{\boldsymbol{I}_{NT}-\boldsymbol{H}}{\sigma_{\varepsilon,0}^2}\right)\times(\dot{\boldsymbol{G}}_\Delta(\boldsymbol{X}\boldsymbol{\beta}_0)\boldsymbol{X},\boldsymbol{B}_0\boldsymbol{G}(\boldsymbol{X}\boldsymbol{\beta}_0))$ 存在并且非奇异, 其中, $\dot{\boldsymbol{G}}_\Delta(\boldsymbol{X}\boldsymbol{\beta}_0)=\mathrm{diag}\{\dot{g}(\boldsymbol{x}_{11}\boldsymbol{\beta}_0),\cdots,\dot{g}(\boldsymbol{x}_{NT}\boldsymbol{\beta}_0)\}$, $\boldsymbol{B}_0=\boldsymbol{W}\boldsymbol{A}^{-1}(\rho_0)$。

A3.8 $\lim\limits_{N,T\to\infty}\frac{1}{N}\left\{\mathrm{tr}[(\boldsymbol{B}_0')^2]+\mathrm{tr}(\boldsymbol{B}_0\boldsymbol{B}_0')-\frac{2}{N(T-1)}[\mathrm{tr}((\boldsymbol{I}_{NT}-\boldsymbol{H})\boldsymbol{B}_0)]^2-\frac{2}{N}[\mathrm{tr}(\boldsymbol{H}\boldsymbol{B}_0)]^2\right\}>0$。

评论 A3.1 和 A3.2 描述了本书引入的模型及其空间权重矩阵的特征; A3.3 和 A3.4 给出了核函数和窗宽条件; A3.5 和 A3.6 为唯一性识别条件; A3.7, A3.8 是渐近正态性的条件。

3.2.3.2 *主要结论*

在给出估计量的大样本性质之前, 先列出几个有用的引理。

引理 3.1 在假设条件 A3.1—A3.4 下,

$$(NT)^{-1}\boldsymbol{Z}'(u,\boldsymbol{\beta})\boldsymbol{K}(u,\boldsymbol{\beta})\boldsymbol{Z}(u,\boldsymbol{\beta})\xrightarrow{P}F(u)\mathrm{diag}\{1,\mu_2\}$$

其中, $F(u)=\lim\limits_{T\to\infty}\frac{1}{T}\sum\limits_{t=1}^{T}f_t(u)$。

引理 3.2 在假设条件 A3.1—A3.4 下,

$$S(\boldsymbol{\beta})(\boldsymbol{U}\boldsymbol{b}+\boldsymbol{\varepsilon})=op(1)$$

同样假设条件下，可验证 $\boldsymbol{S}(\boldsymbol{\beta})\boldsymbol{B}(\boldsymbol{U}\boldsymbol{b}+\boldsymbol{\varepsilon})=op(1)$，并且 $(\boldsymbol{I}_{NT}-\boldsymbol{S}(\boldsymbol{\beta}))\boldsymbol{G}=op(1)$，$(\boldsymbol{I}_{NT}-\boldsymbol{S}(\boldsymbol{\beta}))\boldsymbol{B}\boldsymbol{G}=Op(c)$，其中，$c>0$ 为常数。

引理 3.3　设 $\boldsymbol{A}$ 为 $NT\times NT$ 对称矩阵，$A_{ij,st}$ 为其第 ij 行第 st 列元素，则二次型 $\boldsymbol{Q}=(\boldsymbol{U}\boldsymbol{b}+\boldsymbol{\varepsilon})'\boldsymbol{A}(\boldsymbol{U}\boldsymbol{b}+\boldsymbol{\varepsilon})$ 的期望和方差分别为

$$E(\boldsymbol{Q})=\sigma_b^2\mathrm{tr}(\tilde{\boldsymbol{A}})+\sigma_\varepsilon^2\mathrm{tr}(\boldsymbol{A})$$

$$\mathrm{Var}(\boldsymbol{Q})=(\xi_4-3\sigma_b^4)\sum_{i=1}^{N}\tilde{A}_{ii}^2+2\sigma_b^4[\mathrm{tr}(\tilde{\boldsymbol{A}})^2]+2\sigma_\varepsilon^4[\mathrm{tr}(\boldsymbol{A})^2]+(\eta_4-3\sigma_\varepsilon^4)\sum_{i=1}^{N}\sum_{j=1}^{T}A_{ij,ij}^2$$

$$+4\sigma_b^2\sigma_\varepsilon^2\left[\sum_{s=1}^{N}\sum_{t_1=1}^{T}\sum_{i=1}^{N}\sum_{j=1}^{T}\left(A_{ij,st_1}\sum_{t_2=1}^{T}A_{ij,st_2}\right)\right]$$

其中，$\tilde{\boldsymbol{A}}=\boldsymbol{U}'\boldsymbol{A}\boldsymbol{U}$，$\tilde{A}_{ij}$ 为其第 i 行第 j 列元素，$\xi_4=Eb_i^4$，$\eta_4=E\varepsilon_{ij}^4$。进一步可得

$$\frac{\boldsymbol{Q}-E(\boldsymbol{Q})}{\sqrt{\mathrm{Var}(\boldsymbol{Q})}}\xrightarrow{L}N(0,1)$$

在给出主要结论前，我们需要记

$$\Theta_0=\{\rho|\,\rho\in\Theta,\ \|\rho-\rho_0\|\leqslant c_1(NT)^{-1/2}\}$$

$$\mathcal{B}_0=\{\boldsymbol{\beta}|\,\boldsymbol{\beta}\in\mathcal{B},\ \|\boldsymbol{\beta}\|=1,\ \|\boldsymbol{\beta}-\boldsymbol{\beta}_0\|\leqslant c_2(NT)^{-1/2}\}$$

其中，c_1 和 c_2 为正常数，类似约束参见 Härdle 等 (1993)。

定理 3.1　在假设条件 A3.1—A3.6 下，$\hat{\rho}-\rho_0=op(1)$，$\hat{\boldsymbol{\beta}}-\boldsymbol{\beta}_0=op(1)$ 对 $u\in\boldsymbol{\mathcal{U}}$ 成立。

定理 3.2　在假设条件 A3.1—A3.6 下，$\hat{\sigma}_\varepsilon^2-\sigma_{\varepsilon,0}^2=op(1)$，$\hat{\sigma}_b^2-\sigma_{b,0}^2=op(1)$，对 $\rho\in\Theta_0$ 与 $\boldsymbol{\beta}\in\boldsymbol{\mathcal{B}}_0$，$u=\boldsymbol{\mathcal{U}}$ 成立。

定理 3.3　在假设条件 A3.1—A3.6 下，$\hat{g}(u)-g(u)=op(1)$，对 $\rho\in\Theta_0$，$\boldsymbol{\beta}\in\boldsymbol{\mathcal{B}}_0$ 及 $u\in\boldsymbol{\mathcal{U}}$ 成立。

定理 3.4　在假设条件 A3.1—A3.7 下或假设条件 A3.1—A3.6 和 A3.8 下，

$$\sqrt{NT}(\hat{\boldsymbol{\theta}}-\boldsymbol{\theta}_0)\xrightarrow{L}N(0,\boldsymbol{\Sigma}_{\boldsymbol{\theta}_0}^{-1})$$

对 $\rho\in\Theta_0$，$\boldsymbol{\beta}\in\boldsymbol{\mathcal{B}}_0$ 及 $u\in\boldsymbol{\mathcal{U}}$ 成立，其中，$\boldsymbol{\Sigma}_{\boldsymbol{\theta}_0}=-\lim\limits_{N,T\to\infty}E\left[\left(\dfrac{1}{NT}\dfrac{\partial^2\ln L(\boldsymbol{\theta})}{\partial\boldsymbol{\theta}\partial\boldsymbol{\theta}'}\right)\Big|_{\boldsymbol{\theta}=\boldsymbol{\theta}_0}\right]$。

定理 3.5　在假设条件 A3.1—A3.7 下，

$$\sqrt{NTh}(\hat{g}(u)-g(u)-\varphi(u))\xrightarrow{L}N(0,\gamma^2(u))$$

对 $\rho \in \Theta_0$，$\boldsymbol{\beta} \in \boldsymbol{\mathcal{B}}_0$ 及 $u \in \boldsymbol{\mathcal{U}}$ 成立，其中，$\gamma^2(u) = \nu_0(\sigma_{b,0}^2 + \sigma_{\varepsilon,0}^2)[F(u)]^{-1}$，$\varphi(u) = \frac{1}{2}h^2\mu_2\ddot{g}(u)$，进一步，在 $NTh^5 \to 0$ 时，

$$\sqrt{NTh}(\hat{g}(u) - g(u)) \xrightarrow{L} N(0, \gamma^2(u))$$

定理 3.1 和定理 3.2 分别给出了参数估计量 $\left(\hat{\boldsymbol{\beta}}', \hat{\rho}\right)'$ 和 $(\hat{\sigma}_\varepsilon^2, \hat{\sigma}_b^2)'$ 的一致性，定理 3.3 给出了非参数估计量 $\hat{g}(u)$ 的一致性，定理 3.4 给出了所有参数估计量的联合渐近正态分布，定理 3.5 给出了未知函数估计量的渐近正态分布。

3.2.4 蒙特卡罗模拟结果

估计量的小样本表现如何，对于实际应用非常重要。下面我们将利用蒙特卡罗数值模拟方法评估 3.2.3 节中构建的估计量小样本效果。对于模型中参数部分的估计，使用的评价标准为样本标准差 (Std.dev) 以及两种均方根误 RMSE1 和 RMSE2：

$$\text{RMSE1} = \left[\frac{1}{mcn}\sum_{i=1}^{mcn}(\hat{\theta}_i - \theta_0)^2\right]^{1/2}, \quad \text{RMSE2} = (\hat{\theta}_{0.5} - \theta_0)^2 + \frac{\hat{\theta}_{0.75} - \hat{\theta}_{0.25}}{1.35}$$

其中，mcn 为模拟次数，$\hat{\theta}_i$ 为每次模拟所得到的参数估计值，$i = 1, \cdots, mcn$，θ_0 为参数真实值，$\hat{\theta}_{0.25}, \hat{\theta}_{0.5}, \hat{\theta}_{0.75}$ 分别为参数估计的上四分位数、中位数和下四分位数；对于模型中的非参数部分估计，采用平均绝对误差作为评价标准，其计算公式为

$$\text{MADE}_j = Q^{-1}\sum_{q=1}^{Q}|\hat{g}_j(u_q) - g_j(u_q)|, \quad j = 1, \cdots, mcn$$

其中，$\{u_q\}_{q=1}^Q$ 为 u 的支撑集内所选取的 Q 个固定网格点。

由于难以选择最优窗宽 (Su，2012)，我们利用拇指准则在非参数估计时选择窗宽，这里使用的核函数为常用的 Epanechnikov 核函数。

3.2.4.1 数据生成过程

我们考虑采用以下数据生成过程，对于模型 (3.2)，通过代入已知参数数据生成样本，假设模拟样本时间长度 T 满足 $T = 2$ 和 $T = 4$。因此，对于数据生成过程，我们作如下具体设计。

(I) 令 $\boldsymbol{x}_{it}, i = 1, \cdots, N; t = 1, \cdots, T$ 为二维随机变量，其每个分量服从均匀分布 $U(-3, 3)$，$\boldsymbol{\beta}_0 = (\beta_{10}, \beta_{20})' = \left(\sqrt{1/3}, \sqrt{2/3}\right)' \approx (0.5774, 0.8165)'$，$g(u_{it}) = 2\mathrm{e}^{-u_{it}^2}$，$u_{it} = \boldsymbol{x}_{it}'\boldsymbol{\beta}_0$。随机误差项 $\boldsymbol{\varepsilon}$ 的各分量 $\varepsilon_{it} \sim$ i.i.d.$N(0, \sigma_{\varepsilon,0}^2)$，随机效应 $\boldsymbol{b}$ 的各分量 $b_i \sim$ i.i.d.$N(0, \sigma_{b,0}^2)$，其中，$\boldsymbol{\sigma}_0 = \left(\sigma_{\varepsilon,0}^2, \sigma_{b,0}^2\right)' = (0.5, 1)'$。

(II) 取 $\rho_0 = 0.5$，为了考察空间权重矩阵的影响，使用 Case (1991) 中一类权重矩阵，这里 $N = R \times M$, 分别取 $R = 20, 30, 40$ 和 $M = 2, 4$ 进行模拟得到结果。另

外，为了比较不同空间权重矩阵的影响，同时采用实际中常用的 Rook 权重矩阵，分别取 $N = 49, 64, 81, 100$ 进行模拟以对比最终结果。

3.2.4.2　数据模拟结果

利用 Matlab 进行 300 次模拟，记录每次模拟结果，计算各项评级指标，参数模拟结果见表 3.1。

表 3.1　参数模拟结果 (Case 权重矩阵)

T	R	参数	$M=2$				$M=4$			
			Mean	Std. dev	RMSE1	RMSE2	Mean	Std. dev	RMSE1	RMSE2
2	20	ρ	0.4956	0.0562	0.0562	0.0558	0.4935	0.0764	0.0765	0.0542
		β_1	0.5693	0.0666	0.0670	0.0559	0.5730	0.0392	0.0394	0.0372
		β_2	0.8179	0.0502	0.0502	0.0386	0.8182	0.0273	0.0273	0.0261
		σ_ε^2	0.5654	0.1360	0.1507	0.1436	0.5556	0.0908	0.1063	0.0973
		σ_b^2	0.8613	0.2857	0.3172	0.1818	0.9321	0.1999	0.2108	0.0764
	30	ρ	0.4957	0.0458	0.0459	0.0470	0.4937	0.0407	0.0411	0.0396
		β_1	0.5710	0.0437	0.0440	0.0426	0.5738	0.0292	0.0293	0.0275
		β_2	0.8192	0.0304	0.0305	0.0296	0.8182	0.0204	0.0204	0.0193
		σ_ε^2	0.5564	0.1190	0.1315	0.1366	0.5440	0.0680	0.0809	0.0736
		σ_b^2	0.9078	0.2452	0.2615	0.1402	0.9520	0.1694	0.1758	0.0318
	40	ρ	0.4998	0.0366	0.0366	0.0367	0.4959	0.0373	0.0375	0.0368
		β_1	0.5713	0.0365	0.0369	0.0337	0.5762	0.0245	0.0245	0.0244
		β_2	0.8196	0.0255	0.0256	0.0235	0.8167	0.0173	0.0173	0.0172
		σ_ε^2	0.5512	0.0936	0.1065	0.1015	0.5404	0.0605	0.0727	0.0612
		σ_b^2	0.9232	0.1889	0.2036	0.0785	0.9583	0.1355	0.1415	0.0022
4	20	ρ	0.4973	0.0380	0.0380	0.0391	0.4923	0.0359	0.0367	0.0343
		β_1	0.5739	0.0346	0.0347	0.0330	0.5733	0.0223	0.0226	0.0207
		β_2	0.8178	0.0237	0.0237	0.0231	0.8189	0.0156	0.0157	0.0144
		σ_ε^2	0.5561	0.0805	0.0981	0.0864	0.5376	0.0504	0.0629	0.0500
		σ_b^2	0.9106	0.2530	0.2680	0.2639	0.9574	0.1703	0.1752	0.1685
	30	ρ	0.4936	0.0291	0.0297	0.0307	0.4969	0.0282	0.0283	0.0301
		β_1	0.5737	0.0277	0.0279	0.0287	0.5747	0.0161	0.0163	0.0154
		β_2	0.8183	0.0193	0.0194	0.0202	0.8181	0.0113	0.0114	0.0108
		σ_ε^2	0.5462	0.0600	0.0756	0.0653	0.5247	0.0381	0.0453	0.0383
		σ_b^2	0.9305	0.2022	0.2135	0.2069	0.9710	0.1438	0.1465	0.1434
	40	ρ	0.4989	0.0275	0.0275	0.0256	0.5001	0.0254	0.0253	0.0257
		β_1	0.5727	0.0202	0.0207	0.0204	0.5750	0.0147	0.0149	0.0140
		β_2	0.8194	0.0141	0.0144	0.0143	0.8179	0.0104	0.0104	0.0098
		σ_ε^2	0.5374	0.0506	0.0628	0.0560	0.5258	0.0380	0.0459	0.0405
		σ_b^2	0.9536	0.1794	0.1850	0.1691	0.9697	0.1245	0.1279	0.1317

观察表 3.1，我们发现，参数 ρ, σ_ε^2, σ_b^2, β_1 和 β_2 的估计值与其真实值在各类情

况下均较为接近，说明各估计量在小样本下均有较好的表现，表明本书所提出的估计方法具有优良的实用性。

首先，在考虑样本时间长度固定 (T 相同) 时，我们能够发现以下几点。

第一，当空间复杂度固定时 (M 相同)，所有参数的估计值与其真实值的偏误随地区数 R 的增加而减小，主要表现为 RMSE1 或 RMSE2 随 R 的增加而减少，说明在空间复杂度相同的情况下，样本容量越大，参数估计的偏误越小，同时可以看到参数估计值的标准差随着地区数 R 的增加而减小，说明参数的估计值会随着样本容量的增大而收敛。

第二，在地区数固定时 (R 相同)，参数 ρ 的估计偏误没有因空间复杂度 M 的增加而减少，与参数 ρ 不同，$\sigma_\varepsilon^2, \sigma_b^2, \beta_1$ 和 β_2 在 M 为 4 时的估计偏误和标准差均小于 M 为 2 时的相应结果，说明在地区数 R 相同情况下，空间复杂度的增加会抵消由于样本容量增加所带来的参数 ρ 的估计偏误的减少。

第三，在样本截面单元数量固定时 (N 相同)，参数 ρ 的估计偏误会因空间复杂度的增加而增加，其他参数的估计偏误和标准差受空间复杂度的影响较小。为说明结论，考虑样本 $N=80$，即 $R=20$，$M=4$ 与 $R=40$，$M=2$ 的情形，我们发现当 $R=20$，$M=4$ 时，ρ 的估计偏误和标准差均比 $R=40$，$M=2$ 时大，而其他参数的估计偏误和标准差在两种情形下相近。

其次，当样本截面单元数量、空间复杂度、地区数均固定时 (N, M, R 均相同)，可以发现参数 $\rho, \beta_1, \beta_2, \sigma_\varepsilon^2, \sigma_b^2$ 的估计值与其真实值的偏误随时间长度 T 的增加而减小，表现为 RMSE1，RMSE2 随 T 的增加而减少。说明在样本截面单元数量、空间复杂度、地区数均固定时 (N, M, R 均相同)，样本容量越大，参数估计的偏误越小。同时可以看到，参数估计值的标准差也随着 T 的增加而减小，同样说明参数的估计值会随着样本容量的增大而收敛到参数的真值。

表 3.2 给出了未知函数 $g(\cdot)$ 在 20 个固定格点处估计的 MADE 值的中位数和标准差。对比模拟结果发现，未知函数的估计效果与空间复杂度 (M 的取值) 关系不大，主要受样本截面单元数量 ($N=R\times M$) 和样本时间长度 (T) 的影响，随着样本容量的增大，未知函数 $g(\cdot)$ 的 MADE 的中位数和标准差均趋于下降，说明未知函数的估计是收敛的。

表 3.2 未知函数 $g(\cdot)$ 估计的 MADE 值的中位数和标准差 (Case 权重矩阵)

T	统计量	$M=2$			$M=4$		
		$R=20$	$R=30$	$R=40$	$R=20$	$R=30$	$R=40$
2	Median	0.3238	0.2910	0.2678	0.2610	0.2349	0.2108
	Std. dev	0.0959	0.0593	0.0536	0.0478	0.0452	0.0393
4	Median	0.2607	0.2371	0.2122	0.2130	0.1804	0.1667
	Std. dev	0.0679	0.0544	0.0457	0.0483	0.0394	0.0324

图 3.1 分别展示样本容量满足 $N=300(R=100, M=3)$ 和 $N=500(R=100, M=5)$ 时，时间长度 $T=2$，$\rho_0=0.5$，$\boldsymbol{\beta}_0=\left(\sqrt{1/3},\sqrt{2/3}\right)'\approx(0.5774,0.8165)'$，$(\sigma^2_{\varepsilon,0},\sigma^2_{b,0})'=(0.5,1)'$ 情形下未知函数 $g(\cdot)$ 的估计效果。可以看出，样本容量的增加会改善未知函数的估计效果。

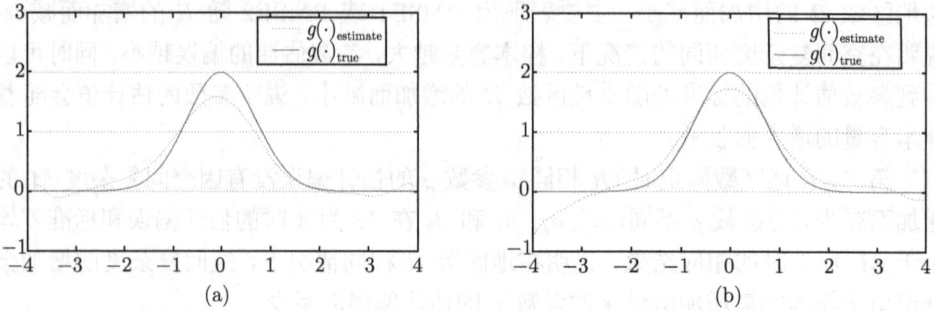

图 3.1　(a) 图和 (b) 图分别为 $N=300$ 和 500 下，$g(\cdot)$ 的估计效果 (Case 权重矩阵)

表 3.3　参数模拟结果 (Rook 权重矩阵)

N	参数	$T=2$				$T=4$			
		Mean	Std. dev	RMSE1	RMSE2	Mean	Std. dev	RMSE1	RMSE2
49	ρ	0.4577	0.1041	0.1122	0.1069	0.4820	0.0682	0.0705	0.0581
	β_1	0.5711	0.0541	0.0544	0.0542	0.5701	0.0297	0.0305	0.0277
	β_2	0.8181	0.0390	0.0389	0.0377	0.8208	0.0203	0.0207	0.0193
	σ^2_ε	0.5644	0.1193	0.1354	0.1140	0.5453	0.0654	0.0795	0.0670
	σ^2_b	0.9024	0.2419	0.2604	0.1345	0.9490	0.2280	0.2333	0.2400
64	ρ	0.4785	0.0920	0.0944	0.0958	0.4850	0.0581	0.0599	0.0572
	β_1	0.5706	0.0442	0.0447	0.0441	0.5764	0.0262	0.0262	0.0282
	β_2	0.8195	0.0309	0.0310	0.0308	0.8165	0.0185	0.0185	0.0199
	σ^2_ε	0.5585	0.0989	0.1147	0.1067	0.5434	0.0559	0.0707	0.0604
	σ^2_b	0.9219	0.2198	0.2329	0.0826	0.9385	0.1866	0.1962	0.1998
81	ρ	0.4751	0.0760	0.0799	0.0798	0.4902	0.0537	0.0545	0.0542
	β_1	0.5741	0.0355	0.0356	0.0356	0.5733	0.0202	0.0206	0.0206
	β_2	0.8177	0.0249	0.0249	0.0250	0.8190	0.0142	0.0144	0.0144
	σ^2_ε	0.5533	0.0862	0.1012	0.0859	0.5373	0.0497	0.0621	0.0511
	σ^2_b	0.9319	0.2001	0.2111	0.0726	0.9376	0.1741	0.1847	0.1638
100	ρ	0.4861	0.0663	0.0676	0.0701	0.4928	0.0415	0.0421	0.0384
	β_1	0.5716	0.0320	0.0325	0.0312	0.5743	0.0185	0.0187	0.0182
	β_2	0.8196	0.0223	0.0225	0.0218	0.8184	0.013	0.0131	0.0128
	σ^2_ε	0.5495	0.0774	0.0918	0.0818	0.5320	0.0436	0.0540	0.0444
	σ^2_b	0.9342	0.1779	0.1894	0.0425	0.9610	0.1529	0.1575	0.1637

基于 Rook 邻接矩阵作为空间权重矩阵的蒙特卡罗模拟的最终结果如表 3.3 所

示。观察表 3.3 可知，与权重矩阵为 Case 时类似，参数 $\rho, \sigma_\varepsilon^2, \sigma_b^2, \beta_1$ 和 β_2 的估计值与其真实值在各类情况下均较为接近，说明各估计量在小样本下均有较好的表现，表明本书所提出的估计方法具有优良的实用性。

同时我们发现，在样本时间长度固定 (T 相同) 时，参数的估计偏误随样本截面单元数量的增加而减小，而在样本截面单元数量固定 (N 相同) 时，参数的估计偏误随样本时间长度的增加而减小，即所有参数的估计值与其真实值的偏误随样本容量的增加而减小，主要表现为 RMSE1 或 RMSE2 随 N 的增加而减少，说明样本容量越大，参数估计的偏误越小；从表 3.3 中还可以看到，参数估计值的标准差随样本数的增加而减小，这说明参数的估计值会随着样本容量的增大而收敛。结合上述两结果知参数估计值会随着样本容量的增大而收敛到参数的真值。

表 3.4 给出了未知函数 $g(\cdot)$ 在 20 个固定格点处的估计值的 300 个 MADE 值的中位数和标准差。对比表 3.4 中的模拟结果，我们能够发现，随着样本容量的增大，未知函数 $g(\cdot)$ 估计的 MADE 值的中位数和标准差均趋于下降，说明未知函数的估计是收敛的。

表 3.4 未知函数 $g(\cdot)$ 估计的 MADE 值的中位数和标准差 (Rook 权重矩阵)

统计量	$T=2$				$T=4$			
	$N=49$	$N=64$	$N=81$	$N=100$	$N=49$	$N=64$	$N=81$	$N=100$
Median	0.3156	0.2935	0.2661	0.2495	0.2494	0.2362	0.2137	0.2029
Std.dev	0.0992	0.0718	0.0565	0.0543	0.0641	0.0560	0.0496	0.0424

图 3.2 展示了样本容量满足 $N=225$ 和 $N=400$，时间长度 $T=2$ 时，参数满足 ρ_0=0.5，$\boldsymbol{\beta}_0=\left(\sqrt{1/3},\sqrt{2/3}\right)'$，$(\sigma_{\varepsilon,0}^2,\sigma_{b,0}^2)'=(0.5,1)'$ 时，未知函数 $g(\cdot)$ 的估计效果。同样可知未知函数的估计效果会随样本容量的增加而改善。

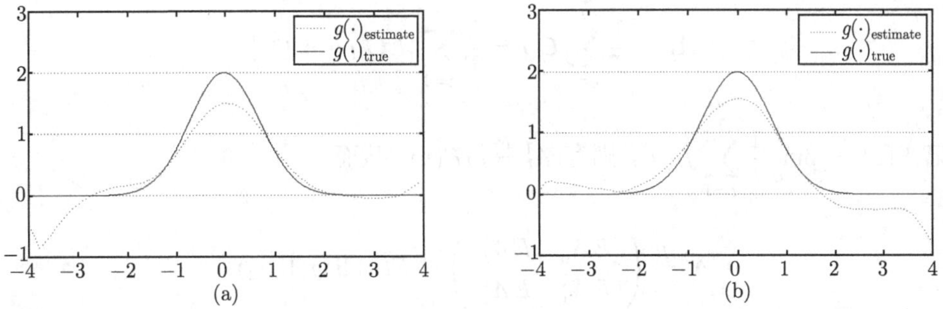

图 3.2 (a) 图和 (b) 图分别为 $N=225$ 和 400 下，$g(\cdot)$ 的估计效果 (Rook 权重矩阵)

3.3 引理和定理证明

引理 3.1　在假设条件 A3.1—A3.4 下，

$$(NT)^{-1}\boldsymbol{Z}'(u,\boldsymbol{\beta})\boldsymbol{K}(u,\boldsymbol{\beta})\boldsymbol{Z}(u,\boldsymbol{\beta})\xrightarrow{P}F(u)\mathrm{diag}\{1,\mu_2\}$$

其中，$F(u)=\lim\limits_{T\to\infty}\dfrac{1}{T}\sum\limits_{t=1}^{T}f_t(u)$。

证明　记

$$\boldsymbol{D}_{itl}\hat{=}\boldsymbol{k}_h(u_{it}-u)\left(\frac{u_{it}-u}{h}\right)^l,\quad \boldsymbol{C}_{tl}\hat{=}\frac{1}{N}\sum_{i=1}^{N}\boldsymbol{D}_{itl},\quad \boldsymbol{\Lambda}_l^1\hat{=}\frac{1}{NT}\sum_{i=1}^{N}\sum_{t=1}^{T}\boldsymbol{D}_{itl}$$

其中，$i=1,\cdots,N$,$t=1,\cdots,T$, $l=0,1,2$，则

$$N^{-1}\boldsymbol{Z}'(u,\boldsymbol{\beta})\boldsymbol{K}(u,\boldsymbol{\beta})\boldsymbol{Z}(u,\boldsymbol{\beta})=\begin{pmatrix}\boldsymbol{\Lambda}_0^1 & \boldsymbol{\Lambda}_1^1\\ \boldsymbol{\Lambda}_1^1 & \boldsymbol{\Lambda}_2^1\end{pmatrix}\hat{=}\boldsymbol{\Lambda}^1,\quad \boldsymbol{\Lambda}_1^l=\frac{1}{T}\sum_{t=1}^{T}\boldsymbol{C}_{jl}$$

在 t 固定时，由于 $\{u_{ij}\}_{i=1}^N$ 为 i.i.d. 随机序列，因此

$$E\boldsymbol{C}_{tl}=\frac{1}{N}\sum_{i=1}^{N}E\boldsymbol{D}_{itl}=\frac{1}{N}\sum_{i=1}^{N}E\left[\boldsymbol{k}_h(u_{it}-u)\left(\frac{u_{it}-u}{h}\right)^l\right]=f_t(u)\mu_l+O(h)$$

其中，$\mu_l=\displaystyle\int v^l k(v)\mathrm{d}v$。对固定的 t 和 l，显然，$\boldsymbol{D}_{itl}(i=1,\cdots,N)$ 独立同分布，参考 (Fan, Huang，2005) 的证明，利用 $\boldsymbol{C}_{tl}=\dfrac{1}{N}\sum\limits_{i=1}^{N}\boldsymbol{D}_{itl}$ 及辛钦大数定律可知 $\boldsymbol{C}_{tl}\xrightarrow{P}E\boldsymbol{C}_{tl}$，即 $\boldsymbol{C}_{tl}=E\boldsymbol{C}_{tl}+op(1)$，从而

$$\boldsymbol{\Lambda}_l^1=\frac{1}{T}\sum_{t=1}^{T}\boldsymbol{C}_{tl}=\frac{1}{T}\sum_{t=1}^{T}[E\boldsymbol{C}_{tl}+op(1)]$$

记 $F(u)=\lim\limits_{T\to\infty}\dfrac{1}{T}\sum\limits_{t=1}^{T}f_t(u)$，则有 $\boldsymbol{\Lambda}_l^1\xrightarrow{P}\mu_lF(u)$。从而

$$\boldsymbol{\Lambda}^1\xrightarrow{P}\begin{pmatrix}E\boldsymbol{\Lambda}_0^1 & E\boldsymbol{\Lambda}_1^1\\ E\boldsymbol{\Lambda}_1^1 & E\boldsymbol{\Lambda}_2^1\end{pmatrix}=F(u)\mathrm{diag}(1,\mu_2)$$

引理 3.1 得证。

引理 3.2　在假设条件 A3.1—A3.4 下，

$$S(\boldsymbol{\beta})(\boldsymbol{U}\boldsymbol{b}+\boldsymbol{\varepsilon})=op(1)$$

同样假设条件下，可验证 $\boldsymbol{S}(\boldsymbol{\beta})\boldsymbol{B}(\boldsymbol{U}\boldsymbol{b}+\boldsymbol{\varepsilon})=op(1)$，并且 $(\boldsymbol{I}_{NT}-\boldsymbol{S}(\boldsymbol{\beta}))\boldsymbol{G}=op(1)$，$(\boldsymbol{I}_{NT}-\boldsymbol{S}(\boldsymbol{\beta}))\boldsymbol{B}\boldsymbol{G}=Op(c)$，其中，$c>0$ 为常数。

证明 记

$$\boldsymbol{D}_{itl}\hat{=}k_h(u_{it}-u)\left(\frac{u_{it}-u}{h}\right)^l(b_i+\varepsilon_{it}),\quad \boldsymbol{C}_{tl}\hat{=}\frac{1}{N}\sum_{i=1}^{N}\boldsymbol{D}_{itl},\quad \boldsymbol{\Lambda}_l^2\hat{=}\frac{1}{NT}\sum_{i=1}^{N}\sum_{t=1}^{T}D_{itl}$$

其中，$i=1,\cdots,N$，$t=1,\cdots,T$，$l=0,1$，则

$$(NT)^{-1}\boldsymbol{Z}'(u,\boldsymbol{\beta})\boldsymbol{K}(u,\boldsymbol{\beta})(\boldsymbol{U}\boldsymbol{b}+\boldsymbol{\varepsilon})=\begin{pmatrix}\boldsymbol{\Lambda}_0^2\\ \boldsymbol{\Lambda}_1^2\end{pmatrix}\hat{=}\boldsymbol{\Lambda}^2,\quad \boldsymbol{\Lambda}_l^2=\frac{1}{T}\sum_{t=1}^{T}\boldsymbol{C}_{tl}$$

对固定的 t 和 l，显然 $\boldsymbol{D}_{itl}(i=1,\cdots,N)$ 独立同分布，因此

$$\mathrm{Var}(\boldsymbol{\Lambda}_l^2)=\frac{1}{(NT)^2}\sum_{i=1}^{N}\sum_{t=1}^{T}\left\{E\left[k_h^2(u_{it}-u)\left(\frac{u_{it}-u}{h}\right)^{2l}\right]E(b_i+\varepsilon_{it})^2\right\}=O\left(\frac{1}{NTh}\right)$$

因此，$\boldsymbol{\Lambda}_l^2=op(1)$，$l=0,1$，从而有

$$\boldsymbol{s}(u,\boldsymbol{\beta})(\boldsymbol{U}\boldsymbol{b}+\boldsymbol{\varepsilon})=\boldsymbol{e}_0'\boldsymbol{S}(u,\boldsymbol{\beta})(\boldsymbol{U}\boldsymbol{b}+\boldsymbol{\varepsilon})=\boldsymbol{e}_0'(\boldsymbol{\Lambda}^1)^{-1}\boldsymbol{\Lambda}^2=op(1)$$

其中，$\boldsymbol{\Lambda}^1$ 具体形式见引理 3.1。由 $\boldsymbol{S}(\boldsymbol{\beta})$ 的定义知 $\boldsymbol{S}(\boldsymbol{\beta})(\boldsymbol{U}\boldsymbol{b}+\boldsymbol{\varepsilon})=op(1)$，容易得到

$$(\boldsymbol{I}_{NT}-\boldsymbol{S}(\boldsymbol{\beta}))(\boldsymbol{U}\boldsymbol{b}+\boldsymbol{\varepsilon})=(\boldsymbol{U}\boldsymbol{b}+\boldsymbol{\varepsilon})(1+op(1))$$

类似于上面做法，同理可得

$$\boldsymbol{S}(\boldsymbol{\beta})\boldsymbol{B}(\boldsymbol{U}\boldsymbol{b}+\boldsymbol{\varepsilon})=op(1)$$
$$(\boldsymbol{I}_{NT}-\boldsymbol{S}(\boldsymbol{\beta}))\boldsymbol{G}=op(1)$$
$$(\boldsymbol{I}_{NT}-\boldsymbol{S}(\boldsymbol{\beta}))\boldsymbol{B}\boldsymbol{G}=Op(c)$$

其中，$c>0$ 为常数。

引理 3.2 得证。

引理 3.3 设 $\boldsymbol{A}$ 为 $NT\times NT$ 对称矩阵，$A_{ij,st}$ 为其第 ij 行第 st 列元素，则二次型 $\boldsymbol{Q}=(\boldsymbol{U}\boldsymbol{b}+\boldsymbol{\varepsilon})'\boldsymbol{A}(\boldsymbol{U}\boldsymbol{b}+\boldsymbol{\varepsilon})$ 的期望和方差分别为

$$E(\boldsymbol{Q})=\sigma_b^2\mathrm{tr}(\tilde{\boldsymbol{A}})+\sigma_\varepsilon^2\mathrm{tr}(\boldsymbol{A})$$

$$\mathrm{Var}(\boldsymbol{Q})=(\xi_4-3\sigma_b^4)\sum_{i=1}^{N}\tilde{A}_{ii}^2+2\sigma_b^4[\mathrm{tr}(\tilde{\boldsymbol{A}})^2]+2\sigma_\varepsilon^4[\mathrm{tr}(\boldsymbol{A})^2]+(\eta_4-3\sigma_\varepsilon^4)\sum_{i=1}^{N}\sum_{j=1}^{T}A_{ij,ij}^2$$

$$+4\sigma_b^2\sigma_\varepsilon^2\left[\sum_{s=1}^{N}\sum_{t_1=1}^{T}\sum_{i=1}^{N}\sum_{j=1}^{T}\left(A_{ij,st_1}\sum_{t_2=1}^{T}A_{ij,st_2}\right)\right]$$

其中，$\tilde{\boldsymbol{A}}=U'AU$，$\bar{A}_{ij}$ 为其第 i 行第 j 列元素，$\xi_4=Eb_i^4$，$\eta_4=E\varepsilon_{ij}^4$。进一步可得

$$(\boldsymbol{Q}-E(\boldsymbol{Q}))/\sqrt{\mathrm{Var}(\boldsymbol{Q})}\xrightarrow{L}N(0,1)$$

证明 已知 $\tilde{\boldsymbol{A}}=\boldsymbol{U}'\boldsymbol{A}\boldsymbol{U}$，则 $\tilde{\boldsymbol{A}}$ 满足绝对行和与列和一致有界，且 $m_{\tilde{\boldsymbol{A}}}=Tm_{\boldsymbol{A}}$。得 $\boldsymbol{Q}$ 的期望为

$$E\boldsymbol{Q}=E[(\boldsymbol{U}\boldsymbol{b}+\boldsymbol{\varepsilon})'\boldsymbol{A}(\boldsymbol{U}\boldsymbol{b}+\boldsymbol{\varepsilon})]=E(\boldsymbol{b}'\tilde{\boldsymbol{A}}\boldsymbol{b})+E(\boldsymbol{\varepsilon}'\boldsymbol{A}\boldsymbol{\varepsilon})=\sigma_b^2\mathrm{tr}(\tilde{\boldsymbol{A}})+\sigma_\varepsilon^2\mathrm{tr}(\boldsymbol{A})$$

容易看出，$\boldsymbol{Q}$ 的方差满足

$$\mathrm{Var}[(\boldsymbol{U}\boldsymbol{b}+\boldsymbol{\varepsilon})'\boldsymbol{A}(\boldsymbol{U}\boldsymbol{b}+\boldsymbol{\varepsilon})]=E[(\boldsymbol{U}\boldsymbol{b}+\boldsymbol{\varepsilon})'\boldsymbol{A}(\boldsymbol{U}\boldsymbol{b}+\boldsymbol{\varepsilon})]^2-\{E[(\boldsymbol{U}\boldsymbol{b}+\boldsymbol{\varepsilon})'\boldsymbol{A}(\boldsymbol{U}\boldsymbol{b}+\boldsymbol{\varepsilon})]\}^2$$

由于

$$\{E[(\boldsymbol{U}\boldsymbol{b}+\boldsymbol{\varepsilon})'\boldsymbol{A}(\boldsymbol{U}\boldsymbol{b}+\boldsymbol{\varepsilon})]\}^2=\sigma_b^4[\mathrm{tr}(\tilde{\boldsymbol{A}})]^2+\sigma_\varepsilon^4[\mathrm{tr}(\boldsymbol{A})]^2+2\sigma_b^2\sigma_\varepsilon^2[\mathrm{tr}(\tilde{\boldsymbol{A}})][\mathrm{tr}(\boldsymbol{A})]$$

故这里方差的求解主要是计算 $E[(\boldsymbol{U}\boldsymbol{b}+\boldsymbol{\varepsilon})'\boldsymbol{A}(\boldsymbol{U}\boldsymbol{b}+\boldsymbol{\varepsilon})]^2$，易知

$$[(\boldsymbol{U}\boldsymbol{b}+\boldsymbol{\varepsilon})'\boldsymbol{A}(\boldsymbol{U}\boldsymbol{b}+\boldsymbol{\varepsilon})]^2=[\boldsymbol{b}'\tilde{\boldsymbol{A}}\boldsymbol{b}+2\boldsymbol{\varepsilon}'\boldsymbol{A}\boldsymbol{U}\boldsymbol{b}+\boldsymbol{\varepsilon}'\boldsymbol{A}\boldsymbol{\varepsilon}][\boldsymbol{b}'\tilde{\boldsymbol{A}}\boldsymbol{b}+2\boldsymbol{\varepsilon}'\boldsymbol{A}\boldsymbol{U}\boldsymbol{b}+\boldsymbol{\varepsilon}'\boldsymbol{A}\boldsymbol{\varepsilon}]$$

由 $\boldsymbol{b}$ 和 $\boldsymbol{\varepsilon}$ 相互独立，则

$$E[(\boldsymbol{b}'\tilde{\boldsymbol{A}}\boldsymbol{b})(\boldsymbol{\varepsilon}'\boldsymbol{A}\boldsymbol{U}\boldsymbol{b})]=0,\quad E[(\boldsymbol{\varepsilon}'\boldsymbol{A}\boldsymbol{U}\boldsymbol{b})(\boldsymbol{\varepsilon}'\boldsymbol{A}\boldsymbol{\varepsilon})]=0$$

因此

$$\begin{aligned}&E[(\boldsymbol{U}\boldsymbol{b}+\boldsymbol{\varepsilon})'\boldsymbol{A}(\boldsymbol{U}\boldsymbol{b}+\boldsymbol{\varepsilon})]^2\\&=E(\boldsymbol{b}'\tilde{\boldsymbol{A}}\boldsymbol{b})^2+E(\boldsymbol{\varepsilon}'\boldsymbol{A}\boldsymbol{\varepsilon})^2+2E[(\boldsymbol{b}'\tilde{\boldsymbol{A}}\boldsymbol{b})(\boldsymbol{\varepsilon}'\boldsymbol{A}\boldsymbol{\varepsilon})]+4E(\boldsymbol{\varepsilon}'\boldsymbol{A}\boldsymbol{U}\boldsymbol{b})^2\end{aligned}$$

下面逐项计算上式中的每一项，不难验证，前三项的结果如下。

$$\begin{aligned}E(\boldsymbol{b}'\tilde{\boldsymbol{A}}\boldsymbol{b})^2&=\mathrm{Var}(\boldsymbol{b}'\tilde{\boldsymbol{A}}\boldsymbol{b})+[E(\boldsymbol{b}'\tilde{\boldsymbol{A}}\boldsymbol{b})]^2\\&=(\xi_4-3\sigma_b^4)\sum_{i=1}^{N}\tilde{A}_{ii}^2+2\sigma_b^4[\mathrm{tr}(\tilde{\boldsymbol{A}})^2]+\sigma_b^4(\mathrm{tr}(\tilde{\boldsymbol{A}}))^2\\E(\boldsymbol{\varepsilon}'\boldsymbol{A}\boldsymbol{\varepsilon})^2&=(\eta_4-3\sigma_\varepsilon^4)\sum_{i=1}^{N}\sum_{j=1}^{T}A_{ij,ij}^2+\sigma_\varepsilon^4[2\mathrm{tr}(\boldsymbol{A})^2+(\mathrm{tr}(\boldsymbol{A}))^2]\\E[(\boldsymbol{b}'\tilde{\boldsymbol{A}}\boldsymbol{b})(\boldsymbol{\varepsilon}'\boldsymbol{A}\boldsymbol{\varepsilon})]&=E(\boldsymbol{b}'\tilde{\boldsymbol{A}}\boldsymbol{b})E(\boldsymbol{\varepsilon}'\boldsymbol{A}\boldsymbol{\varepsilon})=\sigma_b^2\sigma_\varepsilon^2(\mathrm{tr}(\tilde{\boldsymbol{A}}))(\mathrm{tr}(\boldsymbol{A}))\end{aligned}$$

对第四项 $E(\boldsymbol{\varepsilon}'\boldsymbol{AUb})^2$，注意到

$$(\boldsymbol{\varepsilon}'\boldsymbol{AUb})^2 = \left[\sum_{s_1=1}^{N}\sum_{t_1=1}^{T}\sum_{i_1=1}^{N}\sum_{j_1=1}^{T}(\varepsilon_{i_1j_1}A_{i_1j_1,s_1t_1}b_{s_1})\right] \times \left[\sum_{s_2=1}^{N}\sum_{t_2=1}^{T}\sum_{i_2=1}^{N}\sum_{j_2=1}^{T}(\varepsilon_{i_2j_2}A_{i_2j_2,s_2t_2}b_{s_2})\right]$$

我们发现只有在 $i_1 = i_2$，$j_1 = j_2$，$s_1 = s_2$ 都成立时，该式才有不为零的期望值，于是

$$E(\boldsymbol{\varepsilon}'\boldsymbol{AUb})^2 = \sigma_b^2\sigma_\varepsilon^2\left[\sum_{s=1}^{N}\sum_{t_1=1}^{T}\sum_{i=1}^{N}\sum_{j=1}^{T}\left(A_{ij,st_1}\sum_{t_2=1}^{T}A_{ij,st_2}\right)\right]$$

将以上各式代回 $E[(\boldsymbol{Ub}+\boldsymbol{\varepsilon})'\boldsymbol{A}(\boldsymbol{Ub}+\boldsymbol{\varepsilon})]^2$，从而有

$$\begin{aligned}
&E[(\boldsymbol{Ub}+\boldsymbol{\varepsilon})'\boldsymbol{A}(\boldsymbol{Ub}+\boldsymbol{\varepsilon})]^2\\
=&(\xi_4-3\sigma_b^4)\sum_{i=1}^{N}\tilde{A}_{ii}^2+\sigma_b^4[(\mathrm{tr}(\tilde{\boldsymbol{A}}))^2+2\mathrm{tr}(\tilde{\boldsymbol{A}})^2]\\
&+4\sigma_b^2\sigma_\varepsilon^2\left[\sum_{s=1}^{N}\sum_{t_1=1}^{T}\sum_{i=1}^{N}\sum_{j=1}^{T}\left(A_{ij,st_1}\sum_{t_2=1}^{T}A_{ij,st_2}\right)\right]\\
&+2\sigma_b^2\sigma_\varepsilon^2(\mathrm{tr}(\tilde{\boldsymbol{A}}))(\mathrm{tr}(\boldsymbol{A}))+(\eta_4-3\sigma_\varepsilon^4)\sum_{i=1}^{N}\sum_{j=1}^{T}A_{ij,ij}^2+\sigma_\varepsilon^4[2\mathrm{tr}(\boldsymbol{A})^2+(\mathrm{tr}(\boldsymbol{A}))^2]
\end{aligned}$$

因此

$$\begin{aligned}
&\mathrm{Var}[(\boldsymbol{Ub}+\boldsymbol{\varepsilon})'\boldsymbol{A}(\boldsymbol{Ub}+\boldsymbol{\varepsilon})]\\
=&(\xi_4-3\sigma_b^4)\sum_{i=1}^{N}\tilde{A}_{ii}^2+2\sigma_b^4\mathrm{tr}(\tilde{\boldsymbol{A}}^2)+(\eta_4-3\sigma_\varepsilon^4)\sum_{i=1}^{N}\sum_{j=1}^{T}A_{ij,ij}^2\\
&+2\sigma_\varepsilon^4\mathrm{tr}(\boldsymbol{A}^2)+4\sigma_b^2\sigma_\varepsilon^2\left[\sum_{s=1}^{N}\sum_{t_1=1}^{T}\sum_{i=1}^{N}\sum_{j=1}^{T}\left(A_{ij,st_1}\sum_{t_2=1}^{T}A_{ij,st_2}\right)\right]
\end{aligned}$$

由于 $\boldsymbol{Q}=\boldsymbol{b}'\tilde{\boldsymbol{A}}\boldsymbol{b}+2\boldsymbol{\varepsilon}'\boldsymbol{AUb}+\boldsymbol{\varepsilon}'\boldsymbol{A\varepsilon}$ 不符合 Kelejian 和 Prucha (2001) 中定理 1 的情况，故而无法直接得到渐近正态分布。我们注意到 $\boldsymbol{\varepsilon}=\boldsymbol{B}_1\boldsymbol{\varepsilon}_1+\boldsymbol{B}_2\boldsymbol{\varepsilon}_2+\cdots+\boldsymbol{B}_T\boldsymbol{\varepsilon}_T$，$\boldsymbol{\varepsilon}_j=(\varepsilon_{1j},\varepsilon_{2j}\cdots,\varepsilon_{Nj})'$，$\boldsymbol{B}_j=(\boldsymbol{B}_{j1},\boldsymbol{B}_{j2},\cdots,\boldsymbol{B}_{jN})'$，其中，$\boldsymbol{B}_{ji}$ 代表第 j 行第 i 列元素为 1，其他元素全为零的 $T\times N$ 矩阵，则 $\boldsymbol{Ub}=\boldsymbol{B}_1\boldsymbol{b}+\boldsymbol{B}_2\boldsymbol{b}+\cdots+\boldsymbol{B}_T\boldsymbol{b}$，可得 $\boldsymbol{b}'\boldsymbol{U}'\boldsymbol{AUb}+\boldsymbol{\varepsilon}'\boldsymbol{A\varepsilon}$ 渐近服从正态分布。同时，我们有

$$\boldsymbol{\varepsilon}'\boldsymbol{AUb}+\boldsymbol{b}'\boldsymbol{U}'\boldsymbol{A\varepsilon}=\sum_{j=1}^{T}\sum_{k=1}^{T}(\boldsymbol{\varepsilon}_j'\boldsymbol{B}_j'\boldsymbol{AB}_k\boldsymbol{b}+\boldsymbol{b}'\boldsymbol{B}_k'\boldsymbol{AB}_j\boldsymbol{\varepsilon}_j)$$

$$
\begin{aligned}
&= \sum_{j=1}^{T}\sum_{k\neq j}^{T}(\boldsymbol{\varepsilon}_j'\boldsymbol{B}_j'\boldsymbol{A}\boldsymbol{B}_k\boldsymbol{b}+\boldsymbol{b}'\boldsymbol{B}_k'\boldsymbol{A}\boldsymbol{B}_j\boldsymbol{\varepsilon}_j)\\
&\quad+\sum_{j=1}^{T}(\boldsymbol{\varepsilon}_j'\boldsymbol{B}_j'\boldsymbol{A}\boldsymbol{B}_j\boldsymbol{b}+\boldsymbol{b}'\boldsymbol{B}_j'\boldsymbol{A}\boldsymbol{B}_j\boldsymbol{\varepsilon}_j)\\
&= \sum_{j=1}^{T}\sum_{k>j}^{T}[(\boldsymbol{\varepsilon}_j+\boldsymbol{b})'(\boldsymbol{B}_j'\boldsymbol{A}\boldsymbol{B}_k+\boldsymbol{B}_k'\boldsymbol{A}\boldsymbol{B}_j)(\boldsymbol{\varepsilon}_j+\boldsymbol{b})\\
&\quad-\boldsymbol{\varepsilon}_j'(\boldsymbol{B}_j'\boldsymbol{A}\boldsymbol{B}_k+\boldsymbol{B}_k'\boldsymbol{A}\boldsymbol{B}_j)\boldsymbol{\varepsilon}_j\\
&\quad-\boldsymbol{b}'(\boldsymbol{B}_j'\boldsymbol{A}\boldsymbol{B}_k+\boldsymbol{B}_k'\boldsymbol{A}\boldsymbol{B}_j)\boldsymbol{b}]\\
&\quad+\sum_{j=1}^{T}[(\boldsymbol{\varepsilon}_j+\boldsymbol{b})'\boldsymbol{B}_j'\boldsymbol{A}\boldsymbol{B}_j(\boldsymbol{\varepsilon}_j+\boldsymbol{b})-\boldsymbol{\varepsilon}_j'\boldsymbol{B}_j'\boldsymbol{A}\boldsymbol{B}_j\boldsymbol{\varepsilon}_j-\boldsymbol{b}'\boldsymbol{B}_j'\boldsymbol{A}\boldsymbol{B}_j\boldsymbol{b}]
\end{aligned}
$$

利用 Kelejian 和 Prucha (2001) 中定理 1 及 Sltusky 定理可知上式也渐近服从正态分布，因此

$$
\frac{\boldsymbol{Q}-E(\boldsymbol{Q})}{\sqrt{\mathrm{Var}(\boldsymbol{Q})}}\xrightarrow{L}N(0,1)
$$

引理 3.3 得证。

定理 3.1 的证明　由式 (3.16) 可知，$\hat{\boldsymbol{\lambda}}$ 是由对近似的集中对数似然函数关于 $\boldsymbol{\lambda}$ 求最大化所得，真正的集中对数似然函数为

$$
\ln L(\boldsymbol{\lambda})=\frac{-N(T-1)}{2}\ln\hat{\sigma}_{\varepsilon T}^2-\frac{N}{2}\ln(\hat{\sigma}_{\varepsilon T}^2+m\hat{\sigma}_{bT}^2)-\frac{NT}{2}+\ln|\boldsymbol{A}(\rho)|
$$

参考 White (1994，定理 3)，Lee (2004，定理 3.1) 中的证明以及假设 A3.5 及 A3.6 (Delecroix，2003)，故只需证明：

$$
(NT)^{-1}[\ln\tilde{L}(\boldsymbol{\lambda})-\ln L(\boldsymbol{\lambda})]=op(1)
$$

由上式可得

$$
\begin{aligned}
&\frac{1}{NT}[\ln\tilde{L}(\boldsymbol{\lambda})-\ln L(\boldsymbol{\lambda})]\\
=&\frac{T-1}{T}[\ln(\hat{\sigma}_{\varepsilon T}^2)-\ln(\hat{\sigma}_{\varepsilon IN}^2)]+\frac{1}{T}[\ln(\hat{\sigma}_{\varepsilon T}^2+T\hat{\sigma}_{bT}^2)-\ln(\hat{\sigma}_{\varepsilon IN}^2+T\hat{\sigma}_{bIN}^2)]
\end{aligned}
$$

则需证明 $\hat{\sigma}_{\varepsilon IN}^2-\hat{\sigma}_{\varepsilon T}^2=op(1)$，$\hat{\sigma}_{bIN}^2-\hat{\sigma}_{bT}^2=op(1)$ 即可。由于

$$
\begin{aligned}
\hat{\sigma}_{\varepsilon IN}^2&=\frac{1}{N(T-1)}[\boldsymbol{A}(\rho)\boldsymbol{Y}-\boldsymbol{S}(\boldsymbol{\beta})\boldsymbol{A}(\rho)\boldsymbol{Y}]'(\boldsymbol{I}_{NT}-\boldsymbol{H})[\boldsymbol{A}(\rho)\boldsymbol{Y}-\boldsymbol{S}(\boldsymbol{\beta})\boldsymbol{A}(\rho)\boldsymbol{Y}]\\
&=\frac{1}{N(T-1)}[\boldsymbol{A}(\rho)\boldsymbol{Y}-\boldsymbol{G}+\boldsymbol{G}+\hat{\boldsymbol{G}}_{IN}]'(\boldsymbol{I}_{NT}-\boldsymbol{H})[\boldsymbol{A}(\rho)\boldsymbol{Y}-\boldsymbol{G}+\boldsymbol{G}+\hat{\boldsymbol{G}}_{IN}]
\end{aligned}
$$

$$
\begin{aligned}
&=\frac{1}{N(T-1)}\{[\boldsymbol{A}(\rho)\boldsymbol{Y}-\boldsymbol{G}]'(\boldsymbol{I}_{NT}-\boldsymbol{H})[\boldsymbol{A}(\rho)\boldsymbol{Y}-\boldsymbol{G}]\\
&\quad+2[\boldsymbol{A}(\rho)\boldsymbol{Y}-\boldsymbol{G}]'(\boldsymbol{I}_{NT}-\boldsymbol{H})(\boldsymbol{G}-\hat{\boldsymbol{G}}_{IN})\\
&\quad+(\boldsymbol{G}-\hat{\boldsymbol{G}}_{IN})'(\boldsymbol{I}_{NT}-\boldsymbol{H})(\boldsymbol{G}-\hat{\boldsymbol{G}}_{IN})\}
\end{aligned}
$$

注意到

$$
\hat{\sigma}_{\varepsilon T}=\frac{1}{N(T-1)}[\boldsymbol{A}(\rho)\boldsymbol{Y}-\boldsymbol{G}]'(\boldsymbol{I}_{NT}-\boldsymbol{H})[\boldsymbol{A}(\rho)\boldsymbol{Y}-\boldsymbol{G}]
$$

因此若要证明 $\hat{\sigma}^2_{\varepsilon IN}-\hat{\sigma}^2_{\varepsilon T}=op(1)$，则只需证 $\hat{\sigma}^2_{\varepsilon IN}$ 的后两项依概率为零。

首先，考虑 $\frac{1}{N(T-1)}[\boldsymbol{A}(\rho)\boldsymbol{Y}-\boldsymbol{G}]'(\boldsymbol{I}_{NT}-\boldsymbol{H})(\boldsymbol{G}-\hat{\boldsymbol{G}}_{IN})$。由引理 3.2 可知

$$
\begin{aligned}
\boldsymbol{G}-\hat{\boldsymbol{G}}_{IN}&=\boldsymbol{G}-\boldsymbol{S}(\boldsymbol{\beta})\boldsymbol{A}(\rho)\boldsymbol{Y}=\boldsymbol{G}-\boldsymbol{S}(\boldsymbol{\beta})(\boldsymbol{G}+\boldsymbol{U}\boldsymbol{b}+\boldsymbol{\varepsilon})\\
&=(\boldsymbol{I}_{NT}-\boldsymbol{S}(\boldsymbol{\beta}))\boldsymbol{G}-\boldsymbol{S}(\boldsymbol{\beta})(\boldsymbol{U}\boldsymbol{b}+\boldsymbol{\varepsilon})=op(1)
\end{aligned}\tag{3.21}
$$

容易验证：

$$
\begin{aligned}
&[\boldsymbol{A}(\rho)\boldsymbol{Y}-\boldsymbol{G}]'(\boldsymbol{I}_{NT}-\boldsymbol{H})\\
&=(\boldsymbol{U}\boldsymbol{b}+\boldsymbol{\varepsilon})'(\boldsymbol{I}_{NT}-\boldsymbol{H})\\
&=\Bigg(\varepsilon_{11}-T^{-1}\sum_{t=1}^{T}\varepsilon_{1t},\cdots,\varepsilon_{1T}-T^{-1}\sum_{t=1}^{T}\varepsilon_{1t},\cdots,\varepsilon_{N1}\\
&\qquad-T^{-1}\sum_{t=1}^{T}\varepsilon_{Nt},\cdots,\varepsilon_{NT}-T^{-1}\sum_{t=1}^{T}\varepsilon_{Nt}\Bigg)'
\end{aligned}
$$

利用辛钦大数定律，则有

$$
\frac{1}{NT}\sum_{i=1}^{N}\sum_{t=1}^{T}\left|\varepsilon_{it}-T^{-1}\sum_{t=1}^{T}\varepsilon_{it}\right|\leqslant\frac{2}{NT}\sum_{i=1}^{N}\sum_{t=1}^{T}|\varepsilon_{it}|\leqslant 2\left(\frac{1}{NT}\sum_{i=1}^{N}\sum_{t=1}^{T}\varepsilon_{it}^2\right)^{1/2}\xrightarrow{P}\sigma_\varepsilon
$$

从而

$$
\frac{1}{N(T-1)}[\boldsymbol{A}(\rho)\boldsymbol{Y}-\boldsymbol{G}]'(\boldsymbol{I}_{NT}-\boldsymbol{H})(\boldsymbol{G}-\hat{\boldsymbol{G}}_{IN})=op(1)\tag{3.22}
$$

然后，考虑 $\frac{1}{N(T-1)}(\boldsymbol{G}-\hat{\boldsymbol{G}}_{IN})'(\boldsymbol{I}_{NT}-\boldsymbol{H})(\boldsymbol{G}-\hat{\boldsymbol{G}}_{IN})$。因为 $\boldsymbol{G}-\hat{\boldsymbol{G}}_{IN}=op(1)$，记 $\tilde{\boldsymbol{G}}\doteq\boldsymbol{G}-\hat{\boldsymbol{G}}_{IN}=(\tilde{g}_{11},\cdots,\tilde{g}_{1T},\cdots,\tilde{g}_{N1},\cdots,\tilde{g}_{NT})'$，则 $\tilde{g}_{it}=op(1)$，$i=1,\cdots,N$，$t=1,\cdots,T$，于是有

$$
\frac{1}{N(T-1)}(\boldsymbol{G}-\hat{\boldsymbol{G}}_{IN})'(\boldsymbol{I}_{NT}-\boldsymbol{H})(\boldsymbol{G}-\hat{\boldsymbol{G}}_{IN})
$$

$$\leqslant \frac{1}{N(T-1)}(\boldsymbol{G}-\hat{\boldsymbol{G}}_{IN})'(\boldsymbol{G}-\hat{\boldsymbol{G}}_{IN}) = op(1) \tag{3.23}$$

综合式 (3.22) 和式 (3.23)，易得

$$\hat{\sigma}^2_{\varepsilon IN} - \hat{\sigma}^2_{\varepsilon T} = op(1) \tag{3.24}$$

注意到:

$$\hat{\sigma}^2_{bIN} = \frac{1}{NT}[\boldsymbol{A}(\rho)\boldsymbol{Y}-\hat{\boldsymbol{G}}_{IN}]'\boldsymbol{H}[\boldsymbol{A}(\rho)\boldsymbol{Y}-\hat{\boldsymbol{G}}_{IN}] - \frac{1}{T}\hat{\sigma}^2_{\varepsilon IN}$$
$$\hat{\sigma}^2_{bT} = \frac{1}{NT}[\boldsymbol{A}(\rho)\boldsymbol{Y}-\boldsymbol{G}]'\boldsymbol{H}[\boldsymbol{A}(\rho)\boldsymbol{Y}-\boldsymbol{G}] - \frac{1}{T}\hat{\sigma}^2_{\varepsilon T}$$

参考上面的证明，可以得到

$$\hat{\sigma}^2_{bIN} - \hat{\sigma}^2_{bT} = op(1) \tag{3.25}$$

利用 $\ln(\cdot)$ 的连续性，因此

$$\frac{1}{NT}[\ln \tilde{L}(\boldsymbol{\lambda}) - \ln L(\boldsymbol{\lambda})] = op(1)$$

即证明了 $\hat{\boldsymbol{\lambda}}$ 的一致性，定理 3.1 得证。

定理 3.2 的证明 由定理 3.1 的证明，可知 $\hat{\sigma}^2_{\varepsilon IN} - \hat{\sigma}^2_{\varepsilon T} = op(1)$，$\hat{\sigma}^2_{bIN} - \hat{\sigma}^2_{bT} = op(1)$，故若要证明 $\hat{\sigma}^2_{\varepsilon} - \sigma^2_{\varepsilon,0} = op(1)$ 和 $\hat{\sigma}^2_{b} - \sigma^2_{b,0} = op(1)$，则只需证明

$$\hat{\sigma}^2_{\varepsilon} - \hat{\sigma}^2_{\varepsilon IN} = op(1), \quad \hat{\sigma}^2_{b} - \hat{\sigma}^2_{bIN} = op(1)$$

及

$$\hat{\sigma}^2_{\varepsilon T} - \sigma^2_{\varepsilon,0} = op(1), \quad \hat{\sigma}^2_{bT} - \sigma^2_{b,0} = op(1)$$

首先证明 $\hat{\sigma}^2_{\varepsilon T} - \sigma^2_{\varepsilon,0} = op(1)$，$\hat{\sigma}^2_{bT} - \sigma^2_{b,0} = op(1)$。容易验证：

$$\begin{aligned}
\hat{\sigma}^2_{\varepsilon T} &= \frac{1}{N(T-1)}[\boldsymbol{A}(\rho)\boldsymbol{Y}-\boldsymbol{G}]'(\boldsymbol{I}_{NT}-\boldsymbol{H})[\boldsymbol{A}(\rho)\boldsymbol{Y}-\boldsymbol{G}] \\
&= \frac{1}{N(T-1)}[\boldsymbol{A}(\rho_0)\boldsymbol{Y}-\boldsymbol{G}(\boldsymbol{X}\boldsymbol{\beta}_0)]'(\boldsymbol{I}_{NT}-\boldsymbol{H})[\boldsymbol{A}(\rho_0)\boldsymbol{Y}-\boldsymbol{G}(\boldsymbol{X}\boldsymbol{\beta}_0)] + op\left(\frac{1}{\sqrt{N}}\right) \\
&= \frac{1}{N(T-1)}(\boldsymbol{U}\boldsymbol{b}+\boldsymbol{\varepsilon})'(\boldsymbol{I}_{NT}-\boldsymbol{H})(\boldsymbol{U}\boldsymbol{b}+\boldsymbol{\varepsilon}) + op\left(\frac{1}{\sqrt{N}}\right) \\
&= \frac{1}{T-1}\sum_{t=1}^{T}\left(\frac{1}{N}\sum_{i=1}^{N}\varepsilon_{it}^2\right) - \frac{1}{T(T-1)}\left[\frac{1}{N}\sum_{i=1}^{N}\left(\sum_{t=1}^{T}\varepsilon_{it}\right)^2\right] + op\left(\frac{1}{\sqrt{N}}\right)
\end{aligned}$$

注意到 $\boldsymbol{\lambda} = \boldsymbol{\lambda}_0$ 对应的个体效应 $\boldsymbol{b}$ 和随机误差 $\boldsymbol{\varepsilon}$ 的方差为真实值，由辛钦大数定律可得 $\frac{1}{N}\sum_{i=1}^{N}\varepsilon_{it}^2 \xrightarrow{P} \sigma^2_{\varepsilon,0}$，注意到 $\hat{\sigma}^2_{\varepsilon T}$ 第二项中存在相关项，故而可以先交换求和

次序再利用辛钦大数定律，即有

$$\begin{aligned}&\frac{1}{NT}\sum_{i=1}^{N}\left(\sum_{t=1}^{T}\varepsilon_{it}\right)^2\\&=\frac{1}{NT}\sum_{i=1}^{N}\sum_{t=1}^{T}\varepsilon_{it}^2+\frac{1}{NT}\sum_{i=1}^{N}\sum_{j\neq k}^{T}\varepsilon_{ij}\varepsilon_{ik}\xrightarrow{P}E(\varepsilon_{it}^2)+\frac{2}{T}\sum_{j>k}^{T}E(\varepsilon_{ij}\varepsilon_{ik})=\sigma_{\varepsilon,0}^2\end{aligned}$$

因此，$\hat{\sigma}_{\varepsilon T}^2-\sigma_{\varepsilon,0}^2=op(1)$。同理可得 $\hat{\sigma}_{bT}^2-\sigma_{b,0}^2=op(1)$。

下面证明 $\hat{\sigma}_{\varepsilon}^2-\hat{\sigma}_{\varepsilon IN}^2=op(1),\hat{\sigma}_b^2-\hat{\sigma}_{bIN}^2=op(1)$。我们分两步完成。对 $\hat{\sigma}_{\varepsilon}^2-\hat{\sigma}_{\varepsilon IN}^2=op(1)$，由定理 3.1 可知 $\hat{\boldsymbol{\beta}}-\boldsymbol{\beta}=op(1)$，由 $u_{it}=x_{it}'\boldsymbol{\beta}$ 关于 $\boldsymbol{\beta}$ 的连续性，对给定 $\boldsymbol{\beta}$，则

$$\boldsymbol{S}(\hat{\boldsymbol{\beta}})=\boldsymbol{S}(\boldsymbol{\beta})(1+op(1)),\quad \boldsymbol{I}_{NT}-\boldsymbol{S}(\hat{\boldsymbol{\beta}})=[\boldsymbol{I}_{NT}-\boldsymbol{S}(\boldsymbol{\beta})](1+op(1))$$

从而有

$$\begin{aligned}\hat{\sigma}_{\varepsilon}^2&=\frac{1}{N(T-1)}[\boldsymbol{A}(\hat{\rho})\boldsymbol{Y}-\boldsymbol{S}(\hat{\boldsymbol{\beta}})\boldsymbol{A}(\hat{\rho})\boldsymbol{Y}]'(\boldsymbol{I}_{NT}-\boldsymbol{H})[\boldsymbol{A}(\hat{\rho})\boldsymbol{Y}-\boldsymbol{S}(\hat{\boldsymbol{\beta}})\boldsymbol{A}(\hat{\rho})\boldsymbol{Y}]\\&=\frac{1}{N(T-1)}(1+op(1))^2[(\boldsymbol{I}_{NT}-\boldsymbol{S}(\boldsymbol{\beta}))\boldsymbol{A}(\hat{\rho})\boldsymbol{Y}]'(\boldsymbol{I}_{NT}-\boldsymbol{H})[(\boldsymbol{I}_{NT}-\boldsymbol{S}(\boldsymbol{\beta}))\boldsymbol{A}(\hat{\rho})\boldsymbol{Y}]'\\&=\frac{1}{N(T-1)}(1+op(1))^2[(\boldsymbol{I}_{NT}-\boldsymbol{S}(\boldsymbol{\beta}))(\boldsymbol{A}(\rho)+\boldsymbol{A}(\hat{\rho})-\boldsymbol{A}(\rho))\boldsymbol{Y}]'\\&\quad\times(\boldsymbol{I}_{NT}-\boldsymbol{H})[(\boldsymbol{I}_{NT}-\boldsymbol{S}(\boldsymbol{\beta}))(\boldsymbol{A}(\rho)+\boldsymbol{A}(\hat{\rho})-\boldsymbol{A}(\rho))\boldsymbol{Y}]'\end{aligned}$$

注意到

$$\begin{aligned}&\frac{1}{N(T-1)}[(\boldsymbol{I}_{NT}-\boldsymbol{S}(\boldsymbol{\beta}))(\boldsymbol{A}(\rho)+\boldsymbol{A}(\hat{\rho})-\boldsymbol{A}(\rho))\boldsymbol{Y}]'(\boldsymbol{I}_{NT}-\boldsymbol{H})[(\boldsymbol{I}_{NT}-\boldsymbol{S}(\boldsymbol{\beta}))(\boldsymbol{A}(\rho)\\&\quad+\boldsymbol{A}(\hat{\rho})-\boldsymbol{A}(\rho))\boldsymbol{Y}]'\\&=\hat{\sigma}_{\varepsilon IN}^2+\frac{2}{N(T-1)}\{(\boldsymbol{I}_{NT}-\boldsymbol{S}(\boldsymbol{\beta}))[\boldsymbol{A}(\hat{\rho})-\boldsymbol{A}(\rho)]\boldsymbol{Y}\}'(\boldsymbol{I}_{NT}-\boldsymbol{H})\\&\quad\cdot[(\boldsymbol{I}_{NT}-\boldsymbol{S}(\boldsymbol{\beta}))\boldsymbol{A}(\rho)\boldsymbol{Y}]\\&\quad+\frac{1}{N(T-1)}\{(\boldsymbol{I}_{NT}-\boldsymbol{S}(\boldsymbol{\beta}))[\boldsymbol{A}(\hat{\rho})-\boldsymbol{A}(\rho)]\boldsymbol{Y}\}'(\boldsymbol{I}_{NT}-\boldsymbol{H})\\&\quad\cdot\{(\boldsymbol{I}_{NT}-\boldsymbol{S}(\boldsymbol{\beta}))[\boldsymbol{A}(\hat{\rho})-\boldsymbol{A}(\rho)]\boldsymbol{Y}\}\end{aligned}\tag{3.26}$$

故只需证明式 (3.26) 中后面两项依概率为零，记 $\boldsymbol{B}\hat{=}\boldsymbol{W}(\boldsymbol{I}_{NT}-\rho\boldsymbol{W})^{-1}$，记 $\boldsymbol{B}_0\hat{=}\boldsymbol{W}(\boldsymbol{I}_{NT}-\rho_0\boldsymbol{W})^{-1}$。由 $\boldsymbol{A}(\hat{\rho})-\boldsymbol{A}(\rho)=(\rho-\hat{\rho})\boldsymbol{W}$，我们有

$$\begin{aligned}&\{(\boldsymbol{I}_{NT}-\boldsymbol{S}(\boldsymbol{\beta}))[\boldsymbol{A}(\hat{\rho})-\boldsymbol{A}(\rho)]\boldsymbol{Y}\}'(\boldsymbol{I}_{NT}-\boldsymbol{H})[(\boldsymbol{I}_{NT}-\boldsymbol{S}(\boldsymbol{\beta}))\boldsymbol{A}(\rho)\boldsymbol{Y}]\\&=(\rho-\hat{\rho})[(\boldsymbol{I}_{NT}-\boldsymbol{S}(\boldsymbol{\beta}))\boldsymbol{W}\boldsymbol{Y}]'(\boldsymbol{I}_{NT}-\boldsymbol{H})[(\boldsymbol{I}_{NT}-\boldsymbol{S}(\boldsymbol{\beta}))\boldsymbol{A}(\rho)\boldsymbol{Y}]\end{aligned}$$

$$=(\rho-\hat{\rho})[(\boldsymbol{I}_{NT}-\boldsymbol{S}(\boldsymbol{\beta}))\boldsymbol{B}(\boldsymbol{G}+\boldsymbol{U}\boldsymbol{b}+\boldsymbol{\varepsilon})]'(\boldsymbol{I}_{NT}-\boldsymbol{H})[(\boldsymbol{I}_{NT}-\boldsymbol{S}(\boldsymbol{\beta}))(\boldsymbol{G}+\boldsymbol{U}\boldsymbol{b}+\boldsymbol{\varepsilon})]$$
$$\begin{aligned}&=(\rho-\hat{\rho})\{[(\boldsymbol{I}_{NT}-\boldsymbol{S}(\boldsymbol{\beta}))\boldsymbol{B}\boldsymbol{G}]'(\boldsymbol{I}_{NT}-\boldsymbol{H})(\boldsymbol{I}_{NT}-\boldsymbol{S}(\boldsymbol{\beta}))\boldsymbol{G}\\&\quad+[(\boldsymbol{I}_{NT}-\boldsymbol{S}(\boldsymbol{\beta}))\boldsymbol{B}\boldsymbol{G}]'(\boldsymbol{I}_{NT}-\boldsymbol{H})(\boldsymbol{I}_{NT}-\boldsymbol{S}(\boldsymbol{\beta}))(\boldsymbol{U}\boldsymbol{b}+\boldsymbol{\varepsilon})\\&\quad+[(\boldsymbol{I}_{NT}-\boldsymbol{S}(\boldsymbol{\beta}))\boldsymbol{B}(\boldsymbol{U}\boldsymbol{b}+\boldsymbol{\varepsilon})]'(\boldsymbol{I}_{NT}-\boldsymbol{H})(\boldsymbol{I}_{NT}-\boldsymbol{S}(\boldsymbol{\beta}))\boldsymbol{G}\\&\quad+[(\boldsymbol{I}_{NT}-\boldsymbol{S}(\boldsymbol{\beta}))\boldsymbol{B}(\boldsymbol{U}\boldsymbol{b}+\boldsymbol{\varepsilon})]'(\boldsymbol{I}_{NT}-\boldsymbol{H})(\boldsymbol{I}_{NT}-\boldsymbol{S}(\boldsymbol{\beta}))(\boldsymbol{U}\boldsymbol{b}+\boldsymbol{\varepsilon})\}\end{aligned}$$

由引理 3.2 可知

$$(\boldsymbol{I}_{NT}-\boldsymbol{S}(\boldsymbol{\beta}))\boldsymbol{B}\boldsymbol{G}=Op(c),\quad(\boldsymbol{I}_{NT}-\boldsymbol{S}(\boldsymbol{\beta}))\boldsymbol{G}=op(1)$$

再由定理 3.1 知 $\rho-\hat{\rho}=\rho-\rho_0+\rho_0-\hat{\rho}=op(1)$，因此

$$\frac{2}{N(T-1)}(\rho-\hat{\rho})[(\boldsymbol{I}-\boldsymbol{S}(\boldsymbol{\beta}))\boldsymbol{B}\boldsymbol{G}]'(\boldsymbol{I}-\boldsymbol{H})(\boldsymbol{I}-\boldsymbol{S}(\boldsymbol{\beta}))\boldsymbol{G}=op(1)\tag{3.27}$$

利用引理 3.2 易知：$(\boldsymbol{I}_{NT}-\boldsymbol{S}(\boldsymbol{\beta}))(\boldsymbol{U}\boldsymbol{b}+\boldsymbol{\varepsilon})=(\boldsymbol{U}\boldsymbol{b}+\boldsymbol{\varepsilon})(1+op(1))$，再由定理 3.1，即有

$$\frac{2}{N(T-1)}(\rho-\hat{\rho})[(\boldsymbol{I}_{NT}-\boldsymbol{S}(\boldsymbol{\beta}))\boldsymbol{B}\boldsymbol{G}]'(\boldsymbol{I}_{NT}-\boldsymbol{H})(\boldsymbol{I}_{NT}-\boldsymbol{S}(\boldsymbol{\beta}))(\boldsymbol{U}\boldsymbol{b}+\boldsymbol{\varepsilon})=op(1)\tag{3.28}$$

再利用引理 3.2，容易验证：

$$(\boldsymbol{I}_{NT}-\boldsymbol{S}(\boldsymbol{\beta}))\boldsymbol{B}(\boldsymbol{U}\boldsymbol{b}+\boldsymbol{\varepsilon})=\boldsymbol{B}(\boldsymbol{U}\boldsymbol{b}+\boldsymbol{\varepsilon})(1+op(1)),\quad(\boldsymbol{I}_{NT}-\boldsymbol{S}(\boldsymbol{\beta}))\boldsymbol{G}=op(1)$$

由 $\boldsymbol{B}=\boldsymbol{W}(\boldsymbol{I}_{NT}-\rho\boldsymbol{W})^{-1}=[\boldsymbol{W}_0(\boldsymbol{I}_N-\rho\boldsymbol{W}_0)^{-1}]\otimes\boldsymbol{I}_T$，记 $\tilde{\boldsymbol{B}}\hat{=}\boldsymbol{B}'(\boldsymbol{I}_{NT}-\boldsymbol{H})$，容易验证：矩阵 $\boldsymbol{B}$ 绝对行和与列和一致有界，则矩阵 $\tilde{\boldsymbol{B}}$ 也满足绝对行和与列和一致有界，记 $B_{ij,st}$ 为矩阵 $\boldsymbol{B}$ 的第 ij 行第 st 列的元素。利用引理 3.2 及定理 3.1，因此

$$\begin{aligned}&\left|(\rho-\hat{\rho})[(\boldsymbol{I}_{NT}-\boldsymbol{S}(\boldsymbol{\beta}))\boldsymbol{B}(\boldsymbol{U}\boldsymbol{b}+\boldsymbol{\varepsilon})]'(\boldsymbol{I}_{NT}-\boldsymbol{H})(\boldsymbol{I}_{NT}-\boldsymbol{S}(\boldsymbol{\beta}))\boldsymbol{G}\right|\\&\leqslant(1+op(1))op(1)\left|(\rho-\hat{\rho})\right|\sum_{i=1}^{N}\sum_{j=1}^{T}\left|\sum_{s=1}^{N}\sum_{t=1}^{T}\tilde{B}_{ij,st}(b_s+\varepsilon_{st})\right|\\&\leqslant(1+op(1))op(1)\left|(\rho-\hat{\rho})\right|\sum_{s=1}^{N}\sum_{t=1}^{T}\sum_{i=1}^{N}\sum_{j=1}^{T}[|\tilde{B}_{ij,st}||b_s+\varepsilon_{st}|]\\&\leqslant(1+op(1))op(1)\left|(\rho-\hat{\rho})\right|m_{\tilde{\boldsymbol{B}}}\sum_{s=1}^{N}\sum_{t=1}^{T}|b_s+\varepsilon_{st}|\end{aligned}$$

注意到

$$\frac{1}{N(T-1)}\sum_{s=1}^{N}\sum_{t=1}^{T}|b_s+\varepsilon_{st}|$$

$$\leqslant \frac{T}{N(T-1)}\sum_{s=1}^{N}|b_s|+\frac{1}{N(T-1)}\sum_{s=1}^{N}\sum_{t=1}^{T}|\varepsilon_{st}|$$

$$\leqslant \frac{T}{T-1}\left(\frac{1}{N}\sum_{s=1}^{N}b_s^2\right)^{1/2}+\frac{1}{T-1}\sum_{t=1}^{T}\left(\frac{1}{N}\sum_{s=1}^{N}\varepsilon_{st}^2\right)^{1/2}\xrightarrow{P}\sigma_b^+\sigma_\varepsilon$$

则有

$$\frac{2}{N(T-1)}\left|(\rho-\hat{\rho})[(\boldsymbol{I}_{NT}-\boldsymbol{S}(\boldsymbol{\beta}))\boldsymbol{B}(\boldsymbol{Ub}+\boldsymbol{\varepsilon})]'(\boldsymbol{I}_{NT}-\boldsymbol{H})(\boldsymbol{I}_{NT}-\boldsymbol{S}(\boldsymbol{\beta}))\boldsymbol{G}\right|=op(1)$$

因而

$$\frac{2}{N(T-1)}(\rho-\hat{\rho})[(\boldsymbol{I}_{NT}-\boldsymbol{S}(\boldsymbol{\beta}))\boldsymbol{B}(\boldsymbol{Ub}+\boldsymbol{\varepsilon})]'(\boldsymbol{I}_{NT}-\boldsymbol{H})(\boldsymbol{I}_{NT}-\boldsymbol{S}(\boldsymbol{\beta}))\boldsymbol{G}=op(1)\quad(3.29)$$

再利用引理 3.2，可得

$$\frac{2}{N(T-1)}(\rho-\hat{\rho})[(\boldsymbol{I}_{NT}-\boldsymbol{S}(\boldsymbol{\beta}))\boldsymbol{B}(\boldsymbol{Ub}+\boldsymbol{\varepsilon})]'(\boldsymbol{I}_{NT}-\boldsymbol{H})(\boldsymbol{I}_{NT}-\boldsymbol{S}(\boldsymbol{\beta}))(\boldsymbol{Ub}+\boldsymbol{\varepsilon})$$

$$=\frac{2}{N(T-1)}(\rho-\hat{\rho})(1+op(1))^2(\boldsymbol{Ub}+\boldsymbol{\varepsilon})'\boldsymbol{B}'(\boldsymbol{I}_{NT}-\boldsymbol{H})(\boldsymbol{Ub}+\boldsymbol{\varepsilon})$$

记 $\boldsymbol{M}\hat{=}\tilde{\boldsymbol{B}}'+\tilde{\boldsymbol{B}}$，由 $\tilde{\boldsymbol{B}}=\boldsymbol{B}'(\boldsymbol{I}_{NT}-\boldsymbol{H})$，易知 $\boldsymbol{M}$ 满足绝对行和与列和一致有界。由引理 3.3，则有

$$E[(\boldsymbol{Ub}+\boldsymbol{\varepsilon})'\boldsymbol{M}(\boldsymbol{Ub}+\boldsymbol{\varepsilon})]=E(\boldsymbol{b}'\boldsymbol{\Xi}\boldsymbol{b})+E(\boldsymbol{\varepsilon}'\boldsymbol{M}\boldsymbol{\varepsilon})=\sigma_b^2\mathrm{tr}(\boldsymbol{\Xi})+\sigma_\varepsilon^2\mathrm{tr}(\boldsymbol{M})$$

$$\mathrm{Var}[(\boldsymbol{Ub}+\boldsymbol{\varepsilon})'\boldsymbol{M}(\boldsymbol{Ub}+\boldsymbol{\varepsilon})]=4\sigma_b^2\sigma_\varepsilon^2\left[\sum_{s=1}^{N}\sum_{t_1=1}^{T}\sum_{i=1}^{N}\sum_{j=1}^{T}\left(M_{ij,st_1}\sum_{t_2=1}^{T}M_{ij,st_2}\right)\right]+2\sigma_b^4\mathrm{tr}(\boldsymbol{\Xi}^2)+2\sigma_\varepsilon^4\mathrm{tr}(\boldsymbol{M}^2)$$

其中，$\boldsymbol{\Xi}\hat{=}\boldsymbol{U}'\boldsymbol{M}\boldsymbol{U}$，易知 Ξ^2 绝对行和与列和一致有界，则

$$\mathrm{tr}(\boldsymbol{\Xi}^2)\leqslant Nm_{\boldsymbol{\Xi}^2}=NT^2(m_{\boldsymbol{M}})^2$$

由 $\mathrm{tr}(\boldsymbol{M}^2)\leqslant Nm_{\boldsymbol{M}^2}$ 和

$$\left[\sum_{s=1}^{N}\sum_{t_1=1}^{T}\sum_{i=1}^{N}\sum_{j=1}^{T}\left(M_{ij,st_1}\sum_{t_2=1}^{T}M_{ij,st_2}\right)\right]\leqslant NT(m_{\boldsymbol{M}})^2$$

从而

$$E\left[\frac{1}{N(T-1)}(\boldsymbol{Ub}+\boldsymbol{\varepsilon})'\tilde{\boldsymbol{B}}(\boldsymbol{Ub}+\boldsymbol{\varepsilon})\right]=\frac{1}{2N(T-1)}[\sigma_b^2\mathrm{tr}(\boldsymbol{N})+\sigma_\varepsilon^2\mathrm{tr}(\boldsymbol{M})]=O(1)$$

$$\operatorname{Var}\left[\frac{1}{N(T-1)}(\boldsymbol{Ub}+\boldsymbol{\varepsilon})'\tilde{\boldsymbol{B}}(\boldsymbol{Ub}+\boldsymbol{\varepsilon})\right]=\frac{1}{4}\operatorname{Var}\left[\frac{1}{N(T-1)}(\boldsymbol{Ub}+\boldsymbol{\varepsilon})'\boldsymbol{M}(\boldsymbol{Ub}+\boldsymbol{\varepsilon})\right]$$
$$=O\left(\frac{1}{NT}\right)$$

利用切比雪夫不等式，则有

$$\frac{1}{N(T-1)}(\boldsymbol{Ub}+\boldsymbol{\varepsilon})'\tilde{\boldsymbol{B}}(\boldsymbol{Ub}+\boldsymbol{\varepsilon})\stackrel{P}{\to}O(1)$$

因此

$$\frac{2}{N(T-1)}(\rho-\hat{\rho})[(\boldsymbol{I}_{NT}-\boldsymbol{S}(\boldsymbol{\beta}))\boldsymbol{B}(\boldsymbol{Ub}+\boldsymbol{\varepsilon})]'(\boldsymbol{I}_{NT}-\boldsymbol{H})(\boldsymbol{I}_{NT}-\boldsymbol{S}(\boldsymbol{\beta}))(\boldsymbol{Ub}+\boldsymbol{\varepsilon})=op(1) \tag{3.30}$$

综合式 (3.27)—(3.30) 可得

$$\frac{2}{N(T-1)}\{(\boldsymbol{I}_{NT}-\boldsymbol{S}(\boldsymbol{\beta}))[\boldsymbol{A}(\hat{\rho})-\boldsymbol{A}(\rho)]\boldsymbol{Y}\}'(\boldsymbol{I}_{NT}-\boldsymbol{H})[(\boldsymbol{I}_{NT}-\boldsymbol{S}(\boldsymbol{\beta}))\boldsymbol{A}(\rho)\boldsymbol{Y}]=op(1) \tag{3.31}$$

容易验证：

$$\{(\boldsymbol{I}_{NT}-\boldsymbol{S}(\boldsymbol{\beta}))[\boldsymbol{A}(\hat{\rho})-\boldsymbol{A}(\rho)]\boldsymbol{Y}\}'(\boldsymbol{I}_{NT}-\boldsymbol{H})\{(\boldsymbol{I}_{NT}-\boldsymbol{S}(\boldsymbol{\beta}))[\boldsymbol{A}(\hat{\rho})-\boldsymbol{A}(\rho)]\boldsymbol{Y}\}$$
$$\leqslant\{(\boldsymbol{I}_{NT}-\boldsymbol{S}(\boldsymbol{\beta}))[\boldsymbol{A}(\hat{\rho})-\boldsymbol{A}(\rho)]\boldsymbol{Y}\}'\{(\boldsymbol{I}_{NT}-\boldsymbol{S}(\boldsymbol{\beta}))[\boldsymbol{A}(\hat{\rho})-\boldsymbol{A}(\rho)]\boldsymbol{Y}\}$$

由于

$$\begin{aligned}
&\{(\boldsymbol{I}_{NT}-\boldsymbol{S}(\boldsymbol{\beta}))[\boldsymbol{A}(\hat{\rho})-\boldsymbol{A}(\rho)]\boldsymbol{Y}\}'\{(\boldsymbol{I}_{NT}-\boldsymbol{S}(\boldsymbol{\beta}))[\boldsymbol{A}(\hat{\rho})-\boldsymbol{A}(\rho)]\boldsymbol{Y}\}\\
=&(\rho-\hat{\rho})^2[(\boldsymbol{I}_{NT}-\boldsymbol{S}(\boldsymbol{\beta}))\boldsymbol{B}(\boldsymbol{G}+\boldsymbol{Ub}+\boldsymbol{\varepsilon})]'[(\boldsymbol{I}_{NT}-\boldsymbol{S}(\boldsymbol{\beta}))\boldsymbol{B}(\boldsymbol{G}+\boldsymbol{Ub}+\boldsymbol{\varepsilon})]'\\
=&(\rho-\hat{\rho})^2\{[(\boldsymbol{I}_{NT}-\boldsymbol{S}(\boldsymbol{\beta}))\boldsymbol{BG}]'(\boldsymbol{I}_{NT}-\boldsymbol{S}(\boldsymbol{\beta}))\boldsymbol{BG}\\
&+2[(\boldsymbol{I}_{NT}-\boldsymbol{S}(\boldsymbol{\beta}))\boldsymbol{B}(\boldsymbol{Ub}+\boldsymbol{\varepsilon})]'(\boldsymbol{I}_{NT}-\boldsymbol{S}(\boldsymbol{\beta}))\boldsymbol{BG}\\
&+[(\boldsymbol{I}_{NT}-\boldsymbol{S}(\boldsymbol{\beta}))\boldsymbol{B}(\boldsymbol{Ub}+\boldsymbol{\varepsilon})]'(\boldsymbol{I}_{NT}-\boldsymbol{S}(\boldsymbol{\beta}))\boldsymbol{B}(\boldsymbol{Ub}+\boldsymbol{\varepsilon})\}
\end{aligned}$$

利用引理 3.2 及定理 3.1，则有

$$\frac{1}{N(T-1)}(\rho-\hat{\rho})^2[(\boldsymbol{I}_{NT}-\boldsymbol{S}(\boldsymbol{\beta}))\boldsymbol{BG}]'(\boldsymbol{I}_{NT}-\boldsymbol{S}(\boldsymbol{\beta}))\boldsymbol{BG}=op(1) \tag{3.32}$$

易知

$$\frac{2}{N(T-1)}\left|(\rho-\hat{\rho})^2[(\boldsymbol{I}_{NT}-\boldsymbol{S}(\boldsymbol{\beta}))\boldsymbol{B}(\boldsymbol{Ub}+\boldsymbol{\varepsilon})]'(\boldsymbol{I}_{NT}-\boldsymbol{S}(\boldsymbol{\beta}))\boldsymbol{BG}\right|$$
$$\leqslant\frac{2}{N(T-1)}Op(c)\left|(\rho-\hat{\rho})^2\right|\sum_{i=1}^{N}\sum_{j=1}^{T}\left|\sum_{s=1}^{N}\sum_{t=1}^{T}B_{ij,st}(b_s+\varepsilon_{st})\right|$$

$$\leqslant \frac{2}{N(T-1)} Op(c) \left|(\rho-\hat{\rho})^2\right| m_{\boldsymbol{B}} \sum_{s=1}^{N} \sum_{t=1}^{T} |b_s+\varepsilon_{st}|$$

其中，

$$\frac{1}{N(T-1)} \sum_{s=1}^{N} \sum_{t=1}^{T} |b_s+\varepsilon_{st}| \leqslant \frac{T}{N(T-1)} \sum_{s=1}^{N} |b_s| + \frac{1}{N(T-1)} \sum_{s=1}^{N} \sum_{t=1}^{T} |\varepsilon_{st}|$$
$$\leqslant \frac{T}{T-1} \left(\frac{1}{N} \sum_{s=1}^{N} b_s^2\right)^{1/2} + \frac{1}{T-1} \sum_{t=1}^{T} \left(\frac{1}{N} \sum_{s=1}^{N} \varepsilon_{st}^2\right)^{1/2} \xrightarrow{P} \sigma_b + \sigma_\varepsilon$$

故有

$$\left|(\rho-\hat{\rho})^2 \frac{2}{N(T-1)} [(\boldsymbol{I}_{NT}-\boldsymbol{S}(\boldsymbol{\beta}))\boldsymbol{B}(\boldsymbol{U}\boldsymbol{b}+\boldsymbol{\varepsilon})]'(\boldsymbol{I}_{NT}-\boldsymbol{S}(\boldsymbol{\beta}))\boldsymbol{B}\boldsymbol{G}\right| = op(1)$$

因此

$$(\rho-\hat{\rho})^2 \frac{2}{N(T-1)} [(\boldsymbol{I}_{NT}-\boldsymbol{S}(\boldsymbol{\beta}))\boldsymbol{B}(\boldsymbol{U}\boldsymbol{b}+\boldsymbol{\varepsilon})]'(\boldsymbol{I}_{NT}-\boldsymbol{S}(\boldsymbol{\beta}))\boldsymbol{B}\boldsymbol{G} = op(1) \tag{3.33}$$

注意到 $\boldsymbol{B}'\boldsymbol{B}$ 满足绝对行和与列和一致有界，由引理 3.2 和定理 3.1，容易验证：

$$\frac{1}{N(T-1)}(\rho-\hat{\rho})^2[(\boldsymbol{I}_{NT}-\boldsymbol{S}(\boldsymbol{\beta}))\boldsymbol{B}(\boldsymbol{U}\boldsymbol{b}+\boldsymbol{\varepsilon})]'(\boldsymbol{I}_{NT}-\boldsymbol{S}(\boldsymbol{\beta}))\boldsymbol{B}(\boldsymbol{U}\boldsymbol{b}+\boldsymbol{\varepsilon})$$
$$=\frac{1}{N(T-1)}(op(1))^2(1+op(1))^2(\boldsymbol{U}\boldsymbol{b}+\boldsymbol{\varepsilon})'\boldsymbol{B}'\boldsymbol{B}(\boldsymbol{U}\boldsymbol{b}+\boldsymbol{\varepsilon})$$

利用引理 3.3，我们有

$$\frac{1}{N(T-1)}(\boldsymbol{U}\boldsymbol{b}+\boldsymbol{\varepsilon})'\boldsymbol{B}'\boldsymbol{B}(\boldsymbol{U}\boldsymbol{b}+\boldsymbol{\varepsilon}) = \frac{1}{N(T-1)}[\sigma_b^2 \mathrm{tr}(\boldsymbol{U}'\boldsymbol{B}'\boldsymbol{B}\boldsymbol{U}) + \sigma_\varepsilon^2 \mathrm{tr}(\boldsymbol{B}'\boldsymbol{B})] + op(1)$$

所以

$$\frac{1}{N(T-1)}(\rho-\hat{\rho})^2[(\boldsymbol{I}_{NT}-\boldsymbol{S}(\boldsymbol{\beta}))\boldsymbol{B}(\boldsymbol{U}\boldsymbol{b}+\boldsymbol{\varepsilon})]'(\boldsymbol{I}_{NT}-\boldsymbol{S}(\boldsymbol{\beta}))\boldsymbol{B}(\boldsymbol{U}\boldsymbol{b}+\boldsymbol{\varepsilon}) = op(1) \tag{3.34}$$

再由式 (3.32)—(3.34) 可得

$$\frac{1}{N(T-1)}\{(\boldsymbol{I}_{NT}-\boldsymbol{S}(\boldsymbol{\beta}))[\boldsymbol{A}(\hat{\rho})-\boldsymbol{A}(\rho)]\boldsymbol{Y}\}'\{(\boldsymbol{I}_{NT}-\boldsymbol{S}(\boldsymbol{\beta}))[\boldsymbol{A}(\hat{\rho})-\boldsymbol{A}(\rho)]\boldsymbol{Y}\} = op(1)$$

故有

$$\frac{1}{N(T-1)}\{(\boldsymbol{I}_{NT}-\boldsymbol{S}(\boldsymbol{\beta}))[\boldsymbol{A}(\hat{\rho})-\boldsymbol{A}(\rho)]\boldsymbol{Y}\}'(\boldsymbol{I}_{NT}-\boldsymbol{H})$$

$$\times \{(\boldsymbol{I}_{NT}-\boldsymbol{S}(\boldsymbol{\beta}))[\boldsymbol{A}(\hat{\rho})-\boldsymbol{A}(\rho)]\boldsymbol{Y}\}$$
$$=op(1) \tag{3.35}$$

联合式 (3.31) 和式 (3.35)，因此

$$\hat{\sigma}_{\varepsilon}^2=(1+op(1))^2(\hat{\sigma}_{\varepsilon IN}^2+op(1))=\hat{\sigma}_{\varepsilon IN}^2+op(1)$$

从而

$$\frac{1}{NT}[\boldsymbol{A}(\hat{\rho})\boldsymbol{Y}-\boldsymbol{S}(\hat{\boldsymbol{\beta}})\boldsymbol{A}(\hat{\rho})\boldsymbol{Y}]'(\boldsymbol{I}_{NT}-\boldsymbol{H})[\boldsymbol{A}(\hat{\rho})\boldsymbol{Y}-\boldsymbol{S}(\hat{\boldsymbol{\beta}})\boldsymbol{A}(\hat{\rho})\boldsymbol{Y}]$$
$$-\frac{1}{NT}[\boldsymbol{A}(\rho)\boldsymbol{Y}-\boldsymbol{S}(\boldsymbol{\beta})\boldsymbol{A}(\rho)\boldsymbol{Y}]'(\boldsymbol{I}_{NT}-\boldsymbol{H})[\boldsymbol{A}(\rho)\boldsymbol{Y}-\boldsymbol{S}(\boldsymbol{\beta})\boldsymbol{A}(\rho)\boldsymbol{Y}]=op(1) \tag{3.36}$$

参照上面的证明过程，同理可以验证：

$$\frac{1}{NT}[(\boldsymbol{I}_{NT}-\boldsymbol{S}(\hat{\boldsymbol{\beta}}))\boldsymbol{A}(\hat{\rho})\boldsymbol{Y}]'[(\boldsymbol{I}_{NT}-\boldsymbol{S}(\hat{\boldsymbol{\beta}}))\boldsymbol{A}(\hat{\rho})\boldsymbol{Y}]$$
$$-\frac{1}{NT}[(\boldsymbol{I}_{NT}-\boldsymbol{S}(\boldsymbol{\beta}))\boldsymbol{A}(\rho)\boldsymbol{Y}]'[(\boldsymbol{I}_{NT}-\boldsymbol{S}(\boldsymbol{\beta}))\boldsymbol{A}(\rho)\boldsymbol{Y}]=op(1) \tag{3.37}$$

综合式 (3.36) 与式 (3.37) 可得 $\hat{\sigma}_b^2=\hat{\sigma}_{bIN}^2+op(1)$。

定理 3.2 得证。

定理 3.3 的证明 由定理 3.1 和定理 3.2 的证明知：对 $\rho\in\Theta_0$，$\beta\in\boldsymbol{B}_0$ 及 $u\in\boldsymbol{\mathcal{U}}$，$\boldsymbol{s}(u,\hat{\boldsymbol{\beta}})=\boldsymbol{s}(u,\boldsymbol{\beta})(1+op(1))$，再由式 (3.20)，我们有

$$\begin{aligned}\hat{g}(u)&=\boldsymbol{s}(u,\hat{\boldsymbol{\beta}})\boldsymbol{A}(\hat{\rho})\boldsymbol{Y}\\&=(1+op(1))\boldsymbol{s}(u,\boldsymbol{\beta})(\boldsymbol{Y}-\hat{\rho}\boldsymbol{W}\boldsymbol{Y})+Op(N^{-1/2})\\&=(1+op(1))\boldsymbol{s}(u,\boldsymbol{\beta})[\boldsymbol{Y}-\rho\boldsymbol{W}\boldsymbol{Y}+(\rho-\hat{\rho})\boldsymbol{W}\boldsymbol{Y}]+Op(N^{-1/2})\\&=(1+op(1))[\boldsymbol{s}(u,\boldsymbol{\beta})(\boldsymbol{Y}-\rho\boldsymbol{W}\boldsymbol{Y})+(\rho-\hat{\rho})\boldsymbol{s}(u,\boldsymbol{\beta})\boldsymbol{W}\boldsymbol{Y}]+Op(N^{-1/2})\\&=(1+op(1))[\hat{g}_{IN}(u)+(\rho-\hat{\rho})(\boldsymbol{s}(u,\boldsymbol{\beta})\boldsymbol{B}\boldsymbol{G}+\boldsymbol{s}(u,\boldsymbol{\beta})\boldsymbol{B}(\boldsymbol{U}\boldsymbol{b}+\boldsymbol{\varepsilon}))]+Op(N^{-1/2})\end{aligned}$$

利用定理 3.1，则 $\rho-\hat{\rho}=\rho-\rho_0+\rho_0-\hat{\rho}=op(1)$，由引理 3.2 可知

$$\boldsymbol{s}(u,\boldsymbol{\beta})\boldsymbol{B}\boldsymbol{G}=Op(c),\quad \boldsymbol{s}(u,\boldsymbol{\beta})\boldsymbol{B}(\boldsymbol{U}\boldsymbol{b}+\boldsymbol{\varepsilon})=op(1)$$

因此

$$\hat{g}(u)=(1+op(1))(\hat{g}_{IN}(u)+op(1))$$

即有

$$\hat{g}(u)-\hat{g}_{IN}(u)=op(1)$$

由式 (3.21)，可得

$$g(u)-\hat{g}_{IN}(u)=op(1)$$

综合上述两式，我们有

$$\hat{g}(u)-g(u)=(\hat{g}(u)-\hat{g}_{IN}(u))-(g(u)-\hat{g}_{IN}(u))=op(1)$$

定理 3.3 得证。

定理 3.4 的证明 关于 $\boldsymbol{\theta}=(\boldsymbol{\beta}',\rho,\sigma_\varepsilon^2,\sigma_b^2)'$ 截面极大似然估计的渐近性证明主要参考了 Lee (2004，定理 3.2)，Su 和 Jin (2010，定理 4.3) 中的证明方法。关于 $\hat{\boldsymbol{\theta}}$ 的渐近分布可以对式 (3.13) 求解 $\left.\frac{\partial \ln \tilde{L}(\boldsymbol{\theta})}{\partial \boldsymbol{\theta}}\right|_{\boldsymbol{\theta}=\hat{\boldsymbol{\theta}}}=0$ 在 $\boldsymbol{\theta}_0=(\boldsymbol{\beta}_0',\rho_0,\sigma_{\varepsilon,0}^2,\sigma_{b,0}^2)$ 泰勒展开得到，为了使公式表述更加简洁，参考 Lee (2004，定理 3.2)，记

$$\frac{\partial \ln \tilde{L}(\boldsymbol{\theta}_0)}{\partial \boldsymbol{\theta}}\hat{=}\left.\frac{\partial \ln \tilde{L}(\boldsymbol{\theta})}{\partial \boldsymbol{\theta}}\right|_{\boldsymbol{\theta}=\boldsymbol{\theta}_0},\quad \frac{\partial^2 \ln \tilde{L}(\boldsymbol{\theta}_0)}{\partial \boldsymbol{\theta}\partial \boldsymbol{\theta}'}\hat{=}\left.\frac{\partial^2 \ln \tilde{L}(\boldsymbol{\theta})}{\partial \boldsymbol{\theta}\partial \boldsymbol{\theta}'}\right|_{\boldsymbol{\theta}=\boldsymbol{\theta}_0}$$

于是有

$$\sqrt{NT}(\hat{\boldsymbol{\theta}}-\boldsymbol{\theta}_0)=-\left(\frac{1}{NT}\frac{\partial^2 \ln \tilde{L}(\tilde{\boldsymbol{\theta}})}{\partial \boldsymbol{\theta}\partial \boldsymbol{\theta}'}\right)^{-1}\frac{1}{\sqrt{NT}}\frac{\partial \ln \tilde{L}(\boldsymbol{\theta}_0)}{\partial \boldsymbol{\theta}} \tag{3.38}$$

其中 $\tilde{\boldsymbol{\theta}}$ 位于 $\hat{\boldsymbol{\theta}}$ 和 $\boldsymbol{\theta}_0$ 之间，并且依概率收敛于 $\boldsymbol{\theta}_0$，下面我们主要证明

$$\frac{1}{NT}\frac{\partial^2 \ln \tilde{L}(\tilde{\boldsymbol{\theta}})}{\partial \boldsymbol{\theta}\partial \boldsymbol{\theta}'}-\frac{1}{NT}\frac{\partial^2 \ln L(\boldsymbol{\theta}_0)}{\partial \boldsymbol{\theta}\partial \boldsymbol{\theta}'}=op(1) \tag{3.39}$$

$$\frac{1}{\sqrt{NT}}\frac{\partial \ln \tilde{L}(\boldsymbol{\theta}_0)}{\partial \boldsymbol{\theta}}\xrightarrow{L}N(\boldsymbol{0},\boldsymbol{\Sigma}_{\boldsymbol{\theta}_0}) \tag{3.40}$$

其中 $\boldsymbol{\Sigma}_{\boldsymbol{\theta}_0}=-\lim\limits_{N,T\to\infty}E\left(\frac{1}{NT}\frac{\partial^2 \ln L(\boldsymbol{\theta}_0)}{\partial \boldsymbol{\theta}\partial \boldsymbol{\theta}'}\right)$，则有

$$\begin{aligned}\frac{\partial \ln \tilde{L}(\boldsymbol{\theta}_0)}{\partial \boldsymbol{\beta}}=&\frac{1}{\sigma_{\varepsilon,0}^2+T\sigma_{b,0}^2}\boldsymbol{X}'\dot{\hat{\boldsymbol{G}}}_{IN,\Delta}(\boldsymbol{X}\boldsymbol{\beta}_0)\boldsymbol{H}[\boldsymbol{A}(\rho_0)\boldsymbol{Y}-\hat{\boldsymbol{G}}_{IN}(\boldsymbol{X}\boldsymbol{\beta}_0)]\\&+\frac{1}{\sigma_{\varepsilon,0}^2}\boldsymbol{X}'\dot{\hat{\boldsymbol{G}}}_{IN,\Delta}(\boldsymbol{X}\boldsymbol{\beta}_0)(\boldsymbol{I}_{NT}-\boldsymbol{H})[\boldsymbol{A}(\rho_0)\boldsymbol{Y}-\hat{\boldsymbol{G}}_{IN}(\boldsymbol{X}\boldsymbol{\beta}_0)]\end{aligned}$$

再由式 (3.5) 得到 $\ln L(\boldsymbol{\theta})$ 关于 $\boldsymbol{\beta}$ 的一阶导数在 $\boldsymbol{\theta}_0$ 处的值为

$$\begin{aligned}\frac{\partial \ln L(\boldsymbol{\theta}_0)}{\partial \boldsymbol{\beta}}=&\frac{1}{\sigma_{\varepsilon,0}^2+T\sigma_{b,0}^2}\boldsymbol{X}'\dot{\boldsymbol{G}}_{\Delta}(\boldsymbol{X}\boldsymbol{\beta}_0)\boldsymbol{H}[\boldsymbol{A}(\rho_0)\boldsymbol{Y}-\boldsymbol{G}(\boldsymbol{X}\boldsymbol{\beta}_0)]\\&+\frac{1}{\sigma_{\varepsilon,0}^2}\boldsymbol{X}'\dot{\boldsymbol{G}}_{\Delta}(\boldsymbol{X}\boldsymbol{\beta}_0)(\boldsymbol{I}_{NT}-\boldsymbol{H})[\boldsymbol{A}(\rho_0)\boldsymbol{Y}-\boldsymbol{G}(\boldsymbol{X}\boldsymbol{\beta}_0)]\end{aligned}$$

由式 (3.21)，$\hat{g}_{IN}(u) - g(u) = op(1)$，容易验证

$$\frac{1}{\sqrt{NT}} \frac{\partial \ln \tilde{L}(\boldsymbol{\theta}_0)}{\partial \boldsymbol{\beta}} - \frac{1}{\sqrt{NT}} \frac{\partial \ln L(\boldsymbol{\theta}_0)}{\partial \boldsymbol{\beta}} = op(1)$$

进一步可验证 $\ln \tilde{L}(\boldsymbol{\theta})$ 关于其余参数的一阶导数也满足依概率收敛，因此

$$\frac{1}{\sqrt{NT}} \frac{\partial \ln \tilde{L}(\boldsymbol{\theta}_0)}{\partial \boldsymbol{\theta}} - \frac{1}{\sqrt{NT}} \frac{\partial \ln L(\boldsymbol{\theta}_0)}{\partial \boldsymbol{\theta}} = op(1) \tag{3.41}$$

再由

$$\frac{1}{NT} \frac{\partial^2 \ln \tilde{L}(\boldsymbol{\theta})}{\partial \boldsymbol{\beta} \partial \boldsymbol{\beta}'} = \frac{1}{NT} \boldsymbol{X}' \dot{\boldsymbol{G}}_{IN,\Delta}(\boldsymbol{X\beta}) \left(\frac{\boldsymbol{H}}{\sigma_\varepsilon^2 + T\sigma_b^2} + \frac{\boldsymbol{I}_{NT} - \boldsymbol{H}}{\sigma_\varepsilon^2} \right) \dot{\boldsymbol{G}}_{IN,\Delta}(\boldsymbol{X\beta}) \boldsymbol{X}$$

并由 $\ln L(\boldsymbol{\theta})$ 关于 $\boldsymbol{\beta}$ 的二阶导数在 $\boldsymbol{\theta}_0$ 处的值为

$$\frac{1}{NT} \frac{\partial^2 \ln L(\boldsymbol{\theta}_0)}{\partial \boldsymbol{\beta} \partial \boldsymbol{\beta}'} = \frac{1}{NT} \boldsymbol{X}' \dot{\boldsymbol{G}}_\Delta(\boldsymbol{X\beta}_0) \left(\frac{\boldsymbol{H}}{\sigma_{\varepsilon,0}^2 + T\sigma_{b,0}^2} + \frac{\boldsymbol{I}_{NT} - \boldsymbol{H}}{\sigma_{\varepsilon,0}^2} \right) \dot{\boldsymbol{G}}_\Delta(\boldsymbol{X\beta}_0) \boldsymbol{X}$$

利用定理 3.1 与定理 3.2，$\tilde{\boldsymbol{\theta}} - \boldsymbol{\theta}_0 = op(1)$，结合定理 3.3，可知

$$\frac{1}{NT} \frac{\partial^2 \ln \tilde{L}(\tilde{\boldsymbol{\theta}})}{\partial \boldsymbol{\beta} \partial \boldsymbol{\beta}'} - \frac{1}{NT} \frac{\partial^2 \ln L(\boldsymbol{\theta}_0)}{\partial \boldsymbol{\beta} \partial \boldsymbol{\beta}'} = op(1)$$

类似地，可以验证 $\ln \tilde{L}(\boldsymbol{\theta})$ 关于其余参数的二阶导数也满足依概率收敛，因此

$$\frac{1}{NT} \frac{\partial^2 \ln \tilde{L}(\tilde{\boldsymbol{\theta}})}{\partial \boldsymbol{\theta} \partial \boldsymbol{\theta}'} - \frac{1}{NT} \frac{\partial^2 \ln L(\boldsymbol{\theta}_0)}{\partial \boldsymbol{\theta} \partial \boldsymbol{\theta}'} = op(1)$$

由式 (3.41) 可知，要证明式 (3.40)，则只需证明 $\dfrac{1}{\sqrt{NT}} \dfrac{\partial \ln L(\boldsymbol{\theta}_0)}{\partial \boldsymbol{\theta}} \xrightarrow{L} N(\boldsymbol{0}, \boldsymbol{\Sigma}_{\boldsymbol{\theta}_0})$，参照前文给出的 $\ln L(\boldsymbol{\theta})$ 关于 $\boldsymbol{\beta}$ 的一阶导数在 $\boldsymbol{\theta}_0$ 处的值，再给出关于其他参数的一阶导数在 $\boldsymbol{\theta}_0$ 处的值：

$$\begin{aligned}
\frac{\partial \ln L(\boldsymbol{\theta}_0)}{\partial \rho} =& \frac{1}{\sigma_{\varepsilon,0}^2 + T\sigma_{b,0}^2} \boldsymbol{Y}'\boldsymbol{W}'\boldsymbol{H}[\boldsymbol{A}(\rho_0)\boldsymbol{Y} - \boldsymbol{G}(\boldsymbol{X\beta}_0)] - \operatorname{tr}(\boldsymbol{B}_0) \\
& + \frac{1}{\sigma_{\varepsilon,0}^2} \boldsymbol{Y}'\boldsymbol{W}'(\boldsymbol{I}_{NT} - \boldsymbol{H})[\boldsymbol{A}(\rho_0)\boldsymbol{Y} - \boldsymbol{G}(\boldsymbol{X\beta}_0)] \\
\frac{\partial \ln L(\boldsymbol{\theta}_0)}{\partial \sigma_\varepsilon^2} =& -\frac{N(T-1)}{2\sigma_{\varepsilon,0}^2} + \frac{1}{2(\sigma_{\varepsilon,0}^2 + T\sigma_{b,0}^2)^2} \\
& \times [\boldsymbol{A}(\rho_0)\boldsymbol{Y} - \boldsymbol{G}(\boldsymbol{X\beta}_0)]'\boldsymbol{H}[\boldsymbol{A}(\rho_0)\boldsymbol{Y} - \boldsymbol{G}(\boldsymbol{X\beta}_0)] \\
& - \frac{N}{2(\sigma_{\varepsilon,0}^2 + T\sigma_{b,0}^2)} + \frac{1}{2(\sigma_{\varepsilon,0}^2)^2}
\end{aligned}$$

$$\times [\boldsymbol{A}(\rho_0)\boldsymbol{Y} - \boldsymbol{G}(\boldsymbol{X\beta}_0)]'(\boldsymbol{I}_{NT} - \boldsymbol{H})[\boldsymbol{A}(\rho_0)\boldsymbol{Y} - \boldsymbol{G}(\boldsymbol{X\beta}_0)]$$

$$\frac{\partial \ln L(\boldsymbol{\theta}_0)}{\partial \sigma_b^2} = -\frac{NT}{2(\sigma_{\varepsilon,0}^2 + T\sigma_{b,0}^2)} + \frac{T}{2(\sigma_{\varepsilon,0}^2 + T\sigma_{b,0}^2)^2}$$

$$\times [\boldsymbol{A}(\rho_0)\boldsymbol{Y} - \boldsymbol{G}(\boldsymbol{X\beta}_0)]'\boldsymbol{H}[\boldsymbol{A}(\rho_0)\boldsymbol{Y} - \boldsymbol{G}(\boldsymbol{X\beta}_0)]$$

易知各式型值均为

$$\boldsymbol{A}(\rho_0)\boldsymbol{Y} - \boldsymbol{G}(\boldsymbol{X\beta}_0) = \boldsymbol{Ub} + \boldsymbol{\varepsilon}$$

的线型或二次型形式，其中，$\frac{1}{\sqrt{NT}}\frac{\partial \ln L(\boldsymbol{\theta}_0)}{\partial \boldsymbol{\theta}}$ 的方差满足

$$-E\left(\frac{1}{NT}\frac{\partial^2 \ln L(\boldsymbol{\theta}_0)}{\partial \boldsymbol{\theta}\partial \boldsymbol{\theta}'}\right) = E\left(\frac{1}{\sqrt{NT}}\frac{\partial \ln L(\boldsymbol{\theta}_0)}{\partial \boldsymbol{\theta}}\frac{1}{\sqrt{NT}}\frac{\partial \ln L(\boldsymbol{\theta}_0)}{\partial \boldsymbol{\theta}'}\right)$$

进一步，可以得到

$$-E\left(\frac{1}{NT}\frac{\partial^2 \ln L(\boldsymbol{\theta}_0)}{\partial \boldsymbol{\theta}\partial \boldsymbol{\theta}'}\right) = \begin{pmatrix} \boldsymbol{H}_{11} & \boldsymbol{H}_{12} & 0 & 0 \\ \boldsymbol{H}_{21} & \boldsymbol{H}_{22} + \boldsymbol{L}_{22} & \boldsymbol{L}_{23} & \boldsymbol{L}_{24} \\ 0 & \boldsymbol{L}_{32} & \boldsymbol{L}_{33} & \boldsymbol{L}_{34} \\ 0 & \boldsymbol{L}_{42} & \boldsymbol{L}_{43} & \boldsymbol{L}_{44} \end{pmatrix} \tag{3.42}$$

其中，

$$\boldsymbol{H}_{11} = \frac{1}{NT}\boldsymbol{X}'\dot{\boldsymbol{G}}_{\Delta}(\boldsymbol{X\beta}_0)\left(\frac{\boldsymbol{H}}{\sigma_{\varepsilon,0}^2 + T\sigma_{b,0}^2} + \frac{\boldsymbol{I}_{NT} - \boldsymbol{H}}{\sigma_{\varepsilon,0}^2}\right)\dot{\boldsymbol{G}}_{\Delta}(\boldsymbol{X\beta}_0)\boldsymbol{X}$$

$$\boldsymbol{H}_{21} = \frac{1}{NT}\boldsymbol{G}'(\boldsymbol{X\beta}_0)\boldsymbol{B}_0'\left(\frac{\boldsymbol{H}}{\sigma_{\varepsilon,0}^2 + T\sigma_{b,0}^2} + \frac{\boldsymbol{I}_{NT} - \boldsymbol{H}}{\sigma_{\varepsilon,0}^2}\right)\dot{\boldsymbol{G}}_{\Delta}(\boldsymbol{X\beta}_0)\boldsymbol{X} = \boldsymbol{H}_{12}'$$

$$\boldsymbol{H}_{22} = \frac{1}{NT}\boldsymbol{G}'(\boldsymbol{X\beta}_0)\boldsymbol{B}_0'\left(\frac{\boldsymbol{H}}{\sigma_{\varepsilon,0}^2 + T\sigma_{b,0}^2} + \frac{\boldsymbol{I}_{NT} - \boldsymbol{H}}{\sigma_{\varepsilon,0}^2}\right)\boldsymbol{B}_0\boldsymbol{G}(\boldsymbol{X\beta}_0)$$

$$\boldsymbol{L}_{22} = \frac{1}{NT}[\mathrm{tr}(\boldsymbol{B}_0)^2 + \mathrm{tr}(\boldsymbol{B}_0\boldsymbol{B}_0')]$$

$$\boldsymbol{L}_{23} = \frac{1}{NT}\mathrm{tr}\left[\boldsymbol{B}_0'\left(\frac{\boldsymbol{H}}{\sigma_{\varepsilon,0}^2 + T\sigma_{b,0}^2} + \frac{\boldsymbol{I}_{NT} - \boldsymbol{H}}{\sigma_{\varepsilon,0}^2}\right)\right] = \boldsymbol{L}_{32}'$$

$$\boldsymbol{L}_{24} = \frac{1}{N(\sigma_{\varepsilon,0}^2 + T\sigma_{b,0}^2)}\mathrm{tr}(\boldsymbol{B}_0'\boldsymbol{H}) = \boldsymbol{L}_{42}', \quad \boldsymbol{L}_{33} = \frac{T-1}{2T(\sigma_{\varepsilon,0}^2)^2} + \frac{1}{2T(\sigma_{\varepsilon,0}^2 + T\sigma_{b,0}^2)^2}$$

$$\boldsymbol{L}_{34} = \frac{1}{2(\sigma_{\varepsilon,0}^2 + T\sigma_{b,0}^2)^2} = \boldsymbol{L}_{43}', \quad \boldsymbol{L}_{44} = \frac{T}{2(\sigma_{\varepsilon,0}^2 + T\sigma_{b,0}^2)^2}$$

由于 $\ln L(\boldsymbol{\theta})$ 关于 $\boldsymbol{\theta}$ 的一阶导数在 $\boldsymbol{\theta}_0$ 处的值包含个体随机效应，因此不能直接应用 Kelejian 和 Prucha (2001，定理 1)。为此，利用引理 3.3, 即有

$$\frac{1}{\sqrt{NT}}\frac{\partial \ln L(\boldsymbol{\theta}_0)}{\partial \boldsymbol{\theta}} \xrightarrow{L} N(\boldsymbol{0}, \boldsymbol{\Sigma}_{\boldsymbol{\theta}_0})$$

由上述结论可知，要得到 $\hat{\boldsymbol{\theta}}$ 的渐近分布，还需证明 $\boldsymbol{\Sigma}_{\boldsymbol{\theta}_0}$ 为非奇异矩阵，即证明 $\boldsymbol{\Sigma}_{\boldsymbol{\theta}_0}\boldsymbol{X}=\mathbf{0}$ 当且仅当 $\boldsymbol{X}=\mathbf{0}$。$\boldsymbol{X}=(\boldsymbol{x}_1', x_2, x_3, x_4)'$，其中 $\boldsymbol{x}_1$ 为 $p\times 1$ 维向量，x_2, x_3, x_4 为 1×1 维向量。由 $\boldsymbol{\Sigma}_{\boldsymbol{\theta}_0}\boldsymbol{X}=0$ 可得，在 $N\to\infty$, $T\to\infty$ 时满足：

$$\begin{cases}\boldsymbol{H}_{11}\boldsymbol{x}_1+\boldsymbol{H}_{12}x_2=0 & \text{(i)}\\ \boldsymbol{H}_{21}\boldsymbol{x}_1+(\boldsymbol{H}_{22}+\boldsymbol{L}_{22})x_2+\boldsymbol{L}_{23}x_3+\boldsymbol{L}_{24}x_4=0 & \text{(ii)}\\ \boldsymbol{L}_{32}x_2+\boldsymbol{L}_{33}x_3+\boldsymbol{L}_{34}x_4=0 & \text{(iii)}\\ \boldsymbol{L}_{42}x_2+\boldsymbol{L}_{43}x_3+\boldsymbol{L}_{44}x_4=0 & \text{(iv)}\end{cases}$$

由式 (i)，式 (iii)，式 (iv) 分别解出 $\boldsymbol{x}_1, x_3, x_4$ 关于 x_2 的表达式，将其代入式 (ii)，可得

$$\Big\{-\boldsymbol{H}_{21}(\boldsymbol{H}_{11})^{-1}\boldsymbol{H}_{12}+\boldsymbol{H}_{22}+\frac{1}{NT}\{\mathrm{tr}[(\boldsymbol{B}_0')^2]+\mathrm{tr}[\boldsymbol{B}_0'\boldsymbol{B}_0]\}$$
$$-\left\{\frac{2}{N^2T(T-1)}[\mathrm{tr}((\boldsymbol{I}_{NT}-\boldsymbol{H})\boldsymbol{B}_0)]^2+\frac{2}{N^2T}[\mathrm{tr}(\boldsymbol{H}\boldsymbol{B}_0)]^2\right\}\Big\}x_2=0$$

利用引理 2.3，从而有

$$\frac{1}{NT}\mathrm{tr}[(\boldsymbol{B}_0')^2]+\frac{1}{NT}\mathrm{tr}[\boldsymbol{B}_0'\boldsymbol{B}_0]-\frac{2}{N^2T(T-1)}[\mathrm{tr}((\boldsymbol{I}_{NT}-\boldsymbol{H})\boldsymbol{B}_0)]^2$$
$$-\frac{2}{N^2T}[\mathrm{tr}(\boldsymbol{H}\boldsymbol{B}_0)]^2\geqslant 0$$

由假设条件 A3.7，并利用 Schur 补引理 (Zhang，2005) 可得, 在 N, T 足够大时 $\boldsymbol{\Sigma}_{\boldsymbol{\theta}_0}$ 为非奇异矩阵。或者若满足

$$\frac{1}{NT}\mathrm{tr}[(\boldsymbol{B}_0')^2]+\frac{1}{NT}\mathrm{tr}[\boldsymbol{B}_0'\boldsymbol{B}_0]-\frac{2}{N^2T(T-1)}[\mathrm{tr}((\boldsymbol{I}_{NT}-\boldsymbol{H})\boldsymbol{B}_0)]^2$$
$$-\frac{2}{N^2T}[\mathrm{tr}(\boldsymbol{H}\boldsymbol{B}_0)]^2>0$$

即由假设条件 A3.8，同样满足 $\boldsymbol{\Sigma}_{\boldsymbol{\theta}_0}$ 为非奇异矩阵。

综合上述结论，应用 Kolmogorov 中心极限定理即有

$$\sqrt{NT}(\hat{\boldsymbol{\theta}}-\boldsymbol{\theta}_0)\xrightarrow{L}N(\mathbf{0},\boldsymbol{\Sigma}_{\boldsymbol{\theta}_0}^{-1})$$

定理 3.4 得证。

定理 3.5 的证明　由引理 3.1 结论可知

$$\boldsymbol{\Lambda}^1=(NT)^{-1}\boldsymbol{Z}'(u,\boldsymbol{\beta})\boldsymbol{K}(u,\boldsymbol{\beta})\boldsymbol{Z}(u,\boldsymbol{\beta})\xrightarrow{P}\boldsymbol{S}(u)$$

其中 $\boldsymbol{S}(u)$ 满足 $\boldsymbol{S}(u)=F(u)\mathrm{diag}(1,\mu_2)$，利用

$$(\boldsymbol{A}+\boldsymbol{B})^{-1}=\boldsymbol{A}^{-1}-\boldsymbol{A}^{-1}(\boldsymbol{I}+\boldsymbol{B}\boldsymbol{A}^{-1})^{-1}\boldsymbol{B}\boldsymbol{A}^{-1},$$

即有

$$(\boldsymbol{\Lambda}^1)^{-1}=\boldsymbol{S}^{-1}(u)+op(1) \tag{3.43}$$

记 $\boldsymbol{\Lambda}^3\hat{=}(NT)^{-1}\boldsymbol{Z}'(u,\boldsymbol{\beta})\boldsymbol{K}(u,\boldsymbol{\beta})\boldsymbol{A}(\rho)\boldsymbol{Y}$，故式 (3.10) 可以整理为

$$\hat{\delta}=(\hat{g}_{IN}(u),h\dot{\hat{g}}_{IN}(u))'=(\boldsymbol{\Lambda}^1)^{-1}\boldsymbol{\Lambda}^3 \tag{3.44}$$

由引理 3.2，有

$$\boldsymbol{\Lambda}^2=(NT)^{-1}\boldsymbol{Z}'(u,\boldsymbol{\beta})\boldsymbol{K}(u,\boldsymbol{\beta})(\boldsymbol{U}\boldsymbol{b}+\boldsymbol{\varepsilon})$$

利用 $g(\boldsymbol{x}'_{it}\boldsymbol{\beta})$ 在 u 处泰勒展开，则

$$\boldsymbol{\Lambda}^3-\boldsymbol{\Lambda}^2=\boldsymbol{\Lambda}^1\begin{pmatrix} g(u)\\ h\dot{g}(u)\end{pmatrix}+\frac{1}{2}h^2\begin{pmatrix}\boldsymbol{\Lambda}_2^1\ddot{g}(u)\\ \boldsymbol{\Lambda}_3^1\ddot{g}(u)\end{pmatrix}+op(h^2) \tag{3.45}$$

由式 (3.43)—(3.45) 可得

$$\begin{pmatrix}\hat{g}_{IN}(u)-g(u)\\ h[\dot{\hat{g}}_{IN}(u)-\dot{g}(u)]\end{pmatrix}=(S(u))^{-1}\boldsymbol{\Lambda}^2+\frac{h^2}{2}\begin{pmatrix}\mu_2\ddot{g}(u)\\ \dfrac{\mu_3}{\mu_2}\ddot{g}(u)\end{pmatrix}+op(1) \tag{3.46}$$

从式 (3.46) 可以得到

$$\hat{g}_{IN}(u)-g(u)=[F(u)]^{-1}\boldsymbol{\Lambda}_0^2+\frac{1}{2}h^2\mu_2\ddot{g}(u)+op(1)$$

由于

$$\boldsymbol{\Lambda}_0^2=\frac{1}{NT}\sum_{i=1}^{N}\sum_{t=1}^{T}k_h(u_{it}-u)(b_i+\varepsilon_{it})$$

且 $\rho\in\Theta_0$，$\boldsymbol{\beta}\in\boldsymbol{\mathcal{B}}_0$，可知

$$\boldsymbol{\Lambda}_0^2=\frac{1}{NT}\sum_{i=1}^{N}\sum_{t=1}^{T}k_h(\boldsymbol{x}_{it}\boldsymbol{\beta}_0-u)(b_i+\varepsilon_{it})+Op((NT)^{-1/2})$$

参考 Masry 和 Tjøstheim (1995，定理 4.4)，对于 $\rho\in\Theta_0$，$\boldsymbol{\beta}\in\boldsymbol{\mathcal{B}}_0$，$u\in\boldsymbol{\mathcal{U}}$，注意到 $\boldsymbol{\lambda}=\boldsymbol{\lambda}_0$ 对应的个体效应 $\boldsymbol{b}$ 和随机误差 $\boldsymbol{\varepsilon}$ 的方差为真实值，则

$$\sqrt{NTh}\boldsymbol{\Lambda}_0^2\xrightarrow{L}N(0,\ \nu_0(\sigma_{b,0}^2+\sigma_{\varepsilon,0}^2)F(u))$$

于是有

$$\sqrt{NTh}(\hat{g}_{IN}(u)-g(u)-\varphi(u))\xrightarrow{L}N(0,\gamma^2(u))$$

其中

$$\varphi(u)=\frac{1}{2}h^2\mu_2\ddot{g}(u),\quad \gamma^2(u)=\nu_0(\sigma_{b,0}^2+\sigma_{\varepsilon,0}^2)[F(u)]^{-1}$$

若 $NTh^5 \to 0$，则进一步可得

$$\sqrt{NTh}(\hat{g}_{IN}(u) - g(u)) \xrightarrow{L} N(0, \gamma^2(u))$$

再由定理 3.3，易得 $\hat{g}(u) - \hat{g}_{IN}(u) = op(1)$。故

$$\sqrt{NTh}(\hat{g}(u) - g(u) - \varphi(u)) \xrightarrow{L} N(0, \gamma^2(u))$$

特别地，在 $NTh^5 \to 0$ 时，$\sqrt{NTh}(\hat{g}(u) - g(u)) \xrightarrow{L} N(0, \gamma^2(u))$。

定理 3.5 得证。

第 4 章　固定效应空间滞后变系数模型

4.1　引　　言

实际经济问题的研究，通常要求参数计量模型需要预先设定变量形式，通常很难准确描述变量的真实的内在关系。非参数计量模型，由于其不需要对变量形式进行预先设定，随着计算机技术的快速发展，引起了人们的广泛关注 (Fan，Yao，2003)。然而，在非参数模型解释变量较多时，会造成估计可靠性降低，即所谓 "维数灾难" 问题。为了有效克服这一难题，具备了良好可读性和稳健性的变系数模型得到许多学者的重视。变系数模型最早由 Hastie 和 Tibshirani(1993) 提出，Fan 和 Zhang(1999) 进一步拓展了一般意义的变系数模型，丰富了变系数模型的内涵。

近年来，关于变系数模型的研究不仅适用于截面数据和时间序列数据，而且在面板数据研究中也得到了应用。对于截面数据变系数模型，Xia 等 (2004) 以及 Fan 和 Huang(2005) 给出了可行的局部多项式估计方法，借鉴了同样的思想，Cai(2007) 对时间序列数据变系数模型进行了深入研究；面板数据模型的研究更为复杂，Cai 和 Li(2008)，Sun 等 (2009)，Li 等 (2011)，Rodriguez-Poo 和 Sobern (2014) 对变系数面板数据模型及相应研究方法进行了探索研究，拓展了变系数模型的外延。

随着研究的深入和实际问题的需要，空间计量模型理论发展迅速，应用趋于广泛 (Lee，Yu，2010)。由于基于空间数据的经济模型的结构往往非常复杂，模型内部可能存在非常复杂的非线性交互作用机制，不仅存在变量的空间关联作用，而且变量之间的非线性特征也较为突出。于是，借鉴了非参数模型和空间计量模型理论双重视角的非参数空间计量模型的研究开始引起学者们的关注，Su(2012)、李坤明和陈建宝 (2013)、Hu 等 (2014) 对截面数据的半参数空间滞后模型进行了尝试研究。

为了克服多元非参数空间滞后模型存在的 "维数灾难" 问题，本章提出一种具有固定效应的变系数空间滞后面板模型，这类模型研究同样适用于随机效应的变系数空间滞后面板模型。值得一提的是，这类模型在现有文献中还未涉及，由于传统的极大似然估计不能直接应用于该模型，本章构建了其截面极大似然估计方法，从理论上讨论了估计量的一致性和渐近有效性，并用数值模拟考察了估计方法的小样本表现。相对于前人研究成果，本章创新之处在于通过建模降低了 Su(2012)、Hu 等 (2014) 的模型 "维数灾难" 的影响，并且将适用于截面数据的模型 (李坤明，陈建宝，2013；乔宁宁，2014) 拓展至面板数据模型，增强了对变量空间非线性作用机制的解释能力。

考虑到具有良好可读性和稳健性的变系数模型在经济学领域具有较强应用价值，我们提出了一种全新固定效应变系数空间滞后模型，并构建了该模型的截面极大似然估计方法，理论证明了其估计量的一致性和渐近正态性，并用蒙特卡罗模拟研究表明该估计方法在小样本情况下的表现，研究结果表明估计量具有良好的表现。

本章余下内容安排如下：首先，给出固定效应空间滞后变系数模型的设定形式；然后，得到模型的估计方法及具体步骤；之后在给定正则假设条件下讨论所构建的估计方法的大样本性质；最后用蒙特卡罗方法考察估计量的小样本表现并给出相关的引理和定理的证明。

4.2　固定效应空间滞后变系数模型的估计

4.2.1　模型设定

考虑固定效应面板数据变系数空间滞后模型，其数学表述为

$$y_{it}=\rho(\boldsymbol{W}_0\boldsymbol{Y}_t)_i+\boldsymbol{x}'_{it}\boldsymbol{\beta}(u_{it})+b_i+\varepsilon_{it},\quad 1\leqslant i\leqslant N, 1\leqslant t\leqslant T \tag{4.1}$$

其中，y_{it} 和 $\boldsymbol{x}_{it}=(x_{it1},\cdots,x_{itp})'$ 分别为被解释变量和 p 个解释变量在第 i 截面单元第 t 时刻的观测值，$\boldsymbol{Y}_t=(y_{1t},\cdots,y_{Nt})'$，$\rho$ 为未知空间相关系数，$\boldsymbol{W}_0=(w_{ij})_{n\times n}$ 为预先设定的空间权重矩阵，$(\boldsymbol{W}_0\boldsymbol{Y}_t)_i$ 为 $\boldsymbol{W}_0\boldsymbol{Y}_t$ 的第 i 个分量，$\boldsymbol{\beta}(u)=(\beta_1(u),\cdots,\beta_p(u))'$，为了使推导更为简洁，假设 u 为一维随机变量，则 $\beta_1(u),\cdots,\beta_p(u)$ 为一元未知函数，b_i 为第 i 个截面单元的个体效应，当 $\{b_i\}$ 与 $\{\boldsymbol{x}_{it}\}$ 相关时，式 (4.1) 为固定效应模型，当 $\{b_i\}$ 与 $\{\boldsymbol{x}_{it}\}$ 不相关时，则式 (4.1) 为随机效应模型，本章中我们关注了固定效应模型，假设 $\sum\limits_{i=1}^{N}b_i=0$ 成立。ε_{it} 为随机误差项，满足 $\varepsilon_{it}\sim \text{i.i.d.}N(0,\sigma^2)$。

记 $\boldsymbol{X}_{\boldsymbol{\beta}}=(\boldsymbol{x}'_{11}\boldsymbol{\beta}(u_{11}),\cdots,\boldsymbol{x}'_{1T}\boldsymbol{\beta}(u_{1T}),\cdots,\boldsymbol{x}'_{N1}\boldsymbol{\beta}(u_{N1}),\cdots,\boldsymbol{x}'_{NT}\boldsymbol{\beta}(u_{NT}))'$，则模型 (4.1) 等价于

$$\boldsymbol{Y}=\rho\boldsymbol{W}\boldsymbol{Y}+\boldsymbol{X}_{\boldsymbol{\beta}}+\boldsymbol{U}_0\boldsymbol{b}_0+\boldsymbol{\varepsilon} \tag{4.2}$$

其中，$\boldsymbol{Y}=(y_{11},\cdots,y_{1T},\cdots,y_{N1},\cdots,y_{NT})'$，$\boldsymbol{W}=\boldsymbol{W}_0\otimes\boldsymbol{I}_T$，$\boldsymbol{b}_0=(b_1,\cdots,b_N)'$，$\boldsymbol{\varepsilon}=(\varepsilon_{11},\cdots,\varepsilon_{1T},\cdots,\varepsilon_{N1},\cdots,\varepsilon_{NT})'$，$\boldsymbol{U}_0=\boldsymbol{I}_N\otimes\boldsymbol{e}_T$，$\boldsymbol{e}_T$ 为 $T\times 1$ 维全为 1 的列向量，“$\otimes$”表示克罗内克乘积。

4.2.2　模型估计

记 $\boldsymbol{\theta}=\left(\rho,\sigma^2\right)'$。对于模型 (4.2) 而言，统计推断的第一步也是最重要的一步是发现合适的估计方法给出未知参数向量 $\boldsymbol{\theta}$ 和函数 $g(\cdot)$ 的估计。在面板数据模型的

统计推断研究中，可以利用一阶差分 (First-differenced) 估计消除固定效应中不随时间变化的固定效应，但在数据时间平稳性的假设不满足的条件下可能会造成估计的有偏性 (Lee，Yu ，2010a)，这里我们对短面板数据模型考虑另外一种研究方法，Chen 等 (2013) 在单指数模型估计中提出一类迭代方法是基于部分参数已知，对其他参数进行求解。这里我们参考 Sun 等 (2009) 对变系数模型的估计，为了减少限制模型估计中的复杂度，采用矩阵变换方法将固定效应线性约束代入模型，定义 $\boldsymbol{b}=(b_2,\cdots,b_N)'$，则模型 (4.2) 的矩阵形式可转换为

$$\boldsymbol{Y}=\rho\boldsymbol{W}\boldsymbol{Y}+\boldsymbol{X}_{\boldsymbol{\beta}}+\boldsymbol{U}\boldsymbol{b}+\boldsymbol{\varepsilon} \tag{4.3}$$

其中 $\boldsymbol{U}=(-\boldsymbol{e}_{N-1},\boldsymbol{I}_{N-1})'\otimes\boldsymbol{e}_T$ 为 $NT\times(N-1)T$ 的矩阵，易得 $\boldsymbol{U}\boldsymbol{b}=\boldsymbol{U}_0\boldsymbol{b}_0$。对于空间计量模型，通常采用的估计方法是极大似然估计方法，下面考察该方法是否适应于提出的模型 (4.1)。

令 $\boldsymbol{A}(\rho)=\boldsymbol{I}_{NT}-\rho\boldsymbol{W}$，则模型 (4.2) 可写为

$$\boldsymbol{A}(\rho)\boldsymbol{Y}=\boldsymbol{X}_{\boldsymbol{\beta}}+\boldsymbol{U}\boldsymbol{b}+\boldsymbol{\varepsilon} \tag{4.4}$$

由上式易知，$\dfrac{\partial\boldsymbol{\varepsilon}}{\partial\boldsymbol{Y}}=\boldsymbol{A}(\rho)$。再由 $\varepsilon_{it}\sim$ i.i.d.$N(0,\sigma^2)$，所以，$\boldsymbol{\Sigma}\hat{=}E\boldsymbol{\varepsilon}\boldsymbol{\varepsilon}'=\sigma^2\boldsymbol{I}_{NT}$，于是：$|\boldsymbol{\Sigma}|=\sigma^{2NT}$，$[\boldsymbol{\Sigma}]^{-1}=(\sigma^2)^{-1}\boldsymbol{I}_{NT}$，因此，模型 (4.3) 的总体的似然函数可以写为

$$\begin{aligned}L(\boldsymbol{\theta},\boldsymbol{b})=&(2\pi)^{-NT/2}(\sigma^2)^{-NT/2}\\&\times\exp\left\{-\frac{1}{2\sigma^2}[\boldsymbol{A}(\rho)\boldsymbol{Y}-\boldsymbol{X}_{\boldsymbol{\beta}}-\boldsymbol{U}\boldsymbol{b}]'[\boldsymbol{A}(\rho)\boldsymbol{Y}-\boldsymbol{X}_{\boldsymbol{\beta}}-\boldsymbol{U}\boldsymbol{b}]\right\}|\boldsymbol{A}(\rho)|\end{aligned} \tag{4.5}$$

可得其对数似然函数为

$$\begin{aligned}\ln L(\boldsymbol{\theta},\boldsymbol{b})=&-\frac{NT}{2}\ln(2\pi)-\frac{NT}{2}\ln(\sigma^2)\\&-\frac{1}{2\sigma^2}[\boldsymbol{A}(\rho)\boldsymbol{Y}-\boldsymbol{X}_{\boldsymbol{\beta}}-\boldsymbol{U}\boldsymbol{b}]'[\boldsymbol{A}(\rho)\boldsymbol{Y}-\boldsymbol{X}_{\boldsymbol{\beta}}-\boldsymbol{U}\boldsymbol{b}]\\&+\ln|\boldsymbol{A}(\rho)|\end{aligned} \tag{4.6}$$

首先对上式关于 $\boldsymbol{b}$ 求偏导并令其为 0，则可以得到 $\boldsymbol{b}$ 的极大似然估计为

$$\hat{\boldsymbol{b}}_T=(\boldsymbol{U}'\boldsymbol{U})^{-1}\boldsymbol{U}'[\boldsymbol{A}(\rho)\boldsymbol{Y}-\boldsymbol{X}_{\boldsymbol{\beta}}] \tag{4.7}$$

进一步，将 $\hat{\boldsymbol{b}}_T$ 代入总体对数似然函数，可以得到关于未知参数的对数似然函数为

$$\begin{aligned}\ln L(\boldsymbol{\theta})=&-\frac{NT}{2}\ln(2\pi)-\frac{NT}{2}\ln(\sigma^2)\\&-\frac{1}{2\sigma^2}[\boldsymbol{A}(\rho)\boldsymbol{Y}-\boldsymbol{X}_{\boldsymbol{\beta}}]'\boldsymbol{H}[\boldsymbol{A}(\rho)\boldsymbol{Y}-\boldsymbol{X}_{\boldsymbol{\beta}}]+\ln|\boldsymbol{A}(\rho)|\end{aligned} \tag{4.8}$$

其中，$\boldsymbol{H}=\boldsymbol{I}_{NT}-\boldsymbol{U}(\boldsymbol{U}'\boldsymbol{U})^{-1}\boldsymbol{U}'$，对上式关于 σ^2 求偏导并令其为 0，则可得 σ^2 的极大似然估计分别为

$$\hat{\sigma}_T^2=(NT)^{-1}[\boldsymbol{A}(\rho)\boldsymbol{Y}-\boldsymbol{X}_{\boldsymbol{\beta}}]'\boldsymbol{H}[\boldsymbol{A}(\rho)\boldsymbol{Y}-\boldsymbol{X}_{\boldsymbol{\beta}}] \tag{4.9}$$

将式 (4.9) 代入式 (4.8) 即可得到关于 ρ 的集中对数似然函数：

$$\ln L(\rho)=\frac{-NT}{2}\ln(2\pi)-\frac{NT}{2}\ln(\hat{\sigma}_T^2)-\frac{NT}{2}+\ln|\boldsymbol{A}(\rho)| \tag{4.10}$$

对于式 (4.10)，因为 $\boldsymbol{\beta}(u_{it})$ 未知，$i=1,\cdots,N;\ t=1,\cdots,T$，无法直接通过关于 ρ 求最大化得到 ρ 的估计值，故本节尝试使用截面极大似然估计方法寻求模型 (4.2) 中未知参数和函数的估计，具体估计方法的实施步骤如下。

第 1 步　假定 $\boldsymbol{\theta}$ 已知，利用 $\hat{\boldsymbol{b}}_T$ 替换 $\boldsymbol{b}$，可以利用集中加权最小二乘方法得到得到关于 $\boldsymbol{\beta}(u)$ 的可行的初始估计 $\hat{\boldsymbol{\beta}}_{IN}(u)$，满足

$$\hat{\boldsymbol{\beta}}_{IN}(u)\hat{=}\hat{\boldsymbol{a}}_1=(\hat{a}_{11},\hat{a}_{12},\cdots,\hat{a}_{1p})',\quad \dot{\hat{\boldsymbol{\beta}}}_{IN}(u)\hat{=}\hat{\boldsymbol{a}}_2=(\hat{a}_{21},\hat{a}_{22},\cdots,\hat{a}_{2p})'$$

关于 $\{(\hat{a}_{1s},\hat{a}_{2s})\}_{s=1}^p$ 的定义为

$$\begin{aligned}&\{(\hat{a}_{1s},\hat{a}_{2s})\}_{s=1}^p\\ =&\ \mathop{\arg\min}_{\{(a_{1s},a_{2s})\}_{s=1}^p}\frac{1}{NT}\sum_{i=1}^N\sum_{t=1}^T\times\left[\tilde{y}_{it}-\sum_{s=1}^p(a_{1s}+a_{2s}(u_{it}-u))x_{its}\right]^2\boldsymbol{k}_h(u_{it}-u)\end{aligned} \tag{4.11}$$

其中，$\tilde{y}_{it}=y_{it}-\rho(\boldsymbol{W}_0\boldsymbol{Y}_t)_i-\hat{b}_{T,i}$，$\boldsymbol{k}_h(u_{it}-u)=h^{-1}\boldsymbol{k}((u_{it}-u)/h)$，$i=1,\cdots,N$；$t=1,\cdots,T$，$\boldsymbol{k}(\cdot)$ 为一元核函数，h 为窗宽。

记

$$\boldsymbol{D}_u\hat{=}\begin{pmatrix}\boldsymbol{x}_{11} & \cdots & \boldsymbol{x}_{NT}\\ \dfrac{u_{11}-u}{h}\boldsymbol{x}_{11} & \cdots & \dfrac{u_{NT}-u}{h}\boldsymbol{x}_{NT}\end{pmatrix}'$$

由

$$\begin{aligned}\boldsymbol{W}_u&=\mathrm{diag}(\boldsymbol{k}_h(u_{11}-u),\cdots,\boldsymbol{k}_h(u_{NT}-u))\\ \boldsymbol{A}(\rho)\boldsymbol{Y}&=(\tilde{y}_{11},\cdots,\tilde{y}_{1T},\cdots,\tilde{y}_{N1},\cdots,\tilde{y}_{NT})'\\ \boldsymbol{\delta}&=(a_{11},\cdots,a_{1p},ha_{21},\cdots,ha_{2p})'\end{aligned}$$

则式 (4.11) 可记为

$$\hat{\boldsymbol{\delta}}=\mathop{\arg\min}_{\boldsymbol{\delta}}\frac{1}{NT}[\boldsymbol{A}(\rho)\boldsymbol{Y}-\boldsymbol{D}_u\boldsymbol{\delta}]'\boldsymbol{H}\boldsymbol{W}_u\boldsymbol{H}[\boldsymbol{A}(\rho)\boldsymbol{Y}-\boldsymbol{D}_u\boldsymbol{\delta}]$$

简单计算可得

$$\hat{\boldsymbol{\delta}} = [\boldsymbol{D}_u'\boldsymbol{H}\boldsymbol{W}_u\boldsymbol{H}\boldsymbol{D}_u]^{-1}\boldsymbol{D}_u'\boldsymbol{H}\boldsymbol{W}_u\boldsymbol{H}\boldsymbol{A}(\rho)\boldsymbol{Y} \tag{4.12}$$

记 $\boldsymbol{S}_u \hat{=} \frac{1}{NT}\boldsymbol{D}_u'\boldsymbol{H}\boldsymbol{W}_u\boldsymbol{H}\boldsymbol{D}_u$，$\boldsymbol{T}_u \hat{=} \frac{1}{NT}\boldsymbol{D}_u'\boldsymbol{H}\boldsymbol{W}_u\boldsymbol{H}\boldsymbol{A}(\rho)\boldsymbol{Y}$，$\boldsymbol{e}_0 \hat{=} (\boldsymbol{I}_p, \boldsymbol{0}_p)'$，则

$$\hat{\boldsymbol{\beta}}_{IN}(u) = (\hat{a}_{11}, \hat{a}_{12}, \cdots, \hat{a}_{1p})' = \boldsymbol{e}_0'\hat{\boldsymbol{\delta}} = \boldsymbol{e}_0'\boldsymbol{S}_u^{-1}\boldsymbol{T}_u \tag{4.13}$$

从而，我们得到 $\boldsymbol{X}_{\boldsymbol{\beta}}$ 的初始估计为

$$\begin{aligned}\boldsymbol{X}_{\hat{\boldsymbol{\beta}}_{IN}} &= \begin{pmatrix} \begin{pmatrix} \boldsymbol{x}_{11}' & 0 \end{pmatrix} (\boldsymbol{D}_{u_{11}}\boldsymbol{H}\boldsymbol{W}_{u_{11}}\boldsymbol{H}\boldsymbol{D}_{u_{11}})^{-1}\boldsymbol{D}_{u_{11}}\boldsymbol{H}\boldsymbol{W}_{u_{11}}\boldsymbol{H} \\ \vdots \\ \begin{pmatrix} \boldsymbol{x}_{NT}' & 0 \end{pmatrix} (\boldsymbol{D}_{u_{NT}}\boldsymbol{H}\boldsymbol{W}_{u_{NT}}\boldsymbol{H}\boldsymbol{D}_{u_{NT}})^{-1}\boldsymbol{D}_{u_{NT}}\boldsymbol{H}\boldsymbol{W}_{u_{NT}}\boldsymbol{H} \end{pmatrix} \boldsymbol{A}(\rho)\boldsymbol{Y} \\ &\triangleq \boldsymbol{S}\boldsymbol{A}(\rho)\boldsymbol{Y} \end{aligned} \tag{4.14}$$

其中，矩阵 $\boldsymbol{S}$ 仅依赖于 $\{(u_{it}, \boldsymbol{x}_{it}'), i = 1, \cdots, N; t = 1, \cdots, T\}$。

第 2 步 用 $\boldsymbol{X}_{\hat{\boldsymbol{\beta}}_{IN}}$ 替代式 (4.6) 中的 $\boldsymbol{X}_{\boldsymbol{\beta}}$，得到对数似然函数的近似值为

$$\begin{aligned}\ln\tilde{L}(\boldsymbol{\theta}) = &-\frac{NT}{2}\ln(2\pi) - \frac{NT}{2}\ln(\sigma^2) - \frac{1}{2\sigma^2}[\boldsymbol{A}(\rho)\boldsymbol{Y} - \boldsymbol{X}_{\hat{\boldsymbol{\beta}}_{IN}}]'\boldsymbol{H}[\boldsymbol{A}(\rho)\boldsymbol{Y} - \boldsymbol{X}_{\hat{\boldsymbol{\beta}}_{IN}}] \\ &+ \ln|\boldsymbol{A}(\rho)| \end{aligned} \tag{4.15}$$

因此，使上式达到最大值的 $\hat{\boldsymbol{\theta}}$ 即为 $\boldsymbol{\theta}$ 的估计值，即

$$\hat{\boldsymbol{\theta}} = \arg\max_{\boldsymbol{\theta}} \frac{1}{NT}\ln\tilde{L}(\boldsymbol{\theta})$$

实际估计分两步完成。首先，假定 ρ 已知，对式 (4.15) 求解关于 σ^2 的最大化问题，得到初始估计为

$$\hat{\sigma}_{IN}^2 = (NT)^{-1}[\boldsymbol{A}(\rho)\boldsymbol{Y} - \boldsymbol{X}_{\hat{\boldsymbol{\beta}}_{IN}}]'\boldsymbol{H}[\boldsymbol{A}(\rho)\boldsymbol{Y} - \boldsymbol{X}_{\hat{\boldsymbol{\beta}}_{IN}}] \tag{4.16}$$

然后，用 $\hat{\sigma}_{IN}^2$ 替代式 (5.15) 中的 σ^2，得到关于 ρ 的集中对数似然函数：

$$\ln\tilde{L}(\rho) = -\frac{NT}{2}\ln(2\pi) - \frac{N}{2}\ln(\hat{\sigma}_{IN}^2) - \frac{NT}{2} + \ln|\boldsymbol{A}(\rho)| \tag{4.17}$$

因此，ρ 的估计为

$$\hat{\rho} = \arg\max_{\rho}\ln\tilde{L}(\rho) \tag{4.18}$$

此为一个非线性最优化问题，实际估计时可用迭代方法求解。

第 3 步 用第 2 步中得到的 $\hat{\rho}$ 替代式 (4.13) 中的 ρ，得到非参数部分的最终估计：

$$\hat{\boldsymbol{\beta}}(u) = \boldsymbol{e}_0'[\boldsymbol{D}_u'\boldsymbol{H}\boldsymbol{W}_u\boldsymbol{H}\boldsymbol{D}_u]^{-1}\boldsymbol{D}_u'\boldsymbol{H}\boldsymbol{W}_u\boldsymbol{H}\boldsymbol{A}(\hat{\rho})\boldsymbol{Y} \tag{4.19}$$

第 4 步 分别将 $\hat{\rho}$, $\hat{\boldsymbol{\beta}}(u)$ 代入式 (4.16)，可以得到 σ^2 的最终估计：

$$\hat{\sigma}^2 = (NT)^{-1}[\boldsymbol{A}(\rho)\boldsymbol{Y} - \boldsymbol{X}_{\hat{\boldsymbol{\beta}}}]'\boldsymbol{H}[\boldsymbol{A}(\rho)\boldsymbol{Y} - \boldsymbol{X}_{\hat{\boldsymbol{\beta}}}] \tag{4.20}$$

进一步，可以求出 $\boldsymbol{b}$ 的估计：

$$\hat{\boldsymbol{b}} = (\boldsymbol{U}'\boldsymbol{U})^{-1}\boldsymbol{U}'[\boldsymbol{A}(\hat{\rho})\boldsymbol{Y} - \boldsymbol{X}_{\hat{\boldsymbol{\beta}}}]$$

4.2.3 估计的大样本性质

4.2.3.1 假设条件

记 $\boldsymbol{\theta}_0 = \left(\rho_0, \sigma_0^2\right)'$ 为空间参数及方差的真实值。为了考证 4.2.2 节构建的 $\boldsymbol{\theta}$、$\boldsymbol{\beta}(u)$ 的截面极大似然估计 $\hat{\boldsymbol{\theta}}$ 和 $\hat{\boldsymbol{\beta}}(u)$ 的一致性和渐近正态性，我们需要下述适当的正则假设条件。

A4.1 关于模型中变量的假设条件：

(i) $\{\boldsymbol{x}_{it}, y_{it}, u_{it}, \varepsilon_{it}\}_{i=1,t=1}^{N,T}$ 为 i.i.d. 随机序列，$\{u_{it}\}_{i=1,t=1}^{N,T}$ 的边际密度函数 $f_t(u)$ 在 $\boldsymbol{\mathcal{U}}$ 上连续可微，同时 $f_t(u)$ 一致有界且不为零，对任意的 i，$(u_{i1}, \cdots, u_{iT})$ 存在联合密度函数；在 $t_1 \neq t_2$ 时，(u_{it_1}, u_{it_2}) 联合密度函数 $f_{t_1t_2}(n, v)$ 在 $\boldsymbol{\mathcal{U}} \times \boldsymbol{\mathcal{U}}$ 处连续可微，$\boldsymbol{\mathcal{U}}$ 为 $\boldsymbol{k}(u)$ 的支撑集；$\boldsymbol{\Omega}(u) = E(\boldsymbol{x}_{i_1t_1}\boldsymbol{x}'_{i_2t_2} | u_{i_1t_1} = u_{i_2t_2} = u)$ 存在且非奇异，每一个元素都二阶连续可微；$E(\boldsymbol{x}_{it}\boldsymbol{x}'_{it})$ 为非奇异的常数矩阵；且有 $E(\boldsymbol{x}_{it}\varepsilon_{it} | u_{it}) = 0$，$E(\boldsymbol{x}_{it}b_i | u_{it}) = 0$。固定效应 b_i 满足 $E(b_i | \boldsymbol{x}_1, \cdots, \boldsymbol{x}_{NT}) = 0$，$\mathrm{Var}(b_i | \boldsymbol{x}_{11}, \cdots, \boldsymbol{x}_{NT}) = \sigma_b^2 < \infty$，以及 $E(\|b_i\boldsymbol{x}'_{it}\|) < \infty$；$\varepsilon_{it}$ 满足 $E(\varepsilon_{it} | \boldsymbol{x}_1, \cdots, \boldsymbol{x}_{NT}) = 0$，$\mathrm{Var}(\varepsilon_{it} | \boldsymbol{x}_{11}, \cdots, \boldsymbol{x}_{NT}) = \sigma_\varepsilon^2 < \infty$，以及 $E(\|\varepsilon_{it}\boldsymbol{x}'_{it}\|) < \infty$；其中，$i = 1, \cdots, N$; $t = 1, \cdots, T$。参考 Chen 等 (2013) 中关于密度函数的假设。

(ii) 存在 $r = \max\{4, s\}$，使得 $E\|\boldsymbol{x}_{it}\|^r < \infty$，$E|b_i|^r < \infty$，$E|\varepsilon_{it}|^r < \infty$，并对 $\tau < 2 - s^{-1}$，则有 $N^{2\tau-1}h \to \infty$，其中 $i = 1, \cdots, N, t = 1, \cdots, T$。

(iii) 实值函数 $\beta_i(u)(i = 1, \cdots, p)$ 二阶连续可微，并且对于任意定义域上的 u 都有 $|\beta_i(u)| \leqslant m_\beta$，其中，$m_\beta$ 为正常数。

A4.2 关于模型中常量的假设条件：

(i) $\boldsymbol{W}_0$ 的对角元为零，非对角元 $w_{0,ij}$ 一致小于 $O\left(\dfrac{1}{l_N}\right)$，并且 $\lim\limits_{N\to\infty}\dfrac{l_N}{N} = 0$。对任意 $\rho \in \Theta$，$\boldsymbol{I}_N - \rho\boldsymbol{W}_0$ 非奇异，其中，Θ 为凸紧集，ρ_0 为 Θ 的内点。

(ii) $\boldsymbol{W}_0$ 和 $(\boldsymbol{I}_N - \rho\boldsymbol{W}_0)^{-1}$ 在 $\rho \in \Theta$ 上满足绝对行和与绝对列和一致有界。

A4.3 关于核函数的假设条件：

$\boldsymbol{k}(\cdot)$ 为连续非负偶函数，令 $\mu_l = \displaystyle\int \boldsymbol{k}(v)v^l\mathrm{d}v$，$\nu_l = \displaystyle\int \boldsymbol{k}^2(v)v^l\mathrm{d}v$，则对于任意的正奇数 l，$\mu_l = v_l = 0$；同时 $\mu_0 = 1$，$\mu_2 \neq 0$。

A4.4 关于窗宽的假设条件：在 $N \to \infty$，$T \to \infty$ 及 $h \to 0$ 时，$NTh \to \infty$。

A4.5 参数估计唯一性条件：存在唯一 $\boldsymbol{\theta}_0$, 使得模型 (4.2) 成立。

A4.6 $\lim\limits_{N,T\to\infty}\dfrac{1}{NT\sigma_0^2}(\boldsymbol{X}_{\boldsymbol{\beta}}+\boldsymbol{U}\boldsymbol{b})'\boldsymbol{B}_0'\boldsymbol{H}\boldsymbol{B}_0(\boldsymbol{X}_{\boldsymbol{\beta}}+\boldsymbol{U}\boldsymbol{b})$ 存在并且为非奇异矩阵，其中，$\boldsymbol{B}_0=\boldsymbol{W}\boldsymbol{A}^{-1}(\rho_0)$。

A4.7 $\lim\limits_{N,T\to\infty}\left\{\dfrac{1}{NT}\mathrm{tr}(\boldsymbol{B}_0^2)+\dfrac{1}{NT}\mathrm{tr}(\boldsymbol{B}_0'\boldsymbol{H}\boldsymbol{B}_0)-\dfrac{2}{N^2T^2}[\mathrm{tr}(\boldsymbol{B}_0'\boldsymbol{H})]^2\right\}>0$。

A4.1 和 A4.2 描述的是本章提出的随机效应模型和空间权重矩阵特征；A4.3 和 A4.4 给出的是核函数和带宽条件；A4.5 为唯一性识别条件；A4.6 和 A4.7 是参数部分渐近正态分布证明条件。

4.2.3.2 主要结论

在给出估计量的大样本性质之前，我们先给出几个有用的引理。

引理 4.1 在假设条件 A4.1—A4.4 下，

$$\boldsymbol{S}_u\xrightarrow{P}F(u)\begin{pmatrix}\boldsymbol{\Omega}(u) & \boldsymbol{0}\\ \boldsymbol{0} & \mu_2\boldsymbol{\Omega}(u)\end{pmatrix}$$

其中，$F(u)=\lim\limits_{T\to\infty}\dfrac{1}{T}\sum\limits_{t=1}^{T}f_t(u)$，$\boldsymbol{\Omega}(u)=E(\boldsymbol{x}_{i_1t_1}\boldsymbol{x}_{i_2t_2}'|u_{i_1t_1}=u_{i_2t_2}=u)$，$i_1,i_2=1,\cdots,N$；$t_1,t_2=1,\cdots,T$。

引理 4.2 在假设条件 A4.1—A4.4 下，$\hat{\boldsymbol{\beta}}_{IN}(u)\xrightarrow{P}\boldsymbol{\beta}(u)$。

在给出主要结论前，我们需要记

$$\Theta_0=\{\rho|\,\rho\in\Theta,\|\rho-\rho_0\|\leqslant c_1(NT)^{-1/2}\}$$

其中，c_1 为给定正常数，类似约束参考 Härdle 等 (1993)。不同于 Su 和 Jin (2010), 本文模型中解释变量为随机变量，参考 Pang 和 Xue (2012)。

定理 4.1 在假设条件 A4.1—A4.5 下，$\hat{\rho}-\rho_0=op(1)$，对 $u\in\boldsymbol{\mathcal{U}}$ 成立。

定理 4.2 在假设条件 A4.1—A4.5 下，$\hat{\boldsymbol{\beta}}(u)-\boldsymbol{\beta}(u)=op(1)$，对 $\rho\in\Theta_0$ 及 $u\in\boldsymbol{\mathcal{U}}$ 成立。

定理 4.3 在假设条件 A4.1—A4.5 下，$\hat{\sigma}^2-\sigma_0^2=op(1)$，对 $\rho\in\Theta_0$ 及 $u\in\boldsymbol{\mathcal{U}}$ 成立。

定理 4.4 在假设条件 A4.1—A4.6 或假设条件 A4.1—A4.5 及 A4.7 下，

$$\sqrt{NT}(\hat{\boldsymbol{\theta}}-\boldsymbol{\theta}_0)\xrightarrow{d}N(\boldsymbol{0},\boldsymbol{\Sigma}_{\boldsymbol{\theta}_0}^{-1})$$

其中，$\boldsymbol{\Sigma}_{\boldsymbol{\theta}_0}=-\lim\limits_{N,T\to\infty}E\left[\left(\dfrac{1}{NT}\dfrac{\partial^2\ln L(\boldsymbol{\theta})}{\partial\boldsymbol{\theta}\partial\boldsymbol{\theta}'}\right)\Big|_{\boldsymbol{\theta}=\boldsymbol{\theta}_0}\right]$。

定理 4.5 在假设条件 A4.1—A4.5 下,

$$\sqrt{NTh}(\hat{\boldsymbol{\beta}}(u)-\boldsymbol{\beta}(u)-\varphi(u))\xrightarrow{L}N(0,\gamma^2(u))$$

对 $\rho\in\Theta_0$ 及 $u\in\boldsymbol{\mathcal{U}}$ 成立。上式中 $\gamma^2(u)$, $\varphi(u)$ 满足

$$\varphi(u)=\frac{1}{2}h^2\mu_2\ddot{\boldsymbol{\beta}}(u),\quad \gamma^2(u)=\nu_0\sigma_0^2[F(u)\boldsymbol{\Omega}(u)]^{-1}$$

其中,

$$F(u)=\lim_{T\to\infty}\frac{1}{T}\sum_{t=1}^{T}f_t(u)$$

$$\boldsymbol{\Omega}=E(\boldsymbol{x}_{i_1t_1}\boldsymbol{x}'_{i_2t_2}|u_{i_1t_1}=u_{i_2t_2}=u),\quad i_1,i_2=1,\cdots,N;\quad t_1,t_2=1,\cdots,T$$

进一步, 在 $NTh^5\to 0$ 时, 有

$$\sqrt{NTh}(\hat{\boldsymbol{\beta}}(u)-\boldsymbol{\beta}(u))\xrightarrow{L}N(0,\gamma^2(u))$$

对 $\rho\in\Theta_0$, $u\in\boldsymbol{\mathcal{U}}$ 成立。

定理 4.1 至定理 4.3 分别给出了 $\hat{\rho}$, $\hat{\boldsymbol{\beta}}(u)$ 和 $(\hat{\sigma}_\varepsilon^2,\hat{\sigma}_b^2)'$ 的一致性, 定理 4.4 和定理 4.5 给出了估计量的渐近正态分布。

4.2.4 蒙特卡罗模拟结果

下面我们利用蒙特卡罗方法来评估所给出的估计方法的小样本表现。一方面, 为了评估参数估计效果, 对于每个估计量, 计算样本标准差 (Std. dev) 和均方根误差 (Root Mean Square Error, RMSE):

$$\text{RMSE}=\left[\frac{1}{mcn}\sum_{i=1}^{mcn}(\hat{\theta}_i-\theta_0)^2\right]^{1/2}$$

其中, $\hat{\theta}_i$ 为第 i 次模拟所得到的参数估计值, $i=1,\cdots,mcn$, θ_0 为参数真实值, mcn 为模拟次数。另一方面, 为了评估非参数部分估计效果, 采用平均绝对误差 (Mean Absolute Deviation Error, MADE):

$$\text{MADE}_j=Q^{-1}\sum_{q=1}^{Q}\left|\hat{\boldsymbol{\beta}}_j(u_q)-\hat{\boldsymbol{\beta}}_j(u_q)\right|$$

其中, $j=1,\cdots,mcn$, $\{u_q\}_{q=1}^{Q}$ 为 u 的支撑集内选取的 Q 个固定网格点。

由于难以选择最优窗宽 (Su, 2012), 我们利用拇指准则在非参数估计时选择窗宽, 这里使用的核函数为常用的 Epanechnikov 核函数。

4.2.4.1 数据生成过程

对于模型 (4.2)，我们通过代入已知参数数据生成样本，假设模拟样本时间长度分别为 3 期和 5 期，即 $T=3$ 和 $T=5$。对于数据生成过程，作如下设计。

(i) 令 $\boldsymbol{x}_{it}$ 为二维随机变量，$i=1,\cdots,N$，$t=1,\cdots,T$，其中每个分量均服从均匀分布 $U(-2,2)$，同时 $\beta_1(u_{it})=0.5u_{it}+\sin(1.5u_{it})$，$\beta_2(u_{it})=\mathrm{e}^{-1.5u_{it}^2}+0.2u_{it}$，$u_{it}$ 服从均匀分布 $U(-3,3)$，$i=1,\cdots,N$，$t=1,\cdots,T$，随机误差项 $\boldsymbol{\varepsilon}$ 的各分量满足 $\varepsilon_{it}\sim \text{i.i.d.}N(0,\sigma_0^2)$，其中 $\sigma_0^2=0.5$；固定效应 $\boldsymbol{b}$ 满足 $b_i=0.5x_{iA}^*+v_i$，$i=1,\cdots,N-1$，$b_N=-\sum\limits_{i=1}^{N-1}b_i$，$x_{iA}^*=\dfrac{1}{2T}\sum\limits_{t=1}^{T}(x_{it1}+x_{it2})$，$v_i\sim \text{i.i.d.}N(0,1)$，其中 $\{\boldsymbol{x}_{it}\}$, $\{v_i\}$, $\{\varepsilon_{it}\}$ 相互独立。

(ii) 取空间相关系数 ρ_0=0.5，为了考察空间权重矩阵对估计效果的影响，借鉴 Lee (2004) 的做法，使用 Case (1991) 所提出的一类权重矩阵，这里 $N=R\times M$, 分别取 $R=20,30$，$M=2,4$ 进行模拟得到结果。另外，为了比较不同空间权重矩阵的影响，同时采用 Rook 权重矩阵，取 $N=49$, 64, 81, 100 进行模拟对比。

4.2.4.2 数据模拟结果

利用 Matlab 进行 300 次模拟，记录每次模拟结果，并计算各项评级指标，其中，参数的模拟结果见表 4.1。

表 4.1 参数模拟结果 (Case 权重矩阵)

T	R	参数	$M=2$				$M=3$			
			Mean	Std.dev	RMSE1	RMSE2	Mean	Std.dev	RMSE1	RMSE2
3	20	ρ	0.4991	0.0402	0.0401	0.0395	0.4974	0.0373	0.0373	0.0371
		σ^2	0.4800	0.0720	0.0746	0.0815	0.4666	0.0537	0.0631	0.0569
	30	ρ	0.5000	0.0306	0.0306	0.0326	0.5001	0.0305	0.0305	0.0325
		σ^2	0.4637	0.0581	0.0685	0.0610	0.4524	0.0458	0.0659	0.0452
5	20	ρ	0.5029	0.0248	0.0249	0.0255	0.4987	0.0240	0.0240	0.0219
		σ^2	0.5097	0.0522	0.0559	0.0525	0.5026	0.0410	0.0410	0.0376
	30	ρ	0.5003	0.0201	0.0201	0.0198	0.4987	0.0196	0.0197	0.0201
		σ^2	0.4981	0.0417	0.0416	0.0422	0.4876	0.0343	0.0364	0.0345

观察表 4.1，容易看出参数 ρ, σ^2 的估计值与其真实值在各种情况下较为接近，表明了估计量具有较好的小样本表现，验证了估计方法的优良性。首先，在考虑样本时间长度固定 (T 相同) 时，我们可以发现以下几点。

第一，当空间复杂度固定 (M 相同) 时，参数 ρ, σ^2 的估计值与其真实值的偏误随地区数 R 的增加而减小，表现为 RMSE1，RMSE2 随 R 的增加而减少。说明在空间复杂度相同的情况下 (M 相同)，样本容量越大，参数估计的偏误越小。同

时可以看到当 M 固定时，参数估计值的标准差也随着地区数 R 的增加而减小，这说明参数的估计值会随着样本容量的增大而收敛到参数的真值。

第二，在地区数固定 (R 相同) 时，参数 ρ 的估计偏误没有因空间复杂度 M 的增加而减少，与参数 ρ 不同，σ^2 估计偏误和标准差都随着空间复杂度 M 的增加而减少，说明对于参数 ρ，在地区数 R 相同的情况下，空间复杂度的增加会抵消样本容量增加所带来的估计偏误的减少。

第三，在样本截面单元数量固定 (N 相同) 时，参数 ρ 的估计偏误会因空间复杂度的增加而增加，其他参数的估计偏误和标准差受空间复杂度的影响较小。为说明结论，考虑样本 $N=60$，即 $R=20, M=3$ 和 $R=30, M=2$ 的情形，可以发现，当 $R=20, M=3$ 时，ρ 的估计偏误和标准差均比 $R=30, M=2$ 时大，而 σ^2 的估计偏误和标准差在两种情形下相近。

最后，当样本截面单元数量、空间复杂度、地区数均固定 (N, M, R 均相同) 时，参数 ρ, σ^2 的估计值与其真实值的偏误随时间长度 T 的增加而减小，表现为 RMSE1，RMSE2 随 T 的增加而减少。说明在样本截面单元数量、空间复杂度、地区数均固定 (N, M, R 均相同) 时，样本容量越大，参数估计的偏误越小。同时可以看到，参数估计值的标准差也随着 T 的增加而减小，同样说明参数的估计值会随着样本容量的增大而收敛到参数的真值。

表 4.2 给出了两个未知系数函数在 20 个固定格点处估计的 MADE 值的中位数和标准差。对比模拟结果发现，未知函数的估计效果与空间复杂度 (M 的取值) 关系不大，主要受样本截面单元数量 ($N=R\times M$) 和样本时间长度 (T) 的影响，随着样本容量的增大，MADE 的中位数和标准差均趋于下降，说明未知系数函数的估计是收敛的。

表 4.2 未知函数的 MADE 值的中位数和标准差 (Case 权重矩阵)

统计量		$T=3$				$T=5$			
		$M=2$		$M=3$		$M=2$		$M=3$	
		$R=20$	$R=30$	$R=20$	$R=30$	$R=20$	$R=30$	$R=20$	$R=30$
β_1	Median	0.3835	0.3577	0.3580	0.3306	0.3024	0.2727	0.2758	0.2489
	Std.dev	0.0497	0.0421	0.0403	0.0357	0.0386	0.0334	0.0335	0.0276
β_2	Median	0.1977	0.1729	0.1698	0.1573	0.1504	0.1312	0.1302	0.1185
	Std.dev	0.0502	0.0395	0.0409	0.0319	0.0316	0.0256	0.0269	0.0217

图 4.1 和图 4.2 分别展示了在样本截面单元数量满足 $N=200$ ($R=100$，$M=2$) 以及 $N=500$ ($R=100$，$M=5$)，时间长度 $T=5$，参数满足 $\rho=0.3$，$\sigma^2=0.5$ 时，未知函数 $\beta_1(u)$，$\beta_2(u)$ 的估计效果。由图 4.1 和图 4.2 可知，样本容量增加会改善未知函数的估计效果，空间复杂度增加对非参数估计效果的影响不大。

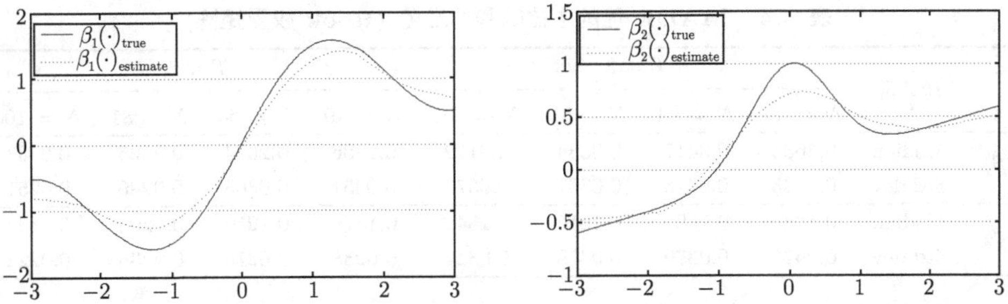

图 4.1 $N = 200$ ($R = 100$，$M = 2$) 函数 $\beta_1(u)$，$\beta_2(u)$ 的估计效果 (Case 权重矩阵)

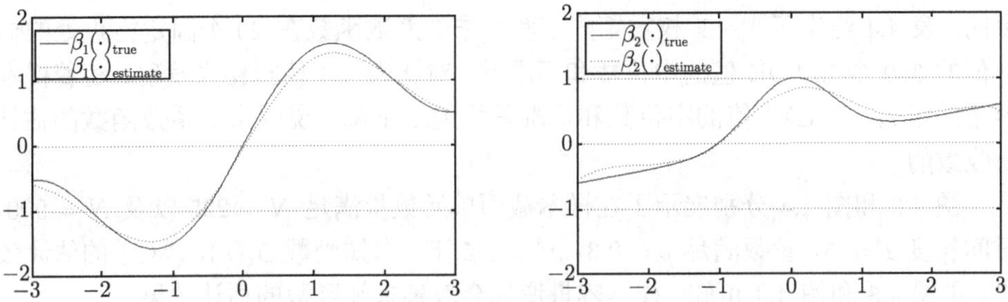

图 4.2 $N = 500$ ($R = 100$，$M = 5$) 函数 $\beta_1(u)$，$\beta_2(u)$ 的估计效果 (Case 权重矩阵)

表 4.3 为基于 Rook 权重矩阵进行模拟的最终结果。通过观察表 4.3 可知，参数 ρ，σ^2 的估计值与其真实值在各种情况下较为接近，说明了估计量具有较好的小样本表现，同时我们发现，在样本时间长度固定 (T 相同) 时，参数的估计偏误随样本截面单元数量的增加而减小，而在样本截面单元数量固定 (N 相同) 时，参数的估计偏误随样本时间长度的增加而减小，均说明了样本容量越大，参数估计的偏误越小。从表中同样可以发现，参数估计值的标准差也随着样本数的增加而

表 4.3　参数模拟结果 (Rook 权重矩阵)

N	参数	$T=3$				$T=5$			
		Mean	Std.dev	RMSE1	RMSE2	Mean	Std.dev	RMSE1	RMSE2
49	ρ	0.5038	0.0647	0.0647	0.0652	0.4978	0.0447	0.0446	0.0477
	σ^2	0.4657	0.0615	0.0704	0.0520	0.5104	0.0472	0.0483	0.0408
64	ρ	0.4947	0.0575	0.0576	0.0553	0.5018	0.0377	0.0377	0.0344
	σ^2	0.4612	0.0498	0.0631	0.0498	0.4984	0.0415	0.0414	0.0422
81	ρ	0.4998	0.0504	0.0503	0.0504	0.4980	0.0350	0.0350	0.0379
	σ^2	0.4538	0.0498	0.0679	0.0541	0.4907	0.0365	0.0376	0.0362
100	ρ	0.5072	0.0479	0.0483	0.0474	0.5009	0.0317	0.0316	0.0324
	σ^2	0.4493	0.0427	0.0662	0.0419	0.4834	0.0330	0.0369	0.0336

表 4.4 MADE 值的中位数和标准差 (Rook 权重矩阵)

	统计量	$T=3$				$T=5$			
		$N=49$	$N=64$	$N=81$	$N=100$	$N=49$	$N=64$	$N=81$	$N=100$
β_1	Median	0.3636	0.3417	0.3334	0.3172	0.2886	0.2674	0.2525	0.2463
	Std.dev	0.0435	0.0416	0.0367	0.0378	0.0351	0.0305	0.0286	0.0251
β_2	Median	0.1845	0.1693	0.1612	0.1542	0.1379	0.1250	0.1203	0.1123
	Std.dev	0.0475	0.0379	0.0379	0.0334	0.0288	0.0275	0.0235	0.0222

减小，说明参数的估计值会随着样本容量的增大而收敛。综上所述，参数估计值会随着样本容量的增大而收敛到参数的真值，这与所得到的估计的大样本性质是一致的。表 4.4 给出了 Rook 权重矩阵下两个未知系数函数在 20 个固定格点处的估计值的 300 个 MADE 值的中位数和标准差。对比表 4.4 模拟结果发现，随着样本容量的增大，MADE 值的中位数和标准差均趋于下降，说明未知系数函数的估计是收敛的。

图 4.3 和图 4.4 分别展示了在样本截面单元数量满足 $N=225$ 以及 $N=900$，时间长度 $T=5$，参数满足 $\rho=0.3$，$\sigma^2=0.5$ 下，未知函数 $\beta_1(u)$，$\beta_2(u)$ 的估计效果。由图 4.3 和图 4.4 可知，样本容量增加会改善未知函数的估计效果。

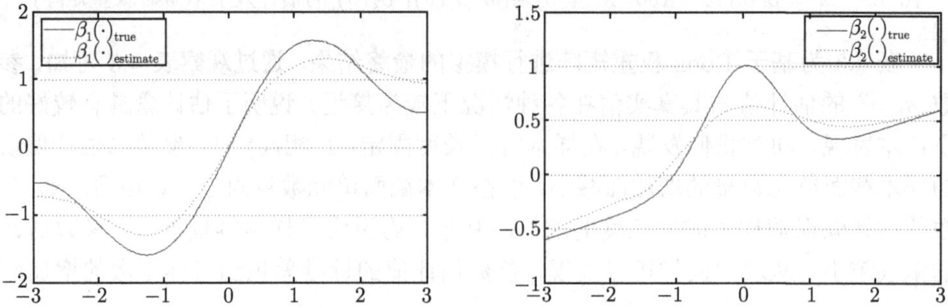

图 4.3 $N=225$ 下函数 $\beta_1(u)$，$\beta_2(u)$ 的估计效果 (Rook 权重矩阵)

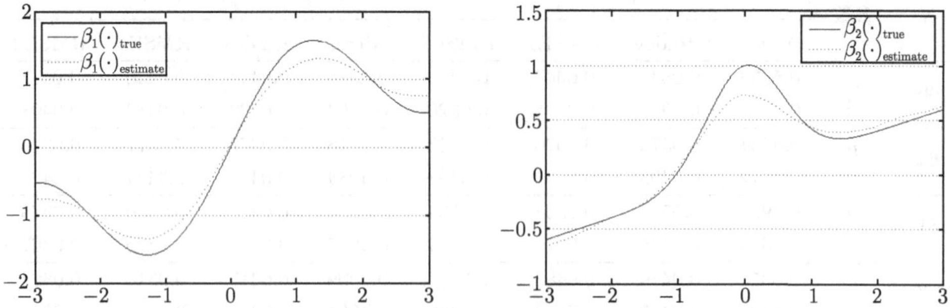

图 4.4 $N=900$ 下函数 $\beta_1(u)$，$\beta_2(u)$ 的估计效果 (Rook 权重矩阵)

4.3 引理和定理证明

引理 4.1 在假设条件 A4.1—A4.4 下，

$$\boldsymbol{S}_u \xrightarrow{P} F(u)\begin{pmatrix} \boldsymbol{\Omega}(u) & \boldsymbol{0} \\ \boldsymbol{0} & \mu_2\boldsymbol{\Omega}(u) \end{pmatrix}$$

其中，

$$F(u) = \lim_{T\to\infty}\frac{1}{T}\sum_{t=1}^{T} f_t(u)$$

$$\boldsymbol{\Omega}(u) = E(\boldsymbol{x}_{i_1t_1}\boldsymbol{x}'_{i_2t_2}|u_{i_1t_1} = u_{i_2t_2} = u), \quad i_1, i_2 = 1, \cdots, N, \quad t_1, t_2 = 1, \cdots, T$$

证明 考虑 $\boldsymbol{S}_u = \dfrac{1}{NT}\boldsymbol{D}'_u\boldsymbol{H}\boldsymbol{W}_u\boldsymbol{H}\boldsymbol{D}_u$，已知

$$\boldsymbol{H} = \boldsymbol{I}_{NT} - \boldsymbol{U}(\boldsymbol{U}'\boldsymbol{U})^{-1}\boldsymbol{U}', \quad \boldsymbol{U} = (-\boldsymbol{e}_{N-1}, \boldsymbol{I}_{N-1})' \otimes \boldsymbol{e}_T$$

可以得到

$$\boldsymbol{H} = \boldsymbol{I}_{NT} - \boldsymbol{I}_N \otimes \left(\frac{1}{T}\boldsymbol{e}_T\boldsymbol{e}'_T\right) - \left(\frac{1}{N}\boldsymbol{e}_N\boldsymbol{e}'_N\right) \otimes \left(\frac{1}{T}\boldsymbol{e}_T\boldsymbol{e}'_T\right)$$

通过简单的代数计算易知，$\boldsymbol{H} = (\boldsymbol{H}_{ij})_{N\times N}(i,\ j = 1,\ \cdots,\ N)$ 满足

$$\boldsymbol{H}_{ij} = \begin{pmatrix} 1-(N-1)/(NT) & -(N-1)/(NT) & \cdots & -(N-1)/(NT) \\ -(N-1)/(NT) & 1-(N-1)/(NT) & \cdots & -(N-1)/(NT) \\ \vdots & \vdots & & \vdots \\ -(N-1)/(NT) & -(N-1)/(NT) & \cdots & 1-(N-1)/(NT) \end{pmatrix}_{T\times T}$$

$$i = j$$

$$\boldsymbol{H}_{ij} = \begin{pmatrix} 1/(NT) & 1/(NT) & \cdots & 1/(NT) \\ 1/(NT) & 1/(NT) & \cdots & 1/(NT) \\ \vdots & \vdots & & \vdots \\ 1/(NT) & 1/(NT) & \cdots & 1/(NT) \end{pmatrix}_{T\times T}, \quad i \neq j$$

记

$$\boldsymbol{S}_u = \frac{1}{NT}\boldsymbol{D}'_u\boldsymbol{H}\boldsymbol{W}_u\boldsymbol{H}\boldsymbol{D}_u \hat{=} \begin{pmatrix} \boldsymbol{S}_{u,0} & \boldsymbol{S}_{u,1} \\ \boldsymbol{S}_{u,1} & \boldsymbol{S}_{u,2} \end{pmatrix}$$

由 $\boldsymbol{H} = (a_{i_1t_1,i_2t_2})_{NT\times NT}$，可知

$$\boldsymbol{S}_{u,0} = \frac{1}{NT}\sum_{i_1=1}^{N}\sum_{i_2=1}^{N}\sum_{i_3=1}^{N}\sum_{t_1=1}^{T}\sum_{t_2=1}^{T}\sum_{t_3=1}^{T}[a_{i_1t_1,i_2t_2}a_{i_2t_2,i_3t_3}\boldsymbol{x}_{i_1t_1}\boldsymbol{x}'_{i_3t_3}\boldsymbol{k}_h(u_{i_2t_2} - u)]$$

$$\boldsymbol{S}_{u,1}=\frac{1}{NT}\sum_{i_1=1}^{N}\sum_{i_2=1}^{N}\sum_{i_3=1}^{N}\sum_{t_1=1}^{T}\sum_{t_2=1}^{T}\sum_{t_3=1}^{T}\Bigg[a_{i_1t_1,i_2t_2}a_{i_2t_2,i_3t_3}\boldsymbol{x}_{i_1t_1}\boldsymbol{x}'_{i_3t_3}\boldsymbol{k}_h(u_{i_2t_2}-u)\cdot\left(\frac{u_{i_1t_1}-u}{h}\right)\Bigg]$$

$$\boldsymbol{S}_{u,2}=\frac{1}{NT}\sum_{i_1=1}^{N}\sum_{i_2=1}^{N}\sum_{i_3=1}^{N}\sum_{t_1=1}^{T}\sum_{t_2=1}^{T}\sum_{t_3=1}^{T}\Bigg[a_{i_1t_1,i_2t_2}a_{i_2t_2,i_3t_3}\boldsymbol{x}_{i_1t_1}\boldsymbol{x}'_{i_3t_3}\boldsymbol{k}_h(u_{i_2t_2}-u)\cdot\left(\frac{u_{i_1t_1}-u}{h}\right)\left(\frac{u_{i_3t_3}-u}{h}\right)\Bigg]$$

由于 $\{u_{it}\}_{i=1,t=1}^{N,T}$ 为 i.i.d. 随机序列，记 $F(u)=\lim\limits_{T\to\infty}\dfrac{1}{T}\sum\limits_{t=1}^{T}f_t(u)$，则有

$$\frac{1}{NT}\sum_{i=1}^{N}\sum_{t=1}^{T}E\left[\boldsymbol{k}_h(u_{it}-u)\left(\frac{u_{it}-u}{h}\right)^l\right]=F(u)\mu_l+O(h)$$

其中，$\mu_l=\int v^l k(v)\mathrm{d}v$，$l=0,\ 1,\ 2$。注意到 $\sum\limits_{i_2,1}^{N}\sum\limits_{t_2=1}^{T}a_{i_1t_1,i_2t_2}=1$，因此，对于

$$\boldsymbol{S}_{u,0}=\frac{1}{NT}\sum_{i_1=1}^{N}\sum_{i_2=1}^{N}\sum_{i_3=1}^{N}\sum_{t_1=1}^{T}\sum_{t_2=1}^{T}\sum_{t_3=1}^{T}[a_{i_1t_1,i_2t_2}a_{i_2t_2,i_3t_3}\boldsymbol{x}_{i_1t_1}\boldsymbol{x}'_{i_3t_3}\boldsymbol{k}_h(u_{i_2t_2}-u)]$$

我们容易验证:

$$\begin{aligned}
&E\boldsymbol{S}_{u,0}\\
&=E\left\{\frac{1}{NT}\sum_{i_1=1}^{N}\sum_{i_2=1}^{N}\sum_{i_3=1}^{N}\sum_{t_1=1}^{T}\sum_{t_2=1}^{T}\sum_{t_3=1}^{T}[a_{i_1t_1,i_2t_2}a_{i_2t_2,i_3t_3}\boldsymbol{x}_{i_1t_1}\boldsymbol{x}'_{i_3t_3}\boldsymbol{k}_h(u_{i_2t_2}-u)]\right\}\\
&=E\left\{\frac{1}{NT}\sum_{i_1=1}^{N}\sum_{i_2=1}^{N}\sum_{i_3=1}^{N}\sum_{t_1=1}^{T}\sum_{t_2=1}^{T}\sum_{t_3=1}^{T}[a_{i_1t_1,i_2t_2}a_{i_2t_2,i_3t_3}E(\boldsymbol{x}_{i_1t_1}\boldsymbol{x}'_{i_3t_3}|u_{i_2t_2})\right.\\
&\quad\left.\cdot\boldsymbol{k}_h(u_{i_2t_2}-u)]\right\}\\
&=E\left\{\frac{1}{NT}\sum_{i_1=1}^{N}\sum_{i_2=1}^{N}\sum_{i_3=1}^{N}\sum_{t_1=1}^{T}\sum_{t_2=1}^{T}\sum_{t_3=1}^{T}[a_{i_1t_1,i_2t_2}a_{i_2t_2,i_3t_3}E(\boldsymbol{x}_{i_1t_1}\boldsymbol{x}'_{i_3t_3})\boldsymbol{k}_h(u_{i_2t_2}-u)]\right\}
\end{aligned}$$

因此，在 $N,T\to\infty$ 时，$E\boldsymbol{S}_{u,0}=\boldsymbol{\Omega}(u)F(u)$。类似地，通过相应代数运算，最终可得

$$\boldsymbol{S}_u\xrightarrow{P}\begin{pmatrix}E\boldsymbol{S}_{u,0}&E\boldsymbol{S}_{u,1}\\E\boldsymbol{S}_{u,1}&E\boldsymbol{S}_{u,2}\end{pmatrix}=\boldsymbol{\Omega}(u)F(u)\mathrm{diag}(1,\mu_2)$$

引理 4.1 得证。

引理 4.2 在假设条件 A4.1—A4.4 下，$\hat{\boldsymbol{\beta}}_{IN}(u)\xrightarrow{P}\boldsymbol{\beta}(u)$。

证明 记

$$\boldsymbol{T}_u=\frac{1}{NT}\boldsymbol{D}'_u\boldsymbol{H}\boldsymbol{W}_u\boldsymbol{H}\boldsymbol{A}(\rho)\boldsymbol{Y}=\begin{pmatrix}\boldsymbol{T}_{u,0}\\ \boldsymbol{T}_{u,1}\end{pmatrix}$$

容易验证:

$$\begin{aligned}&\boldsymbol{T}_{u,0}\\&=\frac{1}{NT}\sum_{i_1=1}^{N}\sum_{i_2=1}^{N}\sum_{i_3=1}^{N}\sum_{t_1=1}^{T}\sum_{t_2=1}^{T}\sum_{t_3=1}^{T}[a_{i_1t_1,i_2t_2}a_{i_2t_2,i_3t_3}\boldsymbol{x}_{i_1t_1}\tilde{y}_{i_3t_3}\boldsymbol{k}_h(u_{i_2t_2}-u)]\\&\boldsymbol{T}_{u,1}\\&=\frac{1}{NT}\sum_{i_1=1}^{N}\sum_{i_2=1}^{N}\sum_{i_3=1}^{N}\sum_{t_1=1}^{T}\sum_{t_2=1}^{T}\sum_{t_3=1}^{T}\Bigg[a_{i_1t_1,i_2t_2}a_{i_2t_2,i_3t_3}\boldsymbol{x}_{i_1t_1}\tilde{y}_{i_3t_3}\left(\frac{u_{i_1t_1}-u}{h}\right)\\&\quad\cdot\boldsymbol{k}_h(u_{i_2t_2}-u)\Bigg]\end{aligned}$$

其中 $\tilde{y}_{it}=\boldsymbol{x}'_{it}\boldsymbol{\beta}(u_{it})+b_i+\varepsilon_{it}$。

首先，考虑

$$\boldsymbol{T}_{u,0}=\frac{1}{NT}\sum_{i_1=1}^{N}\sum_{i_2=1}^{N}\sum_{i_3=1}^{N}\sum_{t_1=1}^{T}\sum_{t_2=1}^{T}\sum_{t_3=1}^{T}[a_{i_1t_1,i_2t_2}a_{i_2t_2,i_3t_3}\boldsymbol{x}_{i_1t_1}\tilde{y}_{i_3t_3}\boldsymbol{k}_h(u_{i_2t_2}-u)],$$

易得

$$\begin{aligned}&\boldsymbol{T}_{u,0}\\&=\frac{1}{NT}\sum_{i_1=1}^{N}\sum_{i_2=1}^{N}\sum_{i_3=1}^{N}\sum_{t_1=1}^{T}\sum_{t_2=1}^{T}\sum_{t_3=1}^{T}[a_{i_1t_1,i_2t_2}a_{i_2t_2,i_3t_3}\boldsymbol{x}_{i_1t_1}\tilde{y}_{i_3t_3}\boldsymbol{k}_h(u_{i_2t_2}-u)]\\&=\frac{1}{NT}\sum_{i_1=1}^{N}\sum_{i_2=1}^{N}\sum_{i_3=1}^{N}\sum_{t_1=1}^{T}\sum_{t_2=1}^{T}\sum_{t_3=1}^{T}[a_{i_1t_1,i_2t_2}a_{i_2t_2,i_3t_3}\boldsymbol{x}_{i_1t_1}\boldsymbol{x}'_{i_3t_3}\boldsymbol{\beta}(u_{i_3t_3})\boldsymbol{k}_h(u_{i_2t_2}-u)]\\&\quad+\frac{1}{NT}\sum_{i_1=1}^{N}\sum_{i_2=1}^{N}\sum_{i_3=1}^{N}\sum_{t_1=1}^{T}\sum_{t_2=1}^{T}\sum_{t_3=1}^{T}[a_{i_1t_1,i_2t_2}a_{i_2t_2,i_3t_3}\boldsymbol{x}_{i_1t_1}(b_{i_3}+\varepsilon_{i_3t_3})\boldsymbol{k}_h(u_{i_2t_2}-u)]\end{aligned}$$

先考虑

$$\frac{1}{NT}\sum_{i_1=1}^{N}\sum_{i_2=1}^{N}\sum_{i_3=1}^{N}\sum_{t_1=1}^{T}\sum_{t_2=1}^{T}\sum_{t_3=1}^{T}[a_{i_1t_1,i_2t_2}a_{i_2t_2,i_3t_3}\boldsymbol{x}_{i_1t_1}\boldsymbol{x}'_{i_3t_3}\boldsymbol{\beta}(u_{i_3t_3})\boldsymbol{k}_h(u_{i_2t_2}-u)],$$

利用泰勒展开，有

$$\boldsymbol{\beta}(u_{i_3t_3}) = \boldsymbol{\beta}(u) + h\dot{\boldsymbol{\beta}}(u)[h^{-1}(u_{i_3t_3} - u)] + h^2\ddot{\boldsymbol{\beta}}(\tilde{u})[h^{-2}(u_{i_3t_3} - u)^2]$$

因此，通过相应的代数运算可以得到

$$E\left\{\frac{1}{NT}\sum_{i_1=1}^{N}\sum_{i_2=1}^{N}\sum_{i_3=1}^{N}\sum_{t_1=1}^{T}\sum_{t_2=1}^{T}\sum_{t_3=1}^{T}[a_{i_1t_1,i_2t_2}a_{i_2t_2,i_3t_3}\boldsymbol{x}_{i_1t_1}\boldsymbol{x}'_{i_3t_3}\boldsymbol{\beta}(u_{i_3t_3})\boldsymbol{k}_h(u_{i_2t_2} - u)]\right\}$$

$$= E\left\{\frac{1}{NT}\sum_{i_1=1}^{N}\sum_{i_2=1}^{N}\sum_{i_3=1}^{N}\sum_{t_1=1}^{T}\sum_{t_2=1}^{T}\sum_{t_3=1}^{T}[a_{i_1t_1,i_2t_2}a_{i_2t_2,i_3t_3}\right.$$

$$\left.\cdot E(\boldsymbol{x}_{i_1t_1}\boldsymbol{x}'_{i_3t_3}\left|u_{i_2t_2}\right.)\ \boldsymbol{\beta}(u_{i_3t_3})\boldsymbol{k}_h(u_{i_2t_2} - u)]\right\}$$

$$= \boldsymbol{\Omega}\boldsymbol{\beta}(u)F(u),$$

然后考虑

$$\frac{1}{NT}\sum_{i_1=1}^{N}\sum_{i_2=1}^{N}\sum_{i_3=1}^{N}\sum_{t_1=1}^{T}\sum_{t_2=1}^{T}\sum_{t_3=1}^{T}[a_{i_1t_1,i_2t_2}a_{i_2t_2,i_3t_3}\boldsymbol{x}_{i_1t_1}(b_{i_3} + \varepsilon_{i_3t_3})\boldsymbol{k}_h(u_{i_2t_2} - u)],$$

利用

$$\frac{1}{NT}\sum_{i_1=1}^{N}\sum_{i_2=1}^{N}\sum_{i_3=1}^{N}\sum_{t_1=1}^{T}\sum_{t_2=1}^{T}\sum_{t_3=1}^{T}[a_{i_1t_1,i_2t_2}a_{i_2t_2,i_3t_3}\boldsymbol{x}_{i_1t_1}b_{i_3}\boldsymbol{k}_h(u_{i_2t_2} - u)]$$

$$= \frac{1}{NT}\sum_{i_1=1}^{N}\sum_{i_2=1}^{N}\sum_{t_1=1}^{T}\sum_{t_2=1}^{T}\sum_{t_3=1}^{T}[a_{i_1t_1,i_2t_2}a_{i_2t_2,i_1t_3}\boldsymbol{x}_{i_1t_1}b_{i_1}\boldsymbol{k}_h(u_{i_2t_2} - u)]$$

$$+ \frac{1}{NT}\sum_{i_1=1}^{N}\sum_{i_2=1}^{N}\sum_{i_3\neq i_1}^{N}\sum_{t_1=1}^{T}\sum_{t_2=1}^{T}\sum_{t_3=1}^{T}[a_{i_1t_1,i_2t_2}a_{i_2t_2,i_3t_3}\boldsymbol{x}_{i_1t_1}b_{i_3}\boldsymbol{k}_h(u_{i_2t_2} - u)]$$

$$E\left\{\frac{1}{NT}\sum_{i_1=1}^{N}\sum_{i_2=1}^{N}\sum_{t_1=1}^{T}\sum_{t_2=1}^{T}\sum_{t_3=1}^{T}[a_{i_1t_1,i_2t_2}a_{i_2t_2,i_1t_3}\boldsymbol{x}_{i_1t_1}b_{i_1}\boldsymbol{k}_h(u_{i_2t_2} - u)]\right\}$$

$$= E\left\{\frac{1}{NT}\sum_{i_1=1}^{N}\sum_{i_2=1}^{N}\sum_{t_1=1}^{T}\sum_{t_2=1}^{T}\sum_{t_3=1}^{T}[a_{i_1t_1,i_2t_2}a_{i_2t_2,i_1t_3}E(\boldsymbol{x}_{i_1t_1}b_{i_1}\left|u_{i_2t_2}\right.)\ \boldsymbol{k}_h(u_{i_2t_2} - u)]\right\}$$

$$= \boldsymbol{\Omega}_1E\left\{\frac{1}{NT}\sum_{i_1=1}^{N}\sum_{i_2=1}^{N}\sum_{t_1=1}^{T}\sum_{t_2=1}^{T}\sum_{t_3=1}^{T}[a_{i_1t_1,i_2t_2}a_{i_2t_2,i_1t_3}\boldsymbol{k}_h(u_{i_2t_2} - u)]\right\}$$

$$= \frac{1}{N}\boldsymbol{\Omega}_1F(u) = op(1)$$

其中，$\boldsymbol{\Omega}_1 = E(\boldsymbol{x}_{i_1t_1}b_{i_1})$。类似地，通过相应的代数运算可得

$$\frac{1}{NT}\sum_{i_1=1}^{N}\sum_{i_2=1}^{N}\sum_{i_3\neq i_1}^{N}\sum_{t_1=1}^{T}\sum_{t_2=1}^{T}\sum_{t_3=1}^{T}[a_{i_1t_1,i_2t_2}a_{i_2t_2,i_3t_3}\boldsymbol{x}_{i_1t_1}b_{i_3}\boldsymbol{k}_h(u_{i_2t_2} - u)] = op(1)$$

因此

$$\frac{1}{NT}\sum_{i_1=1}^{N}\sum_{i_2=1}^{N}\sum_{i_3=1}^{N}\sum_{t_1=1}^{T}\sum_{t_2=1}^{T}\sum_{t_3=1}^{T}[a_{i_1t_1,i_2t_2}a_{i_2t_2,i_3t_3}\boldsymbol{x}_{i_1t_1}b_{i_3}\boldsymbol{k}_h(u_{i_2t_2}-u)]=op(1)$$

又容易验证:

$$\frac{1}{NT}\sum_{i_1=1}^{N}\sum_{i_2=1}^{N}\sum_{i_3=1}^{N}\sum_{t_1=1}^{T}\sum_{t_2=1}^{T}\sum_{t_3=1}^{T}[a_{i_1t_1,i_2t_2}a_{i_2t_2,i_3t_3}\boldsymbol{x}_{i_1t_1}\varepsilon_{i_3t_3}\boldsymbol{k}_h(u_{i_2t_2}-u)]=op(1)$$

因此，

$$\boldsymbol{T}_{u,0}=\boldsymbol{\Omega\beta}(u)F(u)+op(1)$$

同理可以求出：$\boldsymbol{T}_{u,1}=op(1)$。从而

$$\boldsymbol{T}_u\xrightarrow{P}F(u)\begin{pmatrix}\boldsymbol{\Omega\beta}(u)\\0\end{pmatrix}$$

再利用引理 4.1 即得 $\hat{\boldsymbol{\beta}}_{IN}(u)\xrightarrow{P}\boldsymbol{\beta}(u)$。

引理 4.2 得证。

定理 4.1 的证明 由式 (4.17) 可知，$\hat{\rho}$ 是由近似的集中化似然函数所得，真正的集中化似然函数为

$$\ln L(\rho)=\frac{-NT}{2}\ln(2\pi)-\frac{NT}{2}\ln(\hat{\sigma}_T^2)-\frac{NT}{2}+\ln|\boldsymbol{A}(\rho)|$$

又由于

$$\ln\tilde{L}(\rho)=\frac{-NT}{2}\ln(2\pi)-\frac{NT}{2}\ln(\hat{\sigma}_{IN}^2)-\frac{NT}{2}+\ln|\boldsymbol{A}(\rho)|$$

参考 White (1994，定理 3)，Lee (2004，定理 1) 的证明和假设 A.4 及 A.5(Delecroix, 2003)，这里只需再证对于 $\rho\in\Theta$，$(NT)^{-1}[\ln\tilde{L}(\rho)-\ln L(\rho)]=op(1)$。由以上两式可得

$$\frac{1}{NT}[\ln\tilde{L}(\rho)-\ln L(\rho)]=\frac{1}{2}[\ln(\hat{\sigma}_T^2)-\ln(\hat{\sigma}_{IN}^2)]$$

因此只需再证明 $\hat{\sigma}_{IN}^2-\hat{\sigma}_T^2=op(1)$。由于

$$\begin{aligned}\hat{\sigma}_{IN}^2&=\frac{1}{NT}[\boldsymbol{A}(\rho)\boldsymbol{Y}-\boldsymbol{X}_{\hat{\boldsymbol{\beta}}_{IN}}]\boldsymbol{H}[\boldsymbol{A}(\rho)\boldsymbol{Y}-\boldsymbol{X}_{\hat{\boldsymbol{\beta}}_{IN}}]\\&=\frac{1}{NT}[\boldsymbol{A}(\rho)\boldsymbol{Y}-\boldsymbol{X}_{\boldsymbol{\beta}}+\boldsymbol{X}_{\boldsymbol{\beta}}-\boldsymbol{X}_{\hat{\boldsymbol{\beta}}_{IN}}]\boldsymbol{H}[\boldsymbol{A}(\rho)\boldsymbol{Y}-\boldsymbol{X}_{\boldsymbol{\beta}}+\boldsymbol{X}_{\boldsymbol{\beta}}-\boldsymbol{X}_{\hat{\boldsymbol{\beta}}_{IN}}]\\&=\hat{\sigma}_T^2+\frac{2}{NT}[\boldsymbol{A}(\rho)\boldsymbol{Y}-\boldsymbol{X}_{\boldsymbol{\beta}}]'\boldsymbol{H}(\boldsymbol{X}_{\boldsymbol{\beta}}-\boldsymbol{X}_{\hat{\boldsymbol{\beta}}_{IN}})\\&\quad+\frac{1}{NT}(\boldsymbol{X}_{\boldsymbol{\beta}}-\boldsymbol{X}_{\hat{\boldsymbol{\beta}}_{IN}})'\boldsymbol{H}(\boldsymbol{X}_{\boldsymbol{\beta}}-\boldsymbol{X}_{\hat{\boldsymbol{\beta}}_{IN}})\end{aligned}$$

故若要证明 $\hat{\sigma}_{IN}^2-\hat{\sigma}_T^2=op(1)$，则只需证明 $\hat{\sigma}_{IN}^2$ 上面表达式的后两项依概率为零。利用引理 4.2 知：$\boldsymbol{\beta}(u)-\hat{\boldsymbol{\beta}}_{IN}(u)=op(1)$，可知

$$(\boldsymbol{x}_{11}'(\boldsymbol{\beta}(u_{11})-\hat{\boldsymbol{\beta}}_{IN}(u_{11})),\cdots\boldsymbol{x}_{NT}'(\boldsymbol{\beta}(u_{NT})-\hat{\boldsymbol{\beta}}_{IN}(u_{NT})))=op(1)$$

考虑 $\frac{1}{NT}[\boldsymbol{A}(\rho)\boldsymbol{Y}-\boldsymbol{X}_{\boldsymbol{\beta}}]'\boldsymbol{H}(\boldsymbol{X}_{\boldsymbol{\beta}}-\boldsymbol{X}_{\hat{\boldsymbol{\beta}}_{IN}})$，易知

$$\begin{aligned}\boldsymbol{X}_{\boldsymbol{\beta}}-\boldsymbol{X}_{\hat{\boldsymbol{\beta}}_{IN}}&=(\boldsymbol{x}_{11}'(\boldsymbol{\beta}(u_{11})-\hat{\boldsymbol{\beta}}_{IN}(u_{11})),\cdots,\boldsymbol{x}_{NT}'(\boldsymbol{\beta}(u_{NT})-\hat{\boldsymbol{\beta}}_{IN}(u_{NT})))'\\&=op(1)\end{aligned}\tag{4.21}$$

并由

$$\begin{aligned}&[\boldsymbol{A}(\rho)\boldsymbol{Y}-\boldsymbol{X}_{\boldsymbol{\beta}}]'\boldsymbol{H}\\=&\left(\varepsilon_{11}-T^{-1}\sum_{t=1}^{T}\varepsilon_{1t}-(NT)^{-1}\sum_{i=1}^{N}\sum_{t=1}^{T}\varepsilon_{it},\cdots,\right.\\&\varepsilon_{1T}-T^{-1}\sum_{t=1}^{T}\varepsilon_{1t}-(NT)^{-1}\sum_{i=1}^{N}\sum_{t=1}^{T}\varepsilon_{it},\cdots,\\&\varepsilon_{N1}-T^{-1}\sum_{t=1}^{T}\varepsilon_{Nt}-(NT)^{-1}\sum_{i=1}^{N}\sum_{t=1}^{T}\varepsilon_{it}\cdots,\\&\left.\varepsilon_{NT}-T^{-1}\sum_{t=1}^{T}\varepsilon_{Nt}-(NT)^{-1}\sum_{i=1}^{N}\sum_{t=1}^{T}\varepsilon_{it}\right)'\end{aligned}$$

由弱大数定律，有

$$\begin{aligned}&\frac{1}{NT}\sum_{i=1}^{N}\sum_{t=1}^{T}\left|\varepsilon_{it}-T^{-1}\sum_{t=1}^{T}\varepsilon_{it}-(NT)^{-1}\sum_{i=1}^{N}\sum_{t=1}^{T}\varepsilon_{it}\right|\\\leqslant&\frac{3}{NT}\sum_{i=1}^{N}\sum_{t=1}^{T}|\varepsilon_{it}|\leqslant3\left(\frac{1}{NT}\sum_{i=1}^{N}\sum_{t=1}^{T}\varepsilon_{it}^2\right)^{1/2}\xrightarrow{P}3\sigma,\end{aligned}$$

从而可得

$$\frac{1}{NT}[\boldsymbol{A}(\rho)\boldsymbol{Y}-\boldsymbol{X}_{\boldsymbol{\beta}}]'\boldsymbol{H}(\boldsymbol{X}_{\boldsymbol{\beta}}-\boldsymbol{X}_{\hat{\boldsymbol{\beta}}_{IN}})=op(1)\tag{4.22}$$

然后考虑 $\frac{1}{NT}(\boldsymbol{X}_{\boldsymbol{\beta}}-\boldsymbol{X}_{\hat{\boldsymbol{\beta}}_{IN}})'\boldsymbol{H}(\boldsymbol{X}_{\boldsymbol{\beta}}-\boldsymbol{X}_{\hat{\boldsymbol{\beta}}_{IN}})$，由 $\boldsymbol{X}_{\boldsymbol{\beta}}-\boldsymbol{X}_{\hat{\boldsymbol{\beta}}_{IN}}=op(1)$，即知

$$\frac{1}{NT}(\boldsymbol{X}_{\boldsymbol{\beta}}-\boldsymbol{X}_{\hat{\boldsymbol{\beta}}_{IN}})'\boldsymbol{H}(\boldsymbol{X}_{\boldsymbol{\beta}}-\boldsymbol{X}_{\hat{\boldsymbol{\beta}}_{IN}})\leqslant\frac{1}{NT}(\boldsymbol{X}_{\boldsymbol{\beta}}-\boldsymbol{X}_{\hat{\boldsymbol{\beta}}_{IN}})'(\boldsymbol{X}_{\boldsymbol{\beta}}-\boldsymbol{X}_{\hat{\boldsymbol{\beta}}_{IN}})=op(1)\tag{4.23}$$

利用以上结论 (4.22) 和结论 (4.23)，我们有

$$\hat{\sigma}_{\varepsilon IN}^2-\hat{\sigma}_{\varepsilon T}^2=op(1)\tag{4.24}$$

因此

$$\frac{1}{NT}[\ln \tilde{L}(\rho) - \ln L(\rho)] = op(1)$$

从而，$\hat{\rho}$ 的一致性得证。

定理 4.1 得证。

定理 4.2 的证明 由本章 4.2 节说明可知

$$\hat{\boldsymbol{\delta}} = [\boldsymbol{D}_u'\boldsymbol{H}\boldsymbol{W}_u\boldsymbol{H}\boldsymbol{D}_u]^{-1}\boldsymbol{D}_u'\boldsymbol{H}\boldsymbol{W}_u\boldsymbol{H}\boldsymbol{A}(\rho)\boldsymbol{Y}$$

记 $\tilde{\boldsymbol{Y}} = \boldsymbol{A}(\rho)\boldsymbol{Y}$，于是 $\hat{\boldsymbol{\delta}} = [\boldsymbol{D}_u'\boldsymbol{H}\boldsymbol{W}_u\boldsymbol{H}\boldsymbol{D}_u]^{-1}\boldsymbol{D}_u'\boldsymbol{H}\boldsymbol{W}_u\boldsymbol{H}\tilde{\boldsymbol{Y}}$，再利用

$$\boldsymbol{S}_u = \frac{1}{NT}\boldsymbol{D}_u'\boldsymbol{H}\boldsymbol{W}_u\boldsymbol{H}\boldsymbol{D}_u = \begin{pmatrix} \boldsymbol{S}_{u,0} & \boldsymbol{S}_{u,1} \\ \boldsymbol{S}_{u,1} & \boldsymbol{S}_{u,2} \end{pmatrix}$$

$$\boldsymbol{T}_u = \frac{1}{NT}\boldsymbol{D}_u'\boldsymbol{H}\boldsymbol{W}_u\boldsymbol{H}\tilde{\boldsymbol{Y}} = \begin{pmatrix} \boldsymbol{T}_{u,0} \\ \boldsymbol{T}_{u,1} \end{pmatrix}$$

$$\hat{\boldsymbol{\delta}} = \boldsymbol{S}_u^{-1}\boldsymbol{T}_u$$

进一步可以得到

$$\hat{\boldsymbol{\beta}}(u) = \boldsymbol{e}_0'[\boldsymbol{D}_u'\boldsymbol{H}\boldsymbol{W}_u\boldsymbol{H}\boldsymbol{D}_u]^{-1}\boldsymbol{D}_u'\boldsymbol{H}\boldsymbol{W}_u\boldsymbol{H}\boldsymbol{A}(\hat{\rho})\boldsymbol{Y} = \boldsymbol{e}_0'\boldsymbol{S}_u^{-1}\hat{\boldsymbol{T}}_u \tag{4.25}$$

其中，$\hat{\boldsymbol{T}}_u = \frac{1}{NT}\boldsymbol{D}_u'\boldsymbol{H}\boldsymbol{W}_u\boldsymbol{H}\hat{\tilde{\boldsymbol{Y}}} = \begin{pmatrix} \hat{\boldsymbol{T}}_{u,0} \\ \hat{\boldsymbol{T}}_{u,1} \end{pmatrix}$，并满足:

$$\hat{\boldsymbol{T}}_{u,0} = \frac{1}{NT}\sum_{i_1=1}^{N}\sum_{i_2=1}^{N}\sum_{i_3=1}^{N}\sum_{t_1=1}^{T}\sum_{t_2=1}^{T}\sum_{t_3=1}^{T}[a_{i_1t_1,i_2t_2}a_{i_2t_2,i_3t_3}\boldsymbol{x}_{i_1t_1}\hat{\tilde{y}}_{i_3t_3}\boldsymbol{k}_h(u_{i_2t_2}-u)]$$

$$\hat{\boldsymbol{T}}_{u,1} = \frac{1}{NT}\sum_{i_1=1}^{N}\sum_{i_2=1}^{N}\sum_{i_3=1}^{N}\sum_{t_1=1}^{T}\sum_{t_2=1}^{T}\sum_{t_3=1}^{T}\left[a_{i_1t_1,i_2t_2}a_{i_2t_2,i_3t_3}\boldsymbol{x}_{i_1t_1}\hat{\tilde{y}}_{i_3t_3}\left(\frac{u_{i_1t_1}-u}{h}\right)\right.$$
$$\left.\cdot\,\boldsymbol{k}_h(u_{i_2t_2}-u)\right]$$

其中，$\hat{\tilde{y}}_{it} = y_{it} - \hat{\rho}(\boldsymbol{W}_0\boldsymbol{Y}_t)_i = y_{it} - (\rho + \hat{\rho} - \rho)(\boldsymbol{W}_0\boldsymbol{Y}_t)_i = \tilde{y}_{it}(1 + op(1))$，从而有

$$\begin{aligned}
&\hat{\boldsymbol{T}}_{u,0} \\
&= \frac{1}{NT}\sum_{i_1=1}^{N}\sum_{i_2=1}^{N}\sum_{i_3=1}^{N}\sum_{t_1=1}^{T}\sum_{t_2=1}^{T}\sum_{t_3=1}^{T}[a_{i_1t_1,i_2t_2}a_{i_2t_2,i_3t_3}\boldsymbol{x}_{i_1t_1}\hat{\tilde{y}}_{i_3t_3}\boldsymbol{k}_h(u_{i_2t_2}-u)] \\
&= (1+op(1))\frac{1}{NT}\sum_{i_1=1}^{N}\sum_{i_2=1}^{N}\sum_{i_3=1}^{N}\sum_{t_1=1}^{T}\sum_{t_2=1}^{T}\sum_{t_3=1}^{T}[a_{i_1t_1,i_2t_2}a_{i_2t_2,i_3t_3}\boldsymbol{x}_{i_1t_1}\tilde{y}_{i_3t_3}\boldsymbol{k}_h(u_{i_2t_2}-u)]
\end{aligned}$$

$$=(1+op(1))\boldsymbol{T}_{u,0}$$

类似地，我们可以得到 $\hat{\boldsymbol{T}}_{u,1}=(1+op(1))\boldsymbol{T}_{u,1}$，于是

$$\hat{\boldsymbol{\beta}}(u)=\boldsymbol{e}_0'\boldsymbol{S}_u^{-1}\hat{\boldsymbol{T}}_u=(1+op(1))\boldsymbol{S}_u^{-1}\boldsymbol{T}_u=(1+op(1))\hat{\boldsymbol{\beta}}_{IN} \tag{4.26}$$

再次利用引理 4.2，易知 $\hat{\boldsymbol{\beta}}(u)\xrightarrow{P}\boldsymbol{\beta}(u)$。

定理 4.2 得证。

定理 4.3 的证明　由定理 4.1 的证明可知 $\hat{\sigma}_{IN}^2-\hat{\sigma}_T^2=op(1)$，因而要得到 $\hat{\sigma}^2-\sigma_0^2=op(1)$，则需要证明 $\hat{\sigma}^2-\hat{\sigma}_{IN}^2=op(1)$，并同时满足 $\hat{\sigma}_T^2-\sigma_0^2=op(1)$。首先可以看出

$$\begin{aligned}\hat{\sigma}_T^2&=\frac{1}{NT}[\boldsymbol{A}(\rho)\boldsymbol{Y}-\boldsymbol{X}_{\boldsymbol{\beta}}]'\boldsymbol{H}[\boldsymbol{A}(\rho)\boldsymbol{Y}-\boldsymbol{X}_{\boldsymbol{\beta}}]\\&=\frac{1}{NT}[\boldsymbol{A}(\rho_0)\boldsymbol{Y}-\boldsymbol{X}_{\boldsymbol{\beta}}]'\boldsymbol{H}[\boldsymbol{A}(\rho_0)\boldsymbol{Y}-\boldsymbol{X}_{\boldsymbol{\beta}}]+op(1)\\&=\frac{1}{NT}\sum_{i=1}^{N}\sum_{t=1}^{T}\varepsilon_{it}^2-\frac{1}{NT^2}\left[\sum_{i=1}^{N}\left(\sum_{t=1}^{T}\varepsilon_{it}\right)^2\right]-\frac{1}{N^2T^2}\left(\sum_{i=1}^{N}\sum_{t=1}^{T}\varepsilon_{it}\right)^2+op(1)\end{aligned}$$

注意到 $\boldsymbol{\lambda}=\boldsymbol{\lambda}_0$ 对应的固定效应 $\boldsymbol{b}$ 和随机误差 $\boldsymbol{\varepsilon}$ 的方差为真实值，由辛钦大数定律可得：$\frac{1}{NT}\sum_{i=1}^{N}\sum_{t=1}^{T}\varepsilon_{it}^2\xrightarrow{P}\sigma_0^2$，注意到第二项存在相关项，先交换求和次序再利用辛钦大数定律，即有

$$\frac{1}{NT}\sum_{i=1}^{N}\left(\sum_{t=1}^{T}\varepsilon_{it}\right)^2=\frac{1}{NT}\sum_{i=1}^{N}\sum_{t=1}^{T}\varepsilon_{it}^2+\frac{1}{NT}\sum_{i=1}^{N}\sum_{j\neq k}^{T}\varepsilon_{ij}\varepsilon_{ik}\xrightarrow{P}E(\varepsilon_{it}^2)=\sigma_0^2$$

再利用相合估计的连续性，可得

$$\frac{1}{N^2T^2}\left(\sum_{i=1}^{N}\sum_{t=1}^{T}\varepsilon_{it}\right)^2=\left(\frac{1}{NT}\sum_{i=1}^{N}\sum_{t=1}^{T}\varepsilon_{it}\right)^2=op(1)$$

因此

$$\hat{\sigma}_T^2-\sigma_0^2=op(1) \tag{4.27}$$

下面再证明 $\hat{\sigma}^2-\hat{\sigma}_{IN}^2=op(1)$，即可说明 $\hat{\sigma}^2-\sigma_0^2=op(1)$。

$$\begin{aligned}\hat{\sigma}^2&=\frac{1}{NT}[\boldsymbol{A}(\hat{\rho})\boldsymbol{Y}-\boldsymbol{X}_{\hat{\boldsymbol{\beta}}}]'\boldsymbol{H}[\boldsymbol{A}(\hat{\rho})\boldsymbol{Y}-\boldsymbol{X}_{\hat{\boldsymbol{\beta}}}]=\frac{1}{NT}(\hat{\tilde{\boldsymbol{Y}}}-\boldsymbol{X}_{\hat{\boldsymbol{\beta}}})'\boldsymbol{H}(\hat{\tilde{\boldsymbol{Y}}}-\boldsymbol{X}_{\hat{\boldsymbol{\beta}}})\\&=\frac{1}{NT}(1+op(1))^2(\tilde{\boldsymbol{Y}}-\boldsymbol{X}_{\hat{\boldsymbol{\beta}}_{IN}})'\boldsymbol{H}(\tilde{\boldsymbol{Y}}-\boldsymbol{X}_{\hat{\boldsymbol{\beta}}_{IN}})=(1+op(1))^2\hat{\sigma}_{IN}^2\end{aligned}$$

易得

$$\hat{\sigma}^2 - \hat{\sigma}_{IN}^2 = op(1) \tag{4.28}$$

定理 4.3 得证。

定理 4.4 的证明 这里考虑 $\boldsymbol{\theta} = (\rho, \sigma^2)'$ 的截面极大似然估计的渐近分布，参考 Lee (2004, 定理 3.2) 证明方法：关于 $\hat{\boldsymbol{\theta}}$ 的渐近分布可以对式 (4.15) 利用 $\left.\dfrac{\partial \ln \tilde{L}(\boldsymbol{\theta})}{\partial \boldsymbol{\theta}}\right|_{\boldsymbol{\theta}=\hat{\boldsymbol{\theta}}} = 0$ 在 $\boldsymbol{\theta}_0 = (\rho_0, \sigma_0^2)'$ 处的泰勒展开式求出，为了表述更加简洁，参考 Lee (2004，定理 3.2)，记

$$\frac{\partial \ln L(\boldsymbol{\theta}_0)}{\partial \boldsymbol{\theta}} \hat{=} \left.\frac{\partial \ln L(\boldsymbol{\theta})}{\partial \boldsymbol{\theta}}\right|_{\boldsymbol{\theta}=\boldsymbol{\theta}_0}, \quad \frac{\partial^2 \ln L(\boldsymbol{\theta}_0)}{\partial \boldsymbol{\theta} \partial \boldsymbol{\theta}'} \hat{=} \left.\frac{\partial^2 \ln L(\boldsymbol{\theta})}{\partial \boldsymbol{\theta} \partial \boldsymbol{\theta}'}\right|_{\boldsymbol{\theta}=\boldsymbol{\theta}_0}$$

于是有

$$\sqrt{NT}(\hat{\boldsymbol{\theta}} - \boldsymbol{\theta}_0) = -\left(\frac{1}{NT} \frac{\partial^2 \ln \tilde{L}(\tilde{\boldsymbol{\theta}})}{\partial \boldsymbol{\theta} \partial \boldsymbol{\theta}'}\right)^{-1} \frac{1}{\sqrt{NT}} \frac{\partial \ln \tilde{L}(\boldsymbol{\theta}_0)}{\partial \boldsymbol{\theta}} \tag{4.29}$$

其中 $\tilde{\boldsymbol{\theta}}$ 位于 $\hat{\boldsymbol{\theta}}$ 和 $\boldsymbol{\theta}_0$ 之间，并且依概率收敛于 $\boldsymbol{\theta}_0$，下面我们主要证明

$$\frac{1}{NT} \frac{\partial^2 \ln \tilde{L}(\tilde{\boldsymbol{\theta}})}{\partial \boldsymbol{\theta} \partial \boldsymbol{\theta}'} - \frac{1}{NT} \frac{\partial^2 \ln L(\boldsymbol{\theta}_0)}{\partial \boldsymbol{\theta} \partial \boldsymbol{\theta}'} = op(1) \tag{4.30}$$

$$\frac{1}{\sqrt{NT}} \frac{\partial \ln \tilde{L}(\boldsymbol{\theta}_0)}{\partial \boldsymbol{\theta}} \xrightarrow{L} N(\mathbf{0}, \boldsymbol{\Sigma}_{\boldsymbol{\theta}_0}) \tag{4.31}$$

其中 $\boldsymbol{\Sigma}_{\boldsymbol{\theta}_0} = -\lim\limits_{N \to \infty} E\left(\dfrac{1}{NT} \dfrac{\partial^2 \ln L(\boldsymbol{\theta}_0)}{\partial \boldsymbol{\theta} \partial \boldsymbol{\theta}'}\right)$，则近似对数似然函数关于 ρ 的一阶导数在 $\boldsymbol{\theta}_0$ 的值为

$$\frac{\partial \ln \tilde{L}(\boldsymbol{\theta}_0)}{\partial \rho} = \frac{1}{\sigma_0^2} \boldsymbol{Y}' \boldsymbol{W}' \boldsymbol{H} [\boldsymbol{A}(\rho_0) \boldsymbol{Y} - \boldsymbol{X}_{\hat{\boldsymbol{\beta}}_{IN}}] - \operatorname{tr}(\boldsymbol{B}_0)$$

利用式 (4.5)，可以得到 $\ln L(\boldsymbol{\theta})$ 关于 ρ 的一阶导数在 $\boldsymbol{\theta}_0$ 处的值为

$$\frac{\partial \ln L(\boldsymbol{\theta}_0)}{\partial \rho} = \frac{1}{\sigma_0^2} \boldsymbol{Y}' \boldsymbol{W}' \boldsymbol{H} [\boldsymbol{A}(\rho_0) \boldsymbol{Y} - \boldsymbol{X}_{\boldsymbol{\beta}}] - \operatorname{tr}(\boldsymbol{B}_0)$$

由式 (4.21)，$\hat{\boldsymbol{\beta}}_{IN}(u) - \boldsymbol{\beta}(u) = op(1)$，容易验证：

$$\frac{1}{\sqrt{NT}} \frac{\partial \ln \tilde{L}(\boldsymbol{\theta}_0)}{\partial \rho} - \frac{1}{\sqrt{NT}} \frac{\partial \ln L(\boldsymbol{\theta}_0)}{\partial \rho} = op(1)$$

进一步可验证 $\ln \tilde{L}(\boldsymbol{\theta})$ 关于其余参数的一阶导数也满足依概率收敛，因此

$$\frac{1}{\sqrt{NT}} \frac{\partial \ln \tilde{L}(\boldsymbol{\theta}_0)}{\partial \boldsymbol{\theta}} - \frac{1}{\sqrt{NT}} \frac{\partial \ln L(\boldsymbol{\theta}_0)}{\partial \boldsymbol{\theta}} = op(1) \tag{4.32}$$

利用 $\dfrac{\partial^2 \ln \tilde{L}(\boldsymbol{\theta})}{\partial \rho^2} = -\dfrac{1}{\sigma_0^2}\boldsymbol{Y}'\boldsymbol{W}'\boldsymbol{H}\boldsymbol{W}\boldsymbol{Y} - \operatorname{tr}(\boldsymbol{B}_0^2)$，类似地，可以验证 $\ln \tilde{L}(\boldsymbol{\theta})$ 关于其余参数的二阶导数也满足依概率收敛，因此

$$\frac{1}{NT}\frac{\partial^2 \ln \tilde{L}(\tilde{\boldsymbol{\theta}})}{\partial \boldsymbol{\theta}\partial \boldsymbol{\theta}'} - \frac{1}{NT}\frac{\partial^2 \ln L(\boldsymbol{\theta}_0)}{\partial \boldsymbol{\theta}\partial \boldsymbol{\theta}'} = op(1) \tag{4.33}$$

由式 (4.30) 可知，要证明式 (4.31)，则只需证明：

$$\frac{1}{\sqrt{NT}}\frac{\partial \ln L(\boldsymbol{\theta}_0)}{\partial \boldsymbol{\theta}} \xrightarrow{L} N(\boldsymbol{0}, \boldsymbol{\Sigma}_{\boldsymbol{\theta}_0})$$

参照前文给出的 $\ln L(\boldsymbol{\theta})$ 关于 $\boldsymbol{\beta}$ 的一阶导数在 $\boldsymbol{\theta}_0$ 处的值，再给出关于其他参数的一阶导数在 $\boldsymbol{\theta}_0$ 处的值，利用式 (4.5)，对数似然函数 $\ln L(\boldsymbol{\theta})$ 关于 $\boldsymbol{\theta}$ 一阶导数在 $\boldsymbol{\theta}_0$ 处的值为

$$\begin{aligned}
\frac{\partial \ln L(\boldsymbol{\theta}_0)}{\partial \rho} &= \frac{1}{\sigma_0^2}\boldsymbol{Y}'\boldsymbol{W}'\boldsymbol{H}[\boldsymbol{A}(\rho_0)\boldsymbol{Y} - \boldsymbol{X}_{\boldsymbol{\beta}}] - \operatorname{tr}(\boldsymbol{B}_0) \\
\frac{\partial \ln L(\boldsymbol{\theta}_0)}{\partial \sigma^2} &= -\frac{NT}{2\sigma_0^2} + \frac{1}{2(\sigma_0^2)^2}[\boldsymbol{A}(\rho_0)\boldsymbol{Y} - \boldsymbol{X}_{\boldsymbol{\beta}}]'\boldsymbol{H}[\boldsymbol{A}(\rho_0)\boldsymbol{Y} - \boldsymbol{X}_{\boldsymbol{\beta}}]
\end{aligned}$$

由此可见，各式均为 $\boldsymbol{A}(\rho_0)\boldsymbol{Y} - \boldsymbol{X}_{\boldsymbol{\beta}} = \boldsymbol{U}\boldsymbol{b} + \boldsymbol{\varepsilon}$ 的线形或二次型，$\dfrac{1}{\sqrt{NT}}\dfrac{\partial \ln L(\boldsymbol{\theta}_0)}{\partial \boldsymbol{\theta}}$ 的方差满足:

$$-E\left(\frac{1}{NT}\frac{\partial^2 \ln L(\boldsymbol{\theta}_0)}{\partial \boldsymbol{\theta}\partial \boldsymbol{\theta}'}\right) = E\left(\frac{1}{\sqrt{NT}}\frac{\partial \ln L(\boldsymbol{\theta}_0)}{\partial \boldsymbol{\theta}}\frac{1}{\sqrt{NT}}\frac{\partial \ln L(\boldsymbol{\theta}_0)}{\partial \boldsymbol{\theta}'}\right)$$

这里 Hessian 矩阵满足:

$$-E\left(\frac{1}{NT}\frac{\partial^2 \ln L(\boldsymbol{\theta}_0)}{\partial \boldsymbol{\theta}\partial \boldsymbol{\theta}'}\right) = \begin{pmatrix} \boldsymbol{L}_{11} & \boldsymbol{L}_{12} \\ \boldsymbol{L}_{21} & \boldsymbol{L}_{22} \end{pmatrix} \tag{4.34}$$

其中，

$$\begin{aligned}
\boldsymbol{L}_{11} &= \frac{1}{NT\sigma_0^2}(\boldsymbol{X}_{\boldsymbol{\beta}} + \boldsymbol{U}\boldsymbol{b})'\boldsymbol{B}_0'\boldsymbol{H}\boldsymbol{B}_0(\boldsymbol{X}_{\boldsymbol{\beta}} + \boldsymbol{U}\boldsymbol{b}) + \frac{1}{NT}[\operatorname{tr}(\boldsymbol{B}_0'\boldsymbol{H}\boldsymbol{B}_0) + \operatorname{tr}(\boldsymbol{B}_0^2)] \\
\boldsymbol{L}_{12} &= \boldsymbol{L}_{21}' = \frac{1}{NT\sigma_0^2}\operatorname{tr}(\boldsymbol{B}_0'\boldsymbol{H}) \\
\boldsymbol{L}_{22} &= \frac{1}{2(\sigma_0^2)^2}
\end{aligned}$$

记 $\boldsymbol{\Sigma}_{\boldsymbol{\theta}_0} = -\lim\limits_{N,T\to\infty} E\left(\dfrac{1}{NT}\dfrac{\partial^2 \ln L(\boldsymbol{\theta}_0)}{\partial \boldsymbol{\theta}^2}\right)$，下面需要验证 $\boldsymbol{\Sigma}_{\boldsymbol{\theta}_0}$ 为非奇异矩阵，

容易看出，只需满足假设条件 A4.6，即 $\dfrac{1}{NT\sigma_0^2}(\boldsymbol{X}_{\boldsymbol{\beta}}+\boldsymbol{U}\boldsymbol{b})'\boldsymbol{B}_0'\boldsymbol{H}\boldsymbol{B}_0(\boldsymbol{X}_{\boldsymbol{\beta}}+\boldsymbol{U}\boldsymbol{b})$ 为非奇异矩阵，或者满足假设条件 A4.7，即

$$\frac{1}{NT}\mathrm{tr}(\boldsymbol{B}_0^2)+\frac{1}{NT}\mathrm{tr}(\boldsymbol{B}_0'\boldsymbol{H}\boldsymbol{B}_0)-\frac{2}{N^2T^2}[\mathrm{tr}(\boldsymbol{B}_0'\boldsymbol{H})]^2>0 \tag{4.35}$$

在以上条件下，$\boldsymbol{\Sigma}_{\boldsymbol{\theta}_0}$ 均为非奇异矩阵。

综合上述结论，应用 Kolmogorov 中心极限定理即有

$$\sqrt{NT}(\hat{\boldsymbol{\theta}}-\boldsymbol{\theta}_0)\xrightarrow{L}N(\boldsymbol{0},\boldsymbol{\Sigma}_{\boldsymbol{\theta}_0}^{-1})$$

定理 4.4 得证。

定理 4.5 的证明 由引理 4.1 可知

$$\boldsymbol{S}_u=(NT)^{-1}\boldsymbol{D}_u'\boldsymbol{H}\boldsymbol{W}_u\boldsymbol{H}\boldsymbol{D}_u\xrightarrow{P}\boldsymbol{S}(u) \tag{4.36}$$

其中，$\boldsymbol{S}(u)=F(u)\mathrm{diag}(\boldsymbol{\Omega}(u),\mu_2\boldsymbol{\Omega}(u))$。利用 $(\boldsymbol{A}+\boldsymbol{B})^{-1}=\boldsymbol{A}^{-1}-\boldsymbol{A}^{-1}(\boldsymbol{I}+\boldsymbol{B}\boldsymbol{A}^{-1})^{-1}\cdot\boldsymbol{B}\boldsymbol{A}^{-1}$，即有

$$(\boldsymbol{S}_u)^{-1}=\boldsymbol{S}^{-1}(u)+op(1) \tag{4.37}$$

再由 $\boldsymbol{T}_u=(NT)^{-1}\boldsymbol{D}_u'\boldsymbol{H}\boldsymbol{W}_u\boldsymbol{H}\boldsymbol{A}(\rho)\boldsymbol{Y}$，故

$$\hat{\delta}=(\hat{\boldsymbol{\beta}}_{IN}(u),h\dot{\hat{\boldsymbol{\beta}}}_{IN}(u))'=\boldsymbol{S}_u^{-1}\boldsymbol{T}_u \tag{4.38}$$

记 $R_u=(NT)^{-1}\boldsymbol{D}_u'\boldsymbol{H}\boldsymbol{W}_u\boldsymbol{H}(\boldsymbol{U}\boldsymbol{b}+\boldsymbol{\varepsilon})$，利用 $\boldsymbol{\beta}(u_{it})$ 在 u 处泰勒展开，则

$$\boldsymbol{T}_u-\boldsymbol{R}_u=\boldsymbol{S}_u\begin{pmatrix}\boldsymbol{\beta}(u)\\ h\dot{\boldsymbol{\beta}}(u)\end{pmatrix}+\frac{1}{2}h^2\begin{pmatrix}\boldsymbol{\Delta}_1\ddot{\boldsymbol{\beta}}(u)\\ \boldsymbol{\Delta}_2\ddot{\boldsymbol{\beta}}(u)\end{pmatrix}+op(h^2) \tag{4.39}$$

其中，

$$\begin{aligned}\boldsymbol{\Delta}_1=&\frac{1}{NT}\sum_{i_1=1}^{N}\sum_{i_2=1}^{N}\sum_{i_3=1}^{N}\sum_{t_1=1}^{T}\sum_{t_2=1}^{T}\sum_{t_3=1}^{T}\Bigg[a_{i_1t_1,i_2t_2}a_{i_2t_2,i_3t_3}\boldsymbol{x}_{i_1t_1}\boldsymbol{x}_{i_3t_3}'\\&\cdot\boldsymbol{k}_h(u_{i_2t_2}-u)\left(\frac{u_{i_3t_3}-u}{h}\right)^2\Bigg]\\ \boldsymbol{\Delta}_2=&\frac{1}{NT}\sum_{i_1=1}^{N}\sum_{i_2=1}^{N}\sum_{i_3=1}^{N}\sum_{t_1=1}^{T}\sum_{t_2=1}^{T}\sum_{t_3=1}^{T}\Bigg[a_{i_1t_1,i_2t_2}a_{i_2t_2,i_3t_3}\boldsymbol{x}_{i_1t_1}\boldsymbol{x}_{i_3t_3}'\\&\cdot\boldsymbol{k}_h(u_{i_2t_2}-u)\left(\frac{u_{i_1t_1}-u}{h}\right)\left(\frac{u_{i_3t_3}-u}{h}\right)^2\Bigg]\end{aligned}$$

由上式可得

$$\begin{pmatrix} \hat{\boldsymbol{\beta}}_{IN}(u)-\boldsymbol{\beta}(u) \\ h[\dot{\hat{\boldsymbol{\beta}}}_{IN}(u)-\dot{\boldsymbol{\beta}}(u)] \end{pmatrix} = (\boldsymbol{S}(u))^{-1}\boldsymbol{R}_u + \frac{h^2}{2}\begin{pmatrix} \mu_2\boldsymbol{\Omega}(u)\ddot{\boldsymbol{\beta}}(u) \\ \dfrac{\mu_3}{\mu_2}\boldsymbol{\Omega}(u)\ddot{\boldsymbol{\beta}}(u) \end{pmatrix} + op(1)$$

因此，我们可以得到

$$\hat{\boldsymbol{\beta}}_{IN}(u)-\boldsymbol{\beta}(u) = [F(u)\boldsymbol{\Omega}(u)]^{-1}\boldsymbol{R}_u^1 + \frac{1}{2}h^2\mu_2\ddot{\boldsymbol{\beta}}(u) + op(1) \tag{4.40}$$

其中，

$$\boldsymbol{R}_u^1 = \frac{1}{NT}\sum_{i_1=1}^{N}\sum_{i_2=1}^{N}\sum_{i_3=1}^{N}\sum_{t_1=1}^{T}\sum_{t_2=1}^{T}\sum_{t_3=1}^{T}[a_{i_1t_1,i_2t_2}a_{i_2t_2,i_3t_3}\boldsymbol{x}_{i_1t_1}\varepsilon_{i_3t_3}\boldsymbol{k}_h(u_{i_2t_2}-u)]$$

注意到对于 $\rho\in\Theta_0$，对应的随机误差 $\boldsymbol{\varepsilon}$ 的方差为真实值，则

$$\sqrt{NTh}\boldsymbol{R}_u^1 \xrightarrow{L} N(0,\ \nu_0\sigma_0^2F(u)\boldsymbol{\Omega}(u)) \tag{4.41}$$

于是有

$$\sqrt{Nh}(\hat{\boldsymbol{\beta}}_{IN}(u)-\boldsymbol{\beta}(u)-\varphi(u)) \xrightarrow{L} N(0,\ \gamma^2(u)\ ) \tag{4.42}$$

其中 $\varphi(u)=\dfrac{1}{2}h^2\mu_2\ddot{\boldsymbol{\beta}}(u)$，$\gamma^2(u)=\nu_0\sigma_0^2[F(u)\boldsymbol{\Omega}(u)]^{-1}$。进一步，若 $NTh^5\to 0$，上式即可写成

$$\sqrt{NTh}(\hat{\boldsymbol{\beta}}_{IN}(u)-\boldsymbol{\beta}(u)) \xrightarrow{L} N(0,\gamma^2(u)) \tag{4.43}$$

再由引理 4.2 和定理 4.2，易得 $\hat{\boldsymbol{\beta}}_{IN}(u)-\hat{\boldsymbol{\beta}}(u)=op(1)$。故

$$\sqrt{NTh}(\hat{\boldsymbol{\beta}}(u)-\boldsymbol{\beta}(u)-\varphi(u)) \xrightarrow{L} N(0,\gamma^2(u))$$

特别地，在 $NTh^5\to 0$ 时，$\sqrt{NTh}(\hat{\boldsymbol{\beta}}(u)-\boldsymbol{\beta}(u)) \xrightarrow{L} N(0,\gamma^2(u))$。

定理 4.5 得证。

第 5 章　随机效应空间滞后变系数模型

5.1　引　　言

我们已经知道，在非参数回归模型的解释变量较多时，会造成估计方法的可靠性降低，即出现所谓 “维数灾难” 问题 (Fan，Yao，2003)。为了有效克服这一难题，具备了良好可读性和稳健性的变系数模型技术得到许多统计学者的重视。近年来，随着变系数模型的理论研究的深入和实际问题的需要，变系数模型研究不仅可以适用于简单数据，而且在复杂数据研究中也得到了应用。在第 4 章中我们探讨了固定效应空间滞后变系数模型，给出了模型的截面似然估计方法，并且从理论证明和数据模拟角度分别说明了估计方法的优良性，拓展了变系数模型和空间计量模型的适用范围。本章中，我们将继续研究随机效应空间滞后变系数模型。

为了克服非参数模型的估计方法在高维数据中所出现 “维数灾难” 问题，并提高建模对实际问题的解释能力，提高模型对面板数据的适用性，本章提出一种新的随机效应空间滞后变系数模型，同样值得一提的是，这类模型在现有文献中还未涉及，由于传统的极大似然估计不能直接应用于该模型，我们对模型进一步构建了其截面极大似然估计方法，从理论上讨论了估计量的大样本性质，并用蒙特卡罗数值模拟方法考察了估计方法的小样本表现。相对于前人的研究成果，本章的理论创新之处在于一方面通过建模降低了 Su(2012) 的模型中 “维数灾难” 对估计方法稳健性的影响，并且将适用于简单数据的模型 (李坤明，陈建宝，2013) 拓展至面板数据，增强了模型的适用范围以及对空间经济变量的非线性作用机制的解释能力。

本章余下内容安排如下：首先，给出随机效应空间滞后变系数模型的设定形式；然后，得到模型的估计方法及具体步骤；之后在给定的正则假设条件下讨论本文所构建的估计方法的大样本性质；最后用蒙特卡罗方法考察估计量的小样本表现并给出相关的引理和定理的证明。

5.2　固定效应空间滞后单指数模型的估计

5.2.1　模型设定

考虑一类新的随机效应变系数空间滞后面板数据模型，其数学表述为

$$y_{it} = \rho(\boldsymbol{W}_0\boldsymbol{Y}_t)_i + \boldsymbol{x}'_{it}\boldsymbol{\beta}(u_{it}) + b_i + \varepsilon_{it} \tag{5.1}$$

其中，$1 \leqslant i \leqslant N$，$1 \leqslant t \leqslant T$，$y_{it}$ 和 $\boldsymbol{x}_{it} = (x_{it1}, \cdots, x_{itp})'$ 分别为被解释变量和 p 个解释变量在第 i 个截面单元第 t 个时刻的观测值，$\boldsymbol{Y}_t = (y_{1t}, \cdots, y_{Nt})'$，$\rho$ 为未知空间相关系数，$\boldsymbol{W}_0 = (w_{ij})_{n\times n}$ 为预先设定的空间权重矩阵，$(\boldsymbol{W}_0\boldsymbol{Y}_t)_i$ 为 $\boldsymbol{W}_0\boldsymbol{Y}_t$ 的第 i 个分量，$\boldsymbol{\beta}(u) = (\beta_1(u), \cdots, \beta_p(u))'$，为了使本章推导更为简洁，假设 u 为一维随机变量，则 $\beta_1(u), \cdots, \beta_p(u)$ 为一元未知函数，u_{it} 为一维随机变量，b_i 为第 i 个截面单元的个体效应，ε_{it} 为随机误差项，满足 $b_i \sim \text{i.i.d.}N(0, \sigma_b^2)$，$\varepsilon_{it} \sim \text{i.i.d.}N(0, \sigma_\varepsilon^2)$，$b_i$ 和 ε_{it} 相互独立。

记 $\boldsymbol{X}_{\boldsymbol{\beta}} = (\boldsymbol{x}'_{11}\boldsymbol{\beta}(u_{11}), \cdots, \boldsymbol{x}'_{1T}\boldsymbol{\beta}(u_{1T}), \cdots, \boldsymbol{x}'_{N1}\boldsymbol{\beta}(u_{N1}), \cdots, \mathbf{x}'_{NT}\boldsymbol{\beta}(u_{NT}))'$，则模型 (5.1) 等价于

$$\boldsymbol{Y} = \rho\boldsymbol{W}\boldsymbol{Y} + \boldsymbol{X}_{\boldsymbol{\beta}} + \boldsymbol{U}\boldsymbol{b} + \boldsymbol{\varepsilon} \tag{5.2}$$

其中，$\boldsymbol{Y} = (y_{11}, \cdots, y_{1T}, \cdots, y_{N1}, \cdots, y_{NT})'$，$\boldsymbol{W} = \boldsymbol{W}_0 \otimes \boldsymbol{I}_T$，$\boldsymbol{b} = (b_1, \cdots, b_N)'$，$\boldsymbol{U} = \boldsymbol{I}_N \otimes \boldsymbol{e}_T$，$\boldsymbol{\varepsilon} = (\varepsilon_{11}, \cdots, \varepsilon_{1T}, \cdots, \varepsilon_{N1}, \cdots, \varepsilon_{NT})'$，$\boldsymbol{I}_N$ 为 N 阶单位矩阵，$\boldsymbol{e}_T$ 为 $T\times 1$ 阶全 1 的列向量，"$\otimes$" 表示克罗内克乘积。

记 $\boldsymbol{\theta} = (\rho, \sigma_\varepsilon^2, \sigma_b^2)'$，本章的主要目的旨在对所提出模型得到未知的参数向量 $\boldsymbol{\theta}$ 及函数 $\boldsymbol{\beta}(u)$ 的估计。令 $\boldsymbol{A}(\rho) = \boldsymbol{I}_{NT} - \rho\boldsymbol{W}$，则模型 (5.2) 可写为

$$\boldsymbol{A}(\rho)\boldsymbol{Y} = \boldsymbol{X}_{\boldsymbol{\beta}} + \boldsymbol{U}\boldsymbol{b} + \boldsymbol{\varepsilon} \tag{5.3}$$

即 $\boldsymbol{U}\boldsymbol{b} + \boldsymbol{\varepsilon} = \boldsymbol{A}(\rho)\boldsymbol{Y} - \boldsymbol{X}_{\boldsymbol{\beta}}$，易知，$\partial(\boldsymbol{U}\boldsymbol{b} + \boldsymbol{\varepsilon})/\partial\boldsymbol{Y} = \boldsymbol{A}(\rho)$，又因 $b_i \sim \text{i.i.d.}N(0, \sigma_b^2)$，$\varepsilon_{it} \sim \text{i.i.d.}N(0, \sigma_\varepsilon^2)$，从而

$$\boldsymbol{\Sigma} = (\boldsymbol{U}\boldsymbol{b} + \boldsymbol{\varepsilon})(\boldsymbol{U}\boldsymbol{b} + \boldsymbol{\varepsilon})' = \sigma_\varepsilon^2\boldsymbol{I}_{NT} + \sigma_b^2\boldsymbol{I}_N \otimes (\boldsymbol{e}_T\boldsymbol{e}'_T)$$

于是

$$\det(\boldsymbol{\Sigma}) = \sigma_\varepsilon^{2(NT-N)}(\sigma_b^2 + T\sigma_\varepsilon^2)^N,$$
$$\boldsymbol{\Sigma}^{-1} = \frac{1}{\sigma_\varepsilon^2}\boldsymbol{I}_{NT} + \left(\frac{1}{\sigma_\varepsilon^2 + T\sigma_b^2} - \frac{1}{\sigma_\varepsilon^2}\right)\boldsymbol{I}_N \otimes \left(\frac{1}{T}\boldsymbol{e}_T\boldsymbol{e}'_T\right)$$

可得模型 (5.2) 的似然函数为

$$L(\boldsymbol{\theta}) = (2\pi)^{-NT/2}\,|\boldsymbol{\Sigma}|^{-1/2}\exp\left\{-\frac{1}{2}[\boldsymbol{A}(\rho)\boldsymbol{Y} - \boldsymbol{X}_{\boldsymbol{\beta}}]'\boldsymbol{\Sigma}^{-1}[\boldsymbol{A}(\rho)\boldsymbol{Y} - \boldsymbol{X}_{\boldsymbol{\beta}}]\right\}|\boldsymbol{A}(\rho)| \tag{5.4}$$

对上式代入相应的参数表达式可得其对数似然函数为

$$\begin{aligned}\ln L(\boldsymbol{\theta}) = &-\frac{N(T-1)}{2}\ln\sigma_\varepsilon^2 - \frac{N}{2}\ln(\sigma_\varepsilon^2 + T\sigma_b^2)\\ &-\frac{1}{2(\sigma_\varepsilon^2 + T\sigma_b^2)}[\boldsymbol{A}(\rho)\boldsymbol{Y} - \boldsymbol{X}_{\boldsymbol{\beta}}]'\boldsymbol{H}[\boldsymbol{A}(\rho)\boldsymbol{Y} - \boldsymbol{X}_{\boldsymbol{\beta}}]\\ &-\frac{1}{2\sigma_\varepsilon^2}[\boldsymbol{A}(\rho)\boldsymbol{Y} - \boldsymbol{X}_{\boldsymbol{\beta}}]'(I_{NT} - \boldsymbol{H})[\boldsymbol{A}(\rho)\boldsymbol{Y} - \boldsymbol{X}_{\boldsymbol{\beta}}] + \ln|\boldsymbol{A}(\rho)| + \text{const}\end{aligned} \tag{5.5}$$

其中，$\boldsymbol{H}=\boldsymbol{I}_N\otimes(T^{-1}\boldsymbol{e}_T\boldsymbol{e}'_T)$。为便于计算，忽略上式中常数项关于 $\sigma_{\rm b}^2$ 和 σ_ε^2 求偏导并令其为 0，可得 σ_ε^2 和 $\sigma_{\rm b}^2$ 相应的估计分别为

$$\hat{\boldsymbol{\sigma}}_{\varepsilon T}^2=[N(T-1)]^{-1}[\boldsymbol{A}(\rho)\boldsymbol{Y}-\boldsymbol{X}_{\boldsymbol{\beta}}]'(\boldsymbol{I}_{NT}-\boldsymbol{H})[\boldsymbol{A}(\rho)\boldsymbol{Y}-\boldsymbol{X}_{\boldsymbol{\beta}}] \tag{5.6}$$

$$\hat{\boldsymbol{\sigma}}_{bT}^2=(NT)^{-1}[\boldsymbol{A}(\rho)\boldsymbol{Y}-\boldsymbol{X}_{\boldsymbol{\beta}}]'\boldsymbol{H}[\boldsymbol{A}(\rho)\boldsymbol{Y}-\boldsymbol{X}_{\boldsymbol{\beta}}]-T^{-1}\hat{\boldsymbol{\sigma}}_{\varepsilon T}^2 \tag{5.7}$$

将式 (5.6)，式 (5.7) 代入式 (5.5)，可得到关于 ρ 的集中对数似然函数，如下所示：

$$\ln L(\rho)=\frac{-N(T-1)}{2}\ln\hat{\sigma}_{\varepsilon T}^2-\frac{N}{2}\ln(\hat{\sigma}_{\varepsilon T}^2+T\hat{\sigma}_{bT}^2)-\frac{NT}{2}+\ln|\boldsymbol{A}(\rho)| \tag{5.8}$$

由于 $\boldsymbol{\beta}(u_{it})(i=1,\cdots,N,t=1,\cdots,T)$ 未知，直接通过上式关于 ρ 最大化得到其估计并不可行，故而传统的极大似然估计方法在此并不适用。

5.2.2 模型估计

由于一般的估计方法不能适用于模型 (5.2)，因此本章尝试使用截面极大似然估计方法的寻求模型 (5.2) 中未知参数和函数的估计，其具体实施步骤如下。

第 1 步 假定 $\boldsymbol{\theta}$ 已知，用局部线性法 (Fan，Yao，2003; Fan，Huang，2005) 得到 $\boldsymbol{\beta}(u)$ 的可行初始估计 $\hat{\boldsymbol{\beta}}_{IN}(u)$，即 $\hat{\boldsymbol{\beta}}_{IN}(u)\hat{=}\hat{\boldsymbol{a}}_1=(\hat{a}_{11},\hat{a}_{12},\cdots,\hat{a}_{1p})'$，$\dot{\hat{\boldsymbol{\beta}}}_{IN}(u)\hat{=}\hat{\boldsymbol{a}}_2=(\hat{a}_{21},\hat{a}_{22},\cdots,\hat{a}_{2p})'$，其中 $\{(\hat{a}_{1s},\hat{a}_{2s})\}_{s=1}^p$ 的定义为

$$\{(\hat{a}_{1s},\hat{a}_{2s})\}_{s=1}^p=\underset{\{(a_{1s},a_{2s})\}_{s=1}^p}{\arg\min}\frac{1}{NT}\sum_{i=1}^N\sum_{t=1}^T\left[\tilde{y}_{it}-\sum_{s=1}^p(a_{1s}+a_{2s}(u_{it}-u))x_{its}\right]^2\boldsymbol{k}_h(u_{it}-u) \tag{5.9}$$

其中，$\tilde{y}_{it}\hat{=}y_{it}-\rho(\boldsymbol{W}_0\mathbf{Y}_t)_i$，$\boldsymbol{k}_h(u_{it}-u)=h^{-1}\mathbf{k}((u_{it}-u)/h)$，$\boldsymbol{k}(\cdot)$ 为一元核函数，h 为窗宽。

记

$$\boldsymbol{D}_u\hat{=}\begin{pmatrix}\boldsymbol{x}_{11} & \cdots & \boldsymbol{x}_{NT}\\ \dfrac{u_{11}-u}{h}\boldsymbol{x}_{11} & \cdots & \dfrac{u_{NT}-u}{h}\boldsymbol{x}_{NT}\end{pmatrix}'$$

由于

$$\boldsymbol{W}_u=\operatorname{diag}(\boldsymbol{k}_h(u_{11}-u),\cdots,\boldsymbol{k}_h(u_{NT}-u))$$
$$\boldsymbol{A}(\rho)\boldsymbol{Y}=(\tilde{y}_{11},\cdots,\tilde{y}_{1T},\cdots,\tilde{y}_{N1},\cdots,\tilde{y}_{NT})'$$
$$\boldsymbol{\delta}=(a_{11},\cdots,a_{1p},ha_{21},\cdots,ha_{2p})'$$

则式 (5.9) 可记为

$$\hat{\boldsymbol{\delta}}=\arg\min_{\boldsymbol{\delta}}\frac{1}{NT}[\boldsymbol{A}(\rho)\boldsymbol{Y}-\boldsymbol{D}_u\boldsymbol{\delta}]'\boldsymbol{W}_u[\boldsymbol{A}(\rho)\boldsymbol{Y}-\boldsymbol{D}_u\boldsymbol{\delta}]$$

通过简单矩阵计算，可得

$$\hat{\boldsymbol{\delta}} = [\boldsymbol{D'}_u \boldsymbol{W}_u \boldsymbol{D}_u]^{-1} \boldsymbol{D'}_u \boldsymbol{W}_u \boldsymbol{A}(\rho) \boldsymbol{Y} \tag{5.10}$$

记

$$\begin{aligned} \boldsymbol{S}_u &\hat{=} \frac{1}{NT} \boldsymbol{D'}_u \boldsymbol{W}_u \boldsymbol{D}_u \\ \boldsymbol{T}_u &\hat{=} \frac{1}{NT} \boldsymbol{D'}_u \boldsymbol{W}_u \boldsymbol{A}(\rho) \boldsymbol{Y} \\ \boldsymbol{e}_0 &\hat{=} (\boldsymbol{I}_p, 0_p)' \end{aligned}$$

则

$$\hat{\boldsymbol{\beta}}_{IN}(u) = (\hat{a}_{11}, \hat{a}_{12}, \cdots, \hat{a}_{1p})' = \boldsymbol{e'}_0 \hat{\boldsymbol{\delta}} = \boldsymbol{e'}_0 \boldsymbol{S}_u^{-1} \boldsymbol{T}_u \tag{5.11}$$

于是 $\boldsymbol{X}_{\boldsymbol{\beta}}$ 的初始估计为

$$\boldsymbol{X}_{\hat{\boldsymbol{\beta}}_{IN}} = \begin{pmatrix} \begin{pmatrix} \boldsymbol{x'}_{11} & 0 \end{pmatrix} (\boldsymbol{D}_{u_{11}} \boldsymbol{W}_{u_{11}} \mathbf{D}_{u_{11}})^{-1} \boldsymbol{D}_{u_{11}} \boldsymbol{W}_{u_{11}} \\ \vdots \\ \begin{pmatrix} \boldsymbol{x'}_{NT} & 0 \end{pmatrix} (\boldsymbol{D}_{u_{NT}} \boldsymbol{W}_{u_{NT}} \mathbf{D}_{u_{NT}})^{-1} \boldsymbol{D}_{u_{NT}} \boldsymbol{W}_{u_{NT}} \end{pmatrix} \boldsymbol{A}(\rho) \boldsymbol{Y} \triangleq \boldsymbol{S} \boldsymbol{A}(\rho) \boldsymbol{Y} \tag{5.12}$$

其中，矩阵 $\boldsymbol{S}$ 仅依赖于 $\{(u_{it}, \boldsymbol{x'}_{it}), i = 1, \cdots, N;\ t = 1, \cdots, T\}$。

第 2 步　用 $\boldsymbol{X}_{\hat{\boldsymbol{\beta}}_{IN}}$ 替代式 (5.5) 中的 $\boldsymbol{X}_{\boldsymbol{\beta}}$，得到对数似然函数的近似值为

$$\begin{aligned} \ln \tilde{L}(\boldsymbol{\theta}) = &- \frac{N(T-1)}{2} \ln \sigma_\varepsilon^2 \\ &- \frac{1}{2(\sigma_\varepsilon^2 + T\sigma_b^2)} [\boldsymbol{A}(\rho)\boldsymbol{Y} - \boldsymbol{X}_{\hat{\boldsymbol{\beta}}_{IN}}]' \boldsymbol{H} [\boldsymbol{A}(\rho)\boldsymbol{Y} - \boldsymbol{X}_{\hat{\boldsymbol{\beta}}_{IN}}] \\ &- \frac{N}{2} \ln(\sigma_\varepsilon^2 + T\sigma_b^2) - \frac{1}{2\sigma_\varepsilon^2} \\ &\times [\boldsymbol{A}(\rho)\boldsymbol{Y} - \boldsymbol{X}_{\hat{\boldsymbol{\beta}}_{IN}}]' (\boldsymbol{I}_{NT} - \boldsymbol{H}) [\boldsymbol{A}(\rho)\boldsymbol{Y} - \boldsymbol{X}_{\hat{\boldsymbol{\beta}}_{IN}}] + \ln |\boldsymbol{A}(\rho)| \end{aligned} \tag{5.13}$$

易知，使式 (5.13) 达到最大值的 $\hat{\boldsymbol{\theta}}$ 即为 $\boldsymbol{\theta}$ 的估计值，即$\hat{\boldsymbol{\theta}} = \arg\max\limits_{\boldsymbol{\theta}} \dfrac{1}{NT} \ln \tilde{L}(\boldsymbol{\theta})$。

实际估计分两步完成。首先，假定 ρ 已知，对式 (5.13) 求解关于 $(\sigma_\varepsilon^2, \sigma_b^2)'$ 的最大化问题，得到其初始估计分别为

$$\hat{\sigma}_{\varepsilon IN}^2 = [N(T-1)]^{-1} [\boldsymbol{A}(\rho)\boldsymbol{Y} - \boldsymbol{X}_{\hat{\boldsymbol{\beta}}_{IN}}]' (\boldsymbol{I}_{NT} - \boldsymbol{H}) [\boldsymbol{A}(\rho)\boldsymbol{Y} - \boldsymbol{X}_{\hat{\boldsymbol{\beta}}_{IN}}] \tag{5.14}$$

$$\hat{\sigma}_{bIN}^2 = (NT)^{-1} [\boldsymbol{A}(\rho)\boldsymbol{Y} - \boldsymbol{X}_{\hat{\boldsymbol{\beta}}_{IN}}]' \boldsymbol{H} [\boldsymbol{A}(\rho)\boldsymbol{Y} - \boldsymbol{X}_{\hat{\boldsymbol{\beta}}_{IN}}] - T^{-1} \hat{\sigma}_{\varepsilon IN}^2 \tag{5.15}$$

然后，用 $\hat{\sigma}_{\varepsilon IN}^2, \hat{\sigma}_{bIN}^2$ 替代式 (5.13) 中的 $\sigma_\varepsilon^2, \sigma_b^2$，得到关于 ρ 的集中对数似然函数：

$$\ln \tilde{L}(\rho) = -\frac{N(T-1)}{2} \ln \hat{\sigma}_{\varepsilon IN}^2 - \frac{N}{2} \ln(\hat{\sigma}_{\varepsilon IN}^2 + T\hat{\sigma}_{bIN}^2) - \frac{NT}{2} + \ln |\boldsymbol{A}(\rho)| \tag{5.16}$$

因此，关于 ρ 的最终估计为

$$\hat{\rho} = \arg\max_{\rho} \ln \tilde{L}(\rho) \tag{5.17}$$

此为一个非线性最优化问题，实际估计时可用迭代方法求解。

第 3 步 用第 2 步得到的 $\hat{\rho}$ 替代式 (5.11) 中的 ρ，得到非参数部分的最终估计：

$$\hat{\boldsymbol{\beta}}(u) = \boldsymbol{e'}_0[\boldsymbol{D'}_u\boldsymbol{W}_u\boldsymbol{D}_u]^{-1}\boldsymbol{D'}_u\boldsymbol{W}_u\boldsymbol{A}(\hat{\rho})\boldsymbol{Y} \tag{5.18}$$

第 4 步 分别将 $\hat{\rho}$，$\hat{\boldsymbol{\beta}}(u)$ 代入式 (5.14) 和式 (5.15)，可以得到关于 σ_ε^2 和 σ_b^2 的最终估计：

$$\hat{\sigma}_\varepsilon^2 = [N(T-1)]^{-1}[\boldsymbol{A}(\hat{\rho})\boldsymbol{Y} - \boldsymbol{X}_{\hat{\boldsymbol{\beta}}}]'(\boldsymbol{I}_{NT} - \boldsymbol{H})[\boldsymbol{A}(\hat{\rho})\boldsymbol{Y} - \boldsymbol{X}_{\hat{\boldsymbol{\beta}}}] \tag{5.19}$$

$$\hat{\sigma}_b^2 = (NT)^{-1}[\boldsymbol{A}(\rho)\boldsymbol{Y} - \boldsymbol{X}_{\hat{\boldsymbol{\beta}}}]'\boldsymbol{H}[\boldsymbol{A}(\rho)\boldsymbol{Y} - \boldsymbol{X}_{\hat{\boldsymbol{\beta}}}] - T^{-1}\hat{\sigma}_\varepsilon^2 \tag{5.20}$$

5.2.3 估计的大样本性质

5.2.3.1 假设条件

记 $\boldsymbol{\theta}_0 = \left(\rho_0, \sigma_{\varepsilon,0}^2, \sigma_{b,0}^2\right)'$ 为空间参数及方差的真实值。为了考证上节构建的 $\boldsymbol{\theta}$ 和 $\boldsymbol{\beta}(u)$ 的截面极大似然估计 $\hat{\boldsymbol{\theta}}$ 和 $\hat{\boldsymbol{\beta}}(u)$ 的一致性和渐近正态性，我们需要下述适当的正则假设条件。

A5.1 关于模型中变量的假设条件：

(i) $\{\boldsymbol{x}_{it}, y_{it}, \varepsilon_{it}\}_{i=1,t=1}^{N,T}$ 为 i.i.d. 随机序列，$\{\boldsymbol{x}_{it}, y_{it}, b_i, \varepsilon_{it}\}_{i=1}^{N}$ 在时刻 t 固定时为 i.i.d. 随机序列，$t=1,\cdots,T$，ε_{it} 和 b_i 相互独立，$\{u_{it}\}_{i=1,t=1}^{N,T}$ 的边际密度函数 $f_t(u)$ 在 $\mathcal{U}$ 上连续可微，同时 $f_t(u)$ 一致有界且不为零，对任意的 i，$(u_{i1},\cdots,u_{it})$ 存在联合密度函数；在 $t_1 \neq t_2$ 时，(u_{it_1}, u_{it_2}) 联合密度函数 $f_{t_1t_2}(u,v)$ 在 $\boldsymbol{\mathcal{U}} \times \boldsymbol{\mathcal{U}}$ 处连续可微，其中，$i=1,\cdots,N$；$t_1,t_2=1,\cdots,T$。$\boldsymbol{\Omega}(u) = E(\boldsymbol{x}_{it}\boldsymbol{x'}_{it}\,|u_{it}=u)$ 存在且非奇异，且其每一个元素都二阶连续可微；$E(\boldsymbol{x}_{it}\boldsymbol{x'}_{it})$ 为一非奇异的常数矩阵。且有 $E(\boldsymbol{x}_{it}\varepsilon_{it}\,|u_{it})=0$，$E(\boldsymbol{x}_{it}b_i\,|u_{it})=0$，$i=1,\cdots,N$，$t=1,\cdots,T$。$b_i$ 满足 $E(b_i\,|\boldsymbol{x}_{11},\cdots,\boldsymbol{x}_{NT})=0$，$\mathrm{Var}(b_i\,|\boldsymbol{x}_{11},\cdots,\boldsymbol{x}_{NT})=\sigma_b^2<\infty$ 及 $E(\|b_i\boldsymbol{x'}_{it}\|)<\infty$；$\varepsilon_{it}$ 满足 $E(\varepsilon_{it}\,|\boldsymbol{x}_{11},\cdots,\boldsymbol{x}_{NT})=0$，$\mathrm{Var}(\varepsilon_{it}\,|\boldsymbol{x}_{11},\cdots,\mathbf{x}_{NT})=\sigma_\varepsilon^2<\infty$ 及 $E(\|\varepsilon_i\boldsymbol{x'}_{it}\|)<\infty$；其中 $i=1,\cdots,N;t=1,\cdots,T$。

(ii) 存在 $r=\max\{4,s\}$，使得 $E(\|\boldsymbol{x}_{it}\|^r)<\infty$，$E(|b_i|^r)<\infty$，$E(|\varepsilon_{it}|^r)<\infty$，并对 $\tau<2-s^{-1}$，则有 $(NT)^{2\tau-1}h\to\infty$，其中 $i=1,\cdots,N$；$t=1,\cdots,T$。

(iii) 实值函数 $\beta_i(u)(i=1,\cdots,p)$ 二阶连续可微，在 $u\in\mathcal{U}$ 上满足一阶利普希茨条件，并且对于任意定义域上的 u 都有 $|\beta_i(u)|\leqslant m_\beta$，其中，$m_\beta$ 为正常数。

A5.2 关于模型中常量的假设条件:

(i) $\boldsymbol{W}_0$ 的对角元为零，非对角元 $w_{0,ij}$ 一致小于 $O\left(\frac{1}{l_N}\right)$，并且 $\lim\limits_{N\to\infty}\frac{l_N}{N}=0$。对任意 $\rho\in\Theta$，$\boldsymbol{I}_N-\rho\boldsymbol{W}_0$ 非奇异，其中，Θ 为凸紧集，ρ_0 为 Θ 的内点。

(ii) $\boldsymbol{W}_0$ 和 $(\boldsymbol{I}_N-\rho\boldsymbol{W}_0)^{-1}$ 在 $\rho\in\Theta$ 上满足绝对行和与绝对列和一致有界。

A5.3 关于核函数的假设条件:

$\boldsymbol{k}(\cdot)$ 为连续非负偶函数，令 $\mu_l=\int\boldsymbol{k}(v)v^l\mathrm{d}v$，$\nu_l=\int\boldsymbol{k}^2(v)v^l\mathrm{d}v$，则对于任意的正奇数 l，$\mu_l=v_l=0$；同时 $\mu_0=1$，$\mu_2\neq 0$。

A5.4 关于窗宽的假设条件：在 $N\to\infty$，$T\to\infty$ 及 $h\to 0$ 时，$NTh\to\infty$。

A5.5 参数估计唯一性条件：存在唯一 $\boldsymbol{\theta}_0$，使得模型 (5.2) 成立。

A5.6 $\lim\limits_{N,T\to\infty}\frac{1}{NT}\boldsymbol{X}'{}_{\beta}\boldsymbol{B}'{}_0\left(\frac{\boldsymbol{H}}{\sigma_{\varepsilon,0}^2+T\sigma_{b,0}^2}+\frac{\boldsymbol{I}_{NT}-\boldsymbol{H}}{\sigma_{\varepsilon},0^2}\right)\boldsymbol{B}_0\boldsymbol{X}_{\boldsymbol{\beta}}$ 存在并且为非奇异矩阵，其中，$\boldsymbol{B}_0=\boldsymbol{W}A^{-1}(\rho_0)$。

A5.7 $\lim\limits_{N,T\to\infty}\frac{1}{NT}\left\{\mathrm{tr}[(\boldsymbol{B}'{}_0)^2]+\mathrm{tr}(\boldsymbol{B}'{}_0\mathbf{B}_0)-\frac{2}{N(T-1)}[\mathrm{tr}((\boldsymbol{I}_{NT}-\boldsymbol{H})\boldsymbol{B}_0)]^2-\frac{2}{N}[\mathrm{tr}(\boldsymbol{H}\boldsymbol{B}_0)]^2\right\}>0$。

A5.1 和 A5.2 描述的是本章中随机效应模型和空间权重矩阵特征；A5.3 和 A5.4 给出的是核函数和带宽条件；A5.5 为唯一性识别条件；A5.6 和 A5.7 是参数部分渐近正态分布证明条件。

5.2.3.2 主要结论

在给出估计量的大样本性质之前，我们先给出几个有用的引理。

引理 5.1 在假设条件 A5.1—A5.4 下，

$$\boldsymbol{S}_u\xrightarrow{P}F(u)\begin{pmatrix}\boldsymbol{\Omega}(u) & \mathbf{0}\\ \mathbf{0} & \mu_2\boldsymbol{\Omega}(u)\end{pmatrix}$$

其中，$F(u)=\lim\limits_{T\to\infty}\frac{1}{T}\sum\limits_{t=1}^{T}f_t(u)$，$\boldsymbol{\Omega}(u)=E(\boldsymbol{x}_{it}\boldsymbol{x}'{}_{it}|u_{it}=u)$，$i=1,\cdots,N$，$t=1,\cdots,T$。

引理 5.2 在假设条件 A5.1—A5.4 下，$\hat{\boldsymbol{\beta}}_{IN}(u)\xrightarrow{P}\boldsymbol{\beta}(u)$。

在给出主要结论前，我们需要记 $\Theta_0=\{\rho|\,\rho\in\Theta,\ \|\rho-\rho_0\|\leqslant c_1(NT)^{-1/2}\}$，其中，$c_1$ 为给定正常数，类似约束参考 Härdle 等 (1993)。不同于 Su 和 Jin (2010), 本文模型中解释变量为随机变量，参考 Pang 和 Xue (2012)。

定理 5.1 在假设条件 A5.1—A5.5 下，$\hat{\rho}-\rho_0=op(1)$，对 $u\in\boldsymbol{\mathcal{U}}$ 成立。

定理 5.2 在假设条件 A5.1—A5.5 下，$\hat{\boldsymbol{\beta}}(u)-\boldsymbol{\beta}(u)=op(1)$，对 $\rho\in\Theta_0$ 及 $u\in\boldsymbol{\mathcal{U}}$ 成立。

定理 5.3 在假设条件 A5.1—A5.5 下，$\hat{\sigma}_\varepsilon^2-\sigma_{\varepsilon,0}^2=op(1)$，$\hat{\sigma}_b^2-\sigma_{b,0}^2=op(1)$，对 $\rho\in\Theta_0$ 及 $u\in\boldsymbol{\mathcal{U}}$ 成立。

定理 5.4 在假设条件 A5.1—A5.6 或假设条件 A5.1—A5.5 及 A5.7 下，

$$\sqrt{NT}(\hat{\boldsymbol{\theta}}-\boldsymbol{\theta}_0)\xrightarrow{L}N(0,\boldsymbol{\Sigma}_{\boldsymbol{\theta}_0}^{-1})$$

其中，$\boldsymbol{\Sigma}_{\boldsymbol{\theta}_0}=-\lim\limits_{N,T\to\infty}E\left[\left(\dfrac{1}{NT}\dfrac{\partial^2\ln L(\boldsymbol{\theta})}{\partial\boldsymbol{\theta}\partial\boldsymbol{\theta}'}\right)\Bigg|_{\boldsymbol{\theta}=\boldsymbol{\theta}_0}\right]$。

定理 5.5 在假设条件 A5.1—A5.5 下，

$$\sqrt{NTh}(\hat{\boldsymbol{\beta}}(u)-\boldsymbol{\beta}(u)-\varphi(u))\xrightarrow{L}N(0,\gamma^2(u))$$

对 $\rho\in\Theta_0$ 及 $u\in\boldsymbol{\mathcal{U}}$ 成立。上式中， $\gamma^2(u)$ ，$\varphi(u)$ 满足

$$\varphi(u)=\frac{1}{2}h^2\mu_2\ddot{\boldsymbol{\beta}}(u),\quad \gamma^2(u)=\nu_0(\sigma_{\varepsilon,0}^2+\sigma_{b,0}^2)[F(u)\boldsymbol{\Omega}(u)]^{-1}$$

其中，

$$F(u)=\lim_{T\to\infty}\frac{1}{T}\sum_{t=1}^{T}f_t(u),$$
$$\boldsymbol{\Omega}(u)=E(\boldsymbol{x}_{it}\boldsymbol{x}'_{it}\,|u_{it}=u),\quad i=1,\cdots,N,t=1,\cdots,T$$

进一步，在 $NTh^5\to 0$ 时，有

$$\sqrt{NTh}(\hat{\boldsymbol{\beta}}(u)-\boldsymbol{\beta}(u))\xrightarrow{L}N(0,\gamma^2(u))$$

对 $\rho\in\Theta_0$，$u\in\boldsymbol{\mathcal{U}}$ 成立。

定理 5.1 至定理 5.3 分别给出了 $\hat{\rho}$，$\hat{\boldsymbol{\beta}}(u)$ 和 $(\hat{\sigma}_\varepsilon^2,\hat{\sigma}_b^2)'$ 的一致性，定理 5.4 和定理 5.5 给出了估计量的渐近正态分布。

5.2.4 蒙特卡罗模拟结果

下面我们利用蒙特卡罗数值模拟方法来评估所给出的估计方法的小样本表现。一方面，为了评估参数估计效果，对于每个估计量，计算样本标准差 (Std. dev) 和两种均方根误差，相关的指标参见第 2 章所示。另一方面，为了评估非参数部分估计效果，采用平均绝对误差，相关的指标参见第 4 章所示。由于难以选择最优窗宽 (Su，2012)，我们利用拇指准则在非参数估计时选择窗宽，这里使用的核函数为常用的 Epanechnikov 核函数。

5.2.4.1　数据生成过程

对于模型 (5.2)，我们通过代入已知参数数据生成样本，假设模拟样本时间长度 T 满足 $T=2$ 和 $T=4$。对于数据生成过程，作如下设计。

(i) 令 $\boldsymbol{x}_{it}$ 为二维随机变量，其中每个分量均服从均匀分布 $U(-2,2)$，同时 $\beta_1(u_{it})=0.5u_{it}+\sin(1.5u_{it})$，$\beta_2(u_{it})=\mathrm{e}^{-1.5u_{it}^2}+0.2u_{it}$，$u_{it}$ 服从均匀分布 $U(-3,3)$，$i=1,\cdots,N$；$t=1,\cdots,T$，$\boldsymbol{\varepsilon}$ 的分量 $\varepsilon_{it}\sim\text{i.i.d.}N(0,\sigma_{\varepsilon,0}^2)$，$\boldsymbol{b}$ 的分量 $b_i\sim\text{i.i.d.}N(0,\sigma_{b,0}^2)$，其中，$\left(\sigma_{\varepsilon,0}^2,\sigma_{b,0}^2\right)'=(0.5,1)'$。

(ii) 取空间相关系数 $\rho_0=0.3$，为了考察空间权重矩阵对估计效果的影响，借鉴 Lee (2004) 的做法，使用 Case (1991) 所提出的一类权重矩阵，这里 $N=R\times M$，分别取 $R=20,30$，$M=2,4,6$ 进行模拟得到结果。另外，为了比较不同空间权重矩阵的影响，同时采用 Rook 权重矩阵，取 $N=49$, 64, 81, 100 进行模拟对比。

5.2.4.2　数据模拟结果

利用 Matlab 进行 300 次模拟，记录每次模拟结果，并计算各项评级指标。

表 5.1　参数模拟结果 (Case 权重矩阵)

T	M	参数	$R=20$				$R=30$			
			Mean	Std.dev	RMSE1	RMSE2	Mean	Std.dev	RMSE1	RMSE2
2	2	ρ	0.3029	0.0554	0.0554	0.0587	0.2978	0.0429	0.0429	0.0479
		σ_ε^2	0.6270	0.1418	0.1902	0.1691	0.6041	0.1061	0.1485	0.1171
		σ_b^2	0.7666	0.2690	0.3558	0.3183	0.8344	0.2179	0.2733	0.2602
	4	ρ	0.2951	0.0529	0.0530	0.0505	0.2998	0.0413	0.0412	0.0408
		σ_ε^2	0.598	0.1058	0.1441	0.1201	0.5697	0.0741	0.1016	0.0727
		σ_b^2	0.8766	0.2056	0.2395	0.2041	0.9152	0.1706	0.1903	0.1770
	6	ρ	0.2887	0.0563	0.0573	0.0641	0.2939	0.0465	0.0468	0.0450
		σ_ε^2	0.5752	0.0794	0.1093	0.0856	0.5540	0.0603	0.0809	0.0636
		σ_b^2	0.9154	0.1637	0.1841	0.1766	0.9486	0.1340	0.1434	0.1382
4	2	ρ	0.3318	0.0455	0.0555	0.0472	0.3274	0.0370	0.0460	0.0363
		σ_ε^2	0.5923	0.0833	0.1242	0.0895	0.5696	0.0573	0.0901	0.0617
		σ_b^2	0.8455	0.2335	0.2797	0.2401	0.8881	0.1894	0.2197	0.1938
	4	ρ	0.3202	0.0410	0.0456	0.0403	0.3190	0.0340	0.0389	0.0328
		σ_ε^2	0.5596	0.0515	0.0787	0.0593	0.5497	0.0423	0.0652	0.0467
		σ_b^2	0.9365	0.1743	0.1852	0.1847	0.9367	0.1334	0.1475	0.1348
	6	ρ	0.3167	0.0430	0.0461	0.0425	0.3193	0.0334	0.0385	0.0303
		σ_ε^2	0.5441	0.0403	0.0597	0.0421	0.5359	0.0338	0.0492	0.0343
		σ_b^2	0.9588	0.1481	0.1535	0.1619	0.9586	0.1217	0.1284	0.1287

观察表 5.1，容易看出参数 ρ，σ_ε^2，σ_b^2 的估计值与其真实值在各种情况下较为接近，表明了估计量具有较好的小样本表现，验证了估计方法的优良性。

首先，在考虑样本时间长度固定 (T 相同) 时，我们能够发现以下几点。

第一，当空间复杂度固定 (M 相同) 时，参数 ρ，σ_ε^2，σ_b^2 的估计值与其真实值的偏误随地区数 R 的增加而减小，表现为 RMSE1 和 RMSE2 都随 R 的增加而减少。说明在空间复杂度相同的情况下 (M 相同)，样本容量越大，参数估计的偏误越小。同时可以看到当 M 固定时，参数估计值的标准差也随着地区数 R 的增加而减小，这说明参数的估计值会随着样本容量的增大而收敛到参数的真值。

第二，在地区数固定 (R 相同) 时，参数 ρ 的估计偏误没有因空间复杂度 M 的增加而减少，与参数 ρ 不同，σ_ε^2，σ_b^2 估计偏误和标准差都随着空间复杂度 M 的增加而减少，说明对于参数 ρ，在地区数 R 相同情况下，空间复杂度的增加会抵消样本容量增加所带来的估计偏误的减少。

第三，在样本截面单元容量固定 (N 相同) 时，参数 ρ 的估计偏误会因空间复杂度的增加而增加，其他参数的估计偏误和标准差受空间复杂度的影响较小。为说明结论，考虑样本 $N=120$，即 $R=20$，$M=6$ 和 $R=30$，$M=4$ 的情形，可以发现，当 $R=20$，$M=6$ 时，ρ 的估计偏误和标准差均比 $R=30$，$M=4$ 时大，而 σ_ε^2，σ_b^2 的估计偏误和标准差在两种情形下相近。

其次，当样本截面单元数量、空间复杂度、地区数均固定(N，M，R 均相同) 时，参数 ρ，σ_ε^2，σ_b^2 的估计值与其真实值的偏误随时间长度 T 的增加而减小，表现为 RMSE1，RMSE2 随 T 的增加而减少。说明在样本截面单元数量、空间复杂度、地区数均固定 (N，M，R 均相同) 时，样本容量越大，参数估计的偏误越小。同时可以看到，参数估计值的标准差也随着 T 的增加而减小，同样说明参数的估计值会随着样本容量的增大而收敛到参数的真值。

表 5.2 MADE 值的中位数和标准差 (Case 权重矩阵)

T	函数	统计量	$M=2$		$M=4$		$M=6$	
			$R=20$	$R=30$	$R=20$	$R=30$	$R=20$	$R=30$
2	β_1	Median	0.2900	0.2501	0.2266	0.1931	0.2016	0.1706
		Std.dev	0.0739	0.0622	0.0540	0.0467	0.0460	0.0338
	β_2	Median	0.2303	0.1915	0.1716	0.1500	0.1471	0.1258
		Std.dev	0.0703	0.0523	0.0443	0.0362	0.0337	0.0295
4	β_1	Median	0.2324	0.2036	0.1787	0.1552	0.1562	0.1290
		Std.dev	0.0533	0.0480	0.0394	0.0322	0.0310	0.0279
	β_2	Median	0.1683	0.1456	0.1316	0.1152	0.1111	0.0991
		Std.dev	0.0438	0.0355	0.0324	0.0290	0.0245	0.0207

表 5.2 给出了两个未知系数函数在 20 个固定格点处估计的 MADE 值的中位数和标准差。对比模拟结果发现，未知函数的估计效果与空间复杂度 (M 的取值) 关系不大，主要受样本截面单元数量 ($N=R\times M$) 和样本时间长度 (T) 的影响，

随着样本容量的增大，MADE 的中位数和标准差均趋于下降，说明未知系数函数的估计是收敛的。

图 5.1 和图 5.2 分别展示了在样本容量满足 N=400(R=100，M=4) 以及 N=600(R=100，M=6) 时，时间长度 T=2，参数满足 $\rho=0.3$，$(\sigma^2_{\varepsilon,0},\ \sigma^2_{b,0})=(0.5,\ 1)$ 下，未知函数 $\beta_1(u)$，$\beta_2(u)$ 的估计效果。由图 5.2 和图 5.2 可知，样本容量增加会改善未知函数的估计效果，空间复杂度增加对非参数估计效果的影响不大。

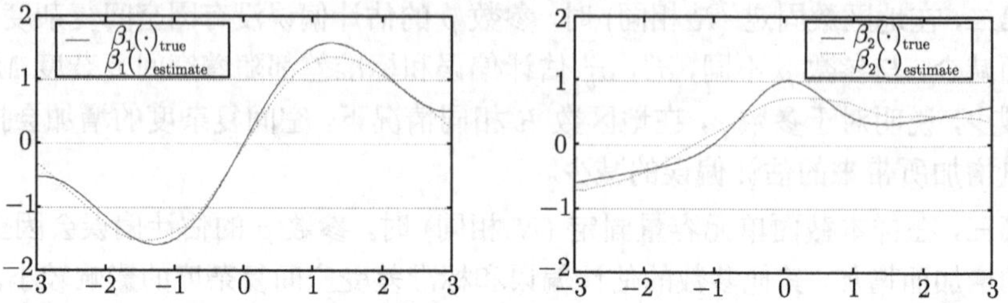

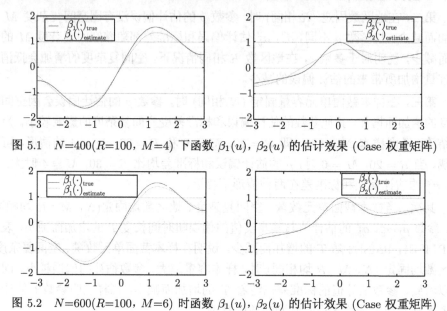

图 5.1 N=400(R=100，M=4) 下函数 $\beta_1(u)$，$\beta_2(u)$ 的估计效果 (Case 权重矩阵)

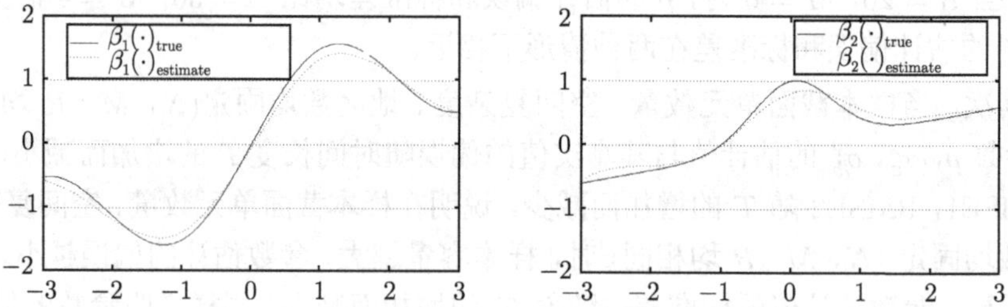

图 5.2 N=600(R=100，M=6) 时函数 $\beta_1(u)$，$\beta_2(u)$ 的估计效果 (Case 权重矩阵)

表 5.3 参数模拟结果 (Rook 权重矩阵)

N	参数	$T=2$				$T=4$			
		Mean	Std.dev	RMSE1	RMSE2	Mean	Std.dev	RMSE1	RMSE2
49	ρ	0.2816	0.0885	0.0903	0.1057	0.3221	0.0736	0.0768	0.0690
	σ^2_ε	0.6176	0.1260	0.1722	0.1462	0.5873	0.0686	0.1110	0.0775
	σ^2_b	0.8161	0.2373	0.3000	0.2763	0.8598	0.2052	0.2483	0.2154
64	ρ	0.3041	0.0727	0.0727	0.0720	0.3183	0.0666	0.0690	0.0683
	σ^2_ε	0.5993	0.1074	0.1462	0.1289	0.5718	0.0586	0.0926	0.0638
	σ^2_b	0.8479	0.2345	0.2792	0.2723	0.9125	0.1862	0.2055	0.1823
81	ρ	0.2939	0.0708	0.0709	0.075	0.3236	0.0537	0.0586	0.0535
	σ^2_ε	0.5942	0.0983	0.1361	0.1058	0.5633	0.0526	0.0823	0.0533
	σ^2_b	0.8858	0.1775	0.2108	0.1909	0.9362	0.1816	0.1922	0.1823
100	ρ	0.2905	0.0675	0.0680	0.0724	0.3212	0.0484	0.0528	0.0521
	σ^2_ε	0.5892	0.0849	0.1230	0.0893	0.5619	0.0469	0.0776	0.0484
	σ^2_b	0.8697	0.1783	0.2206	0.1985	0.9372	0.1590	0.1708	0.1530

表 5.4 MADE 值的中位数和标准差 (Rook 权重矩阵)

统计量		$T=2$				$T=4$			
		$N=49$	$N=64$	$N=81$	$N=100$	$N=49$	$N=64$	$N=81$	$N=100$
β_1	Median	0.2772	0.2558	0.2265	0.2178	0.2155	0.1951	0.1779	0.1663
	Std.dev	0.0700	0.0542	0.0503	0.0478	0.0481	0.0424	0.0374	0.0333
β_2	Median	0.2131	0.1856	0.1655	0.1545	0.1597	0.1465	0.1316	0.1244
	Std.dev	0.0563	0.0475	0.0469	0.0369	0.0418	0.0356	0.0315	0.0261

表 5.3 为基于 Rook 权重矩阵进行模拟的最终结果。通过观察表 5.3 可知，参数 ρ，σ_ε^2，σ_b^2 的估计值与其真实值在各种情况下较为接近，说明了估计量具有较好的小样本表现。同时可以看到，在样本时间长度固定 (T 相同) 时，参数的估计偏误随样本截面单元数量的增加而减小，而在样本截面单元数量固定 (N 相同) 时，参数的估计偏误随样本时间长度的增加而减小，均说明样本容量越大，参数估计的偏误越小。从表中也可以看到，参数估计值的标准差也随着样本数的增加而减小，说明参数的估计值会随着样本容量的增大而收敛。综上所述，说明参数估计值会随着样本容量的增大而收敛到参数的真值，这与所得到的估计的大样本性质是一致的。表 5.4 给出了 Rook 权重矩阵下两个未知系数函数在 20 个固定格点处的估计值的 300 个 MADE 值的中位数和标准差。对比表 6.4 的模拟结果，我们能够发现，随着样本容量的增大，MADE 值的中位数和标准差均趋于下降，说明未知系数函数的估计是收敛的。

图 5.3 和图 5.4 分别展示了在样本容量满足 N=225 和 N=625，时间长度 T=

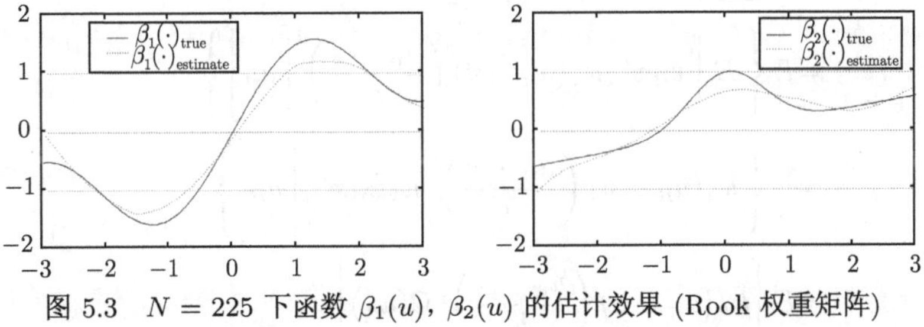

图 5.3 $N=225$ 下函数 $\beta_1(u)$，$\beta_2(u)$ 的估计效果 (Rook 权重矩阵)

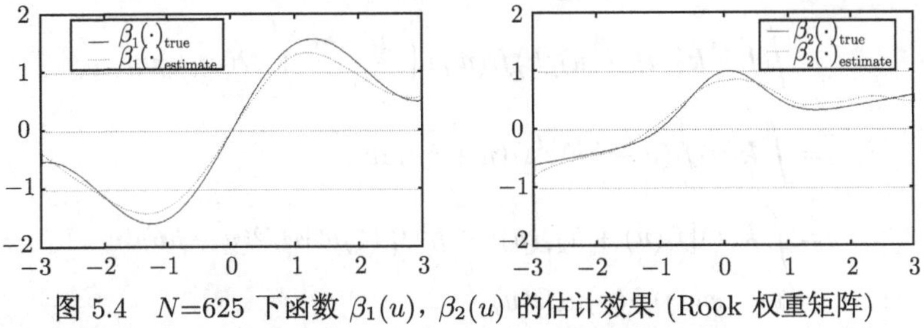

图 5.4 N=625 下函数 $\beta_1(u)$，$\beta_2(u)$ 的估计效果 (Rook 权重矩阵)

2 时，参数满足 $\rho = 0.3$，$(\sigma_{\varepsilon,0}^2, \sigma_{b,0}^2) = (0.5, 1)$ 下，未知函数 $\beta_1(u)$，$\beta_2(u)$ 的估计效果。由图 5.3 和图 5.4 可知，样本容量增加会改善未知函数的估计效果。

5.3 引理和定理证明

引理 5.1　在假设条件 A5.1—A5.4 下，

$$\boldsymbol{S}_u \xrightarrow{P} F(u) \begin{pmatrix} \boldsymbol{\Omega}(u) & \boldsymbol{0} \\ \boldsymbol{0} & \mu_2 \boldsymbol{\Omega}(u) \end{pmatrix}$$

其中，$F(u) = \lim\limits_{T\to\infty} \dfrac{1}{T}\sum\limits_{t=1}^{T} f_t(u)$，$\boldsymbol{\Omega}(u) = E(\boldsymbol{x}_{it}\boldsymbol{x'}_{it}|u_{it} = u)$，$i = 1, \cdots, N$，$t = 1, \cdots, T$。

证明　记

$$\boldsymbol{D}_{itl} = \boldsymbol{x}_{it}\boldsymbol{x'}_{it}\boldsymbol{k}_h(u_{it}-u)\left(\frac{u_{it}-u}{h}\right)^l, \quad \boldsymbol{C}_{tl} = \frac{1}{N}\sum_{i=1}^{N}\boldsymbol{D}_{itl}, \quad \boldsymbol{S}_{ul} = \frac{1}{NT}\sum_{i=1}^{N}\sum_{t=1}^{T}\boldsymbol{D}_{itl}$$

其中 $i = 1, \cdots, N$；$t = 1, \cdots, T$，$l = 0, 1, 2$。由假设知在 t 固定时，$\{\boldsymbol{x}_{it}\}_{i=1}^n$，$\{u_{it}\}_{i=1}^n$ 为 i.i.d. 随机序列。则有

$$\begin{aligned}
E\boldsymbol{C}_{tl} =& \frac{1}{N}\sum_{i=1}^{N}E\boldsymbol{D}_{itl} = \frac{1}{N}\sum_{i=1}^{N}E\left[\boldsymbol{x}_{it}\boldsymbol{x'}_{it}\boldsymbol{k}_h(u_{it}-u)\left(\frac{u_{it}-u}{h}\right)^l\right] \\
=& E\left\{E\left[\boldsymbol{x}_{it}\boldsymbol{x'}_{it}\boldsymbol{k}_h(u_{it}-u)\left(\frac{u_{it}-u}{h}\right)^l \middle| u_{it}\right]\right\} \\
=& E\left\{\boldsymbol{k}_h(u_{it}-u)\left(\frac{u_{it}-u}{h}\right)^l E(\boldsymbol{x}_{it}\boldsymbol{x'}_{it}\middle| u_{it})\right\} \\
=& E\left[\boldsymbol{k}_h(u_{it}-u)\left(\frac{u_{it}-u}{h}\right)^l \Omega(u_{it})\right] \\
=& \int h^{-1}\boldsymbol{k}((u_{it}-u)/h)f_t(u_{it})\left(\frac{u_{it}-u}{h}\right)^l \Omega(u_{it})\mathrm{d}u_{it} \\
=& \int \boldsymbol{k}(v)f_t(u+hv)v^l\Omega(u+hv)\mathrm{d}v \\
=& \int \boldsymbol{k}(v)[f_t(u)+hf_t'(u)v+h^2f_t''(\xi)v^2]v^l\Omega(u+hv)\mathrm{d}v \\
=& (1+op(1))f_t(u)\mu_l\Omega(u)
\end{aligned}$$

其中，$\mu_l=\int v^l\boldsymbol{k}(v)\mathrm{d}v$。对固定的 t 和 l，$\boldsymbol{D}_{it}$，$i=1,\cdots,N$ 独立同分布，由辛钦大数定律得

$$\boldsymbol{C}_{tl}\xrightarrow{P}E\boldsymbol{C}_{tl}$$

即 $\boldsymbol{C}_{tl}=E\boldsymbol{C}_{tl}(1+op(1))$，因此可知

$$\begin{aligned}\boldsymbol{S}_{ul}&=\frac{1}{T}\sum_{t=1}^{T}\boldsymbol{C}_{tl}=\frac{1}{T}\sum_{t=1}^{T}[E\boldsymbol{C}_{tl}(1+op(1))]\\&=\frac{1}{T}\sum_{t=1}^{T}[f_t(u)\mu_l+O(h)](1+op(1))\\&=\frac{1}{T}\sum_{t=1}^{T}[f_t(u)\mu_l]+O(h)\end{aligned}$$

记 $F(u)=\lim\limits_{T\to\infty}\frac{1}{T}\sum\limits_{t=1}^{T}f_t(u)$，可以得到 $\boldsymbol{S}_{ul}\xrightarrow{P}\mu_lF(u)$，从而

$$\boldsymbol{S}_u=\begin{pmatrix}\boldsymbol{S}_{u0}&\boldsymbol{S}_{u1}\\\boldsymbol{S}_{u1}&\boldsymbol{S}_{u2}\end{pmatrix}\xrightarrow{P}F(u)\begin{pmatrix}\Omega(u)&\boldsymbol{0}\\\boldsymbol{0}&\mu_2\Omega(u)\end{pmatrix}$$

引理 5.1 得证。

引理 5.2 在假设条件 A5.1—A5.4 下，$\hat{\boldsymbol{\beta}}_{IN}(u)\xrightarrow{P}\boldsymbol{\beta}(u)$。

证明 记

$$\boldsymbol{T}_{ul}\hat{=}\frac{1}{NT}\sum_{i=1}^{N}\sum_{t=1}^{T}\boldsymbol{x}_{it}\tilde{y}_{it}\left(\frac{u_{it}-u}{h}\right)^l\boldsymbol{k}_h(u_{it}-u)$$

其中 $l=0,1$，$\tilde{y}_{it}=\boldsymbol{x}'_{it}\boldsymbol{\beta}(u_{it})+b_i+\varepsilon_{it}$，于是

$$\begin{aligned}\boldsymbol{T}_{ul}=&\frac{1}{NT}\sum_{i=1}^{N}\sum_{t=1}^{T}\boldsymbol{x}_{it}\tilde{y}_{it}\left(\frac{u_{it}-u}{h}\right)^l\boldsymbol{k}_h(u_{it}-u)\\=&\frac{1}{NT}\sum_{i=1}^{N}\sum_{t=1}^{T}\boldsymbol{x}_{it}\boldsymbol{x}'_{it}\boldsymbol{\beta}(u_{it})\left(\frac{u_{it}-u}{h}\right)^l\boldsymbol{k}_h(u_{it}-u)\\&+\frac{1}{NT}\sum_{i=1}^{N}\sum_{t=1}^{T}\boldsymbol{x}_{it}(b_i+\varepsilon_{it})\left(\frac{u_{it}-u}{h}\right)^l\boldsymbol{k}_h(u_{it}-u)\end{aligned}$$

先考虑

$$\frac{1}{NT}\sum_{i=1}^{N}\sum_{t=1}^{T}\boldsymbol{x}_{it}\boldsymbol{x}'_{it}\boldsymbol{\beta}(u_{it})\left(\frac{u_{it}-u}{h}\right)^l\boldsymbol{k}_h(u_{it}-u)$$

则

$$
\begin{aligned}
&E\left[\boldsymbol{x}_{it}\boldsymbol{x}'_{it}\boldsymbol{\beta}(u_{it})\left(\frac{u_{it}-u}{h}\right)^l\boldsymbol{k}_h(u_{it}-u)\right]\\
=&E\left[\boldsymbol{x}_{it}\boldsymbol{x}'_{it}\boldsymbol{\beta}(u_{it})\left(\frac{u_{it}-u}{h}\right)^l\boldsymbol{k}_h(u_{it}-u)\middle|u_{it}\right]\\
=&E\left[\boldsymbol{\beta}(u_{it})\left(\frac{u_{it}-u}{h}\right)^l\boldsymbol{k}_h(u_{it}-u)E(\boldsymbol{x}_{it}\boldsymbol{x}'_{it}\,|u_{it})\right]\\
=&E\left[\Omega(u_{it})\boldsymbol{\beta}(u_{it})\left(\frac{u_{it}-u}{h}\right)^l\boldsymbol{k}_h(u_{it}-u)\right]\\
=&\int\Omega(u_{it})\boldsymbol{\beta}(u_{it})\boldsymbol{k}_h(u_{it}-u)\left(\frac{u_{it}-u}{h}\right)^l f_t(u_{it})\mathrm{d}u_{it}\\
=&(1+op(1))f_t(u)\mu_l\Omega(u)\boldsymbol{\beta}(u)
\end{aligned}
$$

类似地，采用引理 5.1 中的处理方法，容易验证：

$$
\frac{1}{NT}\sum_{i=1}^N\sum_{t=1}^T\boldsymbol{x}_{it}\boldsymbol{x}'_{it}\boldsymbol{\beta}(u_{it})\left(\frac{u_{it}-u}{h}\right)^l\boldsymbol{k}_h(u_{it}-u)\xrightarrow{P}F(u)\mu_l\Omega(u)\boldsymbol{\beta}(u)
$$

然后考虑

$$
\frac{1}{NT}\sum_{i=1}^N\sum_{t=1}^T\boldsymbol{x}_{it}(b_i+\varepsilon_{it})\left(\frac{u_{it}-u}{h}\right)^l\boldsymbol{k}_h(u_{it}-u)
$$

可以证明：

$$
\begin{aligned}
&E\left[\boldsymbol{x}_{it}(b_i+\varepsilon_{it})\left(\frac{u_{it}-u}{h}\right)^l\boldsymbol{k}_h(u_{it}-u)\right]\\
=&E\left\{E\left[\boldsymbol{x}_{it}(b_i+\varepsilon_{it})\left(\frac{u_{it}-u}{h}\right)^l\boldsymbol{k}_h(u_{it}-u)\middle|u_{it}\right]\right\}\\
=&E\left\{E[\boldsymbol{x}_{it}(b_i+\varepsilon_{it})|\,u_{it}]\left(\frac{u_{it}-u}{h}\right)^l\boldsymbol{k}_h(u_{it}-u)\right\}=0\\
&\mathrm{Var}\left(\frac{1}{NT}\sum_{i=1}^N\sum_{t=1}^T\boldsymbol{x}_{it}(b_i+\varepsilon_{it})\left(\frac{u_{it}-u}{h}\right)^l\boldsymbol{k}_h(u_{it}-u)\right)\\
=&\frac{1}{(NT)^2}\sum_{i=1}^N\sum_{t=1}^T\left\{E\left[\boldsymbol{k}_h^2(u_{it}-u)\left(\frac{u_{it}-u}{h}\right)^{2l}\boldsymbol{x}_{it}\boldsymbol{x}'_{it}\right]E(b_i+\varepsilon_{it})^2\right\}\\
=&O\left(\frac{1}{NTh}\right)
\end{aligned}
$$

于是有

$$
\boldsymbol{T}_{ul}\xrightarrow{P}\mu_l F(u)\Omega(u)\boldsymbol{\beta}(u)
$$

从而

$$\boldsymbol{T}_u = \begin{pmatrix} \boldsymbol{T}_{u0} \\ \boldsymbol{T}_{u1} \end{pmatrix} \xrightarrow{P} F(u) \begin{pmatrix} \mu_l \Omega(u)\boldsymbol{\beta}(u) \\ \mathbf{0} \end{pmatrix}$$

再利用引理 5.1 即得 $\hat{\boldsymbol{\beta}}_{IN}(u) \xrightarrow{P} \boldsymbol{\beta}(u)$。

引理 5.2 得证。

定理 5.1 的证明 由式 (5.16) 可知，$\hat{\rho}$ 是由近似的集中化似然函数所得，真正的集中化似然函数为

$$\ln L(\rho) = \frac{-N(T-1)}{2}\ln \hat{\sigma}_{\varepsilon T}^2 - \frac{N}{2}\ln(\hat{\sigma}_{\varepsilon T}^2 + m\hat{\sigma}_{bT}^2) - \frac{NT}{2} + \ln|\boldsymbol{A}(\rho)|$$

又由于

$$\ln \tilde{L}(\rho) = -\frac{N(T-1)}{2}\ln \hat{\sigma}_{\varepsilon IN}^2 - \frac{N}{2}\ln(\hat{\sigma}_{\varepsilon IN}^2 + m\hat{\sigma}_{bIN}^2) - \frac{NT}{2} + \ln|\boldsymbol{A}(\rho)|$$

参考 White (1994，定理 3)，Lee (2004，定理 1) 的证明和假设 A5.4 及 A5.5，参考 Delecroix(2003)，只需再证对于 $\rho \in \Theta$，$(NT)^{-1}[\ln \tilde{L}(\rho) - \ln L(\rho)] = op(1)$ 成立即可。由以上两式可得

$$\begin{aligned}
&\frac{1}{NT}[\ln \tilde{L}(\rho) - \ln L(\rho)] \\
=&\frac{T-1}{T}[\ln(\hat{\sigma}_{\varepsilon T}^2) - \ln(\hat{\sigma}_{\varepsilon IN}^2)] + \frac{1}{T}[\ln(\hat{\sigma}_{\varepsilon T}^2 + T\hat{\sigma}_{bT}^2) - \ln(\hat{\sigma}_{\varepsilon IN}^2 + T\hat{\sigma}_{bIN}^2)]
\end{aligned}$$

因此，我们需要证明 $\hat{\sigma}_{\varepsilon IN}^2 - \hat{\sigma}_{\varepsilon T}^2 = op(1)$ 与 $\hat{\sigma}_{bIN}^2 - \hat{\sigma}_{bT}^2 = op(1)$。由于

$$\begin{aligned}
\hat{\sigma}_{\varepsilon IN}^2 =&\frac{1}{N(T-1)}[\boldsymbol{A}(\rho)\boldsymbol{Y} - \boldsymbol{X}_{\hat{\boldsymbol{\beta}}_{IN}}](\boldsymbol{I}_{NT} - \boldsymbol{H})[\boldsymbol{A}(\rho)\boldsymbol{Y} - \boldsymbol{X}_{\hat{\boldsymbol{\beta}}_{IN}}] \\
=&\frac{1}{N(T-1)}[\boldsymbol{A}(\rho)\boldsymbol{Y} - \boldsymbol{X}_{\boldsymbol{\beta}}]'(\boldsymbol{I}_{NT} - \boldsymbol{H})[\boldsymbol{A}(\rho)\boldsymbol{Y} - \boldsymbol{X}_{\boldsymbol{\beta}}] \\
&+ \frac{2}{N(T-1)}[\boldsymbol{A}(\rho)\boldsymbol{Y} - \boldsymbol{X}_{\boldsymbol{\beta}}]'(\boldsymbol{I}_{NT} - \boldsymbol{H})(\boldsymbol{X}_{\boldsymbol{\beta}} - \boldsymbol{X}_{\hat{\boldsymbol{\beta}}_{IN}}) \\
&+ \frac{1}{N(T-1)}(\boldsymbol{X}_{\boldsymbol{\beta}} - \boldsymbol{X}_{\hat{\boldsymbol{\beta}}_{IN}})'(\boldsymbol{I}_{NT} - \boldsymbol{H})(\boldsymbol{X}_{\boldsymbol{\beta}} - \boldsymbol{X}_{\hat{\boldsymbol{\beta}}_{IN}})
\end{aligned}$$

由 (5.6)，已知 $\hat{\sigma}_{\varepsilon T}$ 满足

$$\hat{\sigma}_{\varepsilon T} = \frac{1}{N(T-1)}[\boldsymbol{A}(\rho)\boldsymbol{Y} - \boldsymbol{X}_{\boldsymbol{\beta}}]'(\boldsymbol{I}_{NT} - \boldsymbol{H})[\boldsymbol{A}(\rho)\boldsymbol{Y} - \boldsymbol{X}_{\boldsymbol{\beta}}]$$

故若要证明 $\hat{\sigma}_{\varepsilon IN}^2 - \hat{\sigma}_{\varepsilon T}^2 = op(1)$，则只需证明 $\hat{\sigma}_{\varepsilon IN}^2$ 表达式的后两项依概率收敛于零。

由引理 5.2 知，$\boldsymbol{\beta}(u) - \hat{\boldsymbol{\beta}}_{IN}(u) = op(1)$，则

$$(\boldsymbol{x}'_{11}(\boldsymbol{\beta}(u_{11}) - \hat{\boldsymbol{\beta}}_{IN}(u_{11})), \cdots, \boldsymbol{x}'_{NT}(\boldsymbol{\beta}(u_{NT}) - \hat{\boldsymbol{\beta}}_{IN}(u_{NT}))) = op(\mathbf{1})$$

考虑 $\frac{1}{N(T-1)}[\boldsymbol{A}(\rho)\boldsymbol{Y}-\boldsymbol{X}_{\boldsymbol{\beta}}]'(\boldsymbol{I}_{NT}-\boldsymbol{H})(\boldsymbol{X}_{\boldsymbol{\beta}}-\boldsymbol{X}_{\hat{\boldsymbol{\beta}}_{IN}})$，易知

$$\begin{aligned}\boldsymbol{X}_{\boldsymbol{\beta}}-\boldsymbol{X}_{\hat{\boldsymbol{\beta}}_{IN}}&=(\boldsymbol{x}'_{11}(\boldsymbol{\beta}(u_{11})-\hat{\boldsymbol{\beta}}_{IN}(u_{11})),\cdots,\boldsymbol{x}'_{NT}(\boldsymbol{\beta}(u_{NT})-\hat{\boldsymbol{\beta}}_{IN}(u_{NT})))'\\&=op(\mathbf{1})\end{aligned}\tag{5.21}$$

并有

$$\begin{aligned}&[\boldsymbol{A}(\rho)\boldsymbol{Y}-\boldsymbol{X}_{\boldsymbol{\beta}}]'(\boldsymbol{I}_{NT}-\boldsymbol{H})=(\boldsymbol{Ub}+\boldsymbol{\varepsilon})'(\boldsymbol{I}_{NT}-\boldsymbol{H})\\&=\Bigg(\varepsilon_{11}-T^{-1}\sum_{t=1}^{T}\varepsilon_{1t},\varepsilon_{12}-T^{-1}\sum_{t=1}^{T}\varepsilon_{1t},\cdots,\\&\quad\varepsilon_{1T}-T^{-1}\sum_{t=1}^{T}\varepsilon_{1t},\varepsilon_{21}-T^{-1}\sum_{t=1}^{T}\varepsilon_{2t},\cdots,\varepsilon_{NT}-T^{-1}\sum_{t=1}^{T}\varepsilon_{Nt}\Bigg)'\end{aligned}$$

由弱大数定律，有

$$\frac{1}{NT}\sum_{i=1}^{N}\sum_{t=1}^{T}\left|\varepsilon_{it}-T^{-1}\sum_{t=1}^{T}\varepsilon_{it}\right|\leqslant\frac{2}{NT}\sum_{i=1}^{N}\sum_{t=1}^{T}|\varepsilon_{it}|\leqslant 2\left(\frac{1}{NT}\sum_{i=1}^{N}\sum_{t=1}^{T}\varepsilon_{it}^2\right)^{1/2}\xrightarrow{P}\sigma_\varepsilon$$

从而可得

$$\frac{1}{N(T-1)}[\boldsymbol{A}(\rho)\boldsymbol{Y}-\boldsymbol{X}_{\boldsymbol{\beta}}]'(\boldsymbol{I}_{NT}-\boldsymbol{H})(\mathbf{X}_{\boldsymbol{\beta}}-\boldsymbol{X}_{\hat{\boldsymbol{\beta}}_{IN}})=op(1)\tag{5.22}$$

然后考虑

$$\frac{1}{N(T-1)}(\boldsymbol{X}_{\boldsymbol{\beta}}-\boldsymbol{X}_{\hat{\boldsymbol{\beta}}_{IN}})'(\boldsymbol{I}_{NT}-\boldsymbol{H})(\boldsymbol{X}_{\boldsymbol{\beta}}-\boldsymbol{X}_{\hat{\boldsymbol{\beta}}_{IN}})$$

由 $\boldsymbol{X}_{\boldsymbol{\beta}}-\boldsymbol{X}_{\hat{\beta}_{IN}}=op(1)$，即知

$$\begin{aligned}&\frac{(\boldsymbol{X}_{\boldsymbol{\beta}}-\boldsymbol{X}_{\hat{\boldsymbol{\beta}}_{IN}})'(\boldsymbol{I}_{NT}-\boldsymbol{H})(\boldsymbol{X}_{\boldsymbol{\beta}}-\boldsymbol{X}_{\hat{\boldsymbol{\beta}}_{IN}})}{N(T-1)}\\&\leqslant\frac{(\boldsymbol{X}_{\boldsymbol{\beta}}-\boldsymbol{X}_{\hat{\boldsymbol{\beta}}_{IN}})'(\mathbf{X}_{\boldsymbol{\beta}}-\boldsymbol{X}_{\hat{\boldsymbol{\beta}}_{IN}})}{N(T-1)}=op(1)\end{aligned}\tag{5.23}$$

利用式 (5.22) 和式 (5.23)，我们能够验证：

$$\hat{\sigma}^2_{\varepsilon IN}-\hat{\sigma}^2_{\varepsilon T}=op(1)\tag{5.24}$$

由于

$$\begin{aligned}\hat{\sigma}^2_{bIN}&=(NT)^{-1}[\boldsymbol{A}(\rho)\boldsymbol{Y}-\boldsymbol{X}_{\hat{\boldsymbol{\beta}}_{IN}}]'\boldsymbol{H}[\boldsymbol{A}(\rho)\boldsymbol{Y}-\boldsymbol{X}_{\hat{\boldsymbol{\beta}}_{IN}}]-T^{-1}\hat{\sigma}^2_{\varepsilon IN}\\\hat{\sigma}^2_{bT}&=(NT)^{-1}[\boldsymbol{A}(\rho)\boldsymbol{Y}-\boldsymbol{X}_{\boldsymbol{\beta}}]'\boldsymbol{H}[\boldsymbol{A}(\rho)\boldsymbol{Y}-\boldsymbol{X}_{\boldsymbol{\beta}}]-T^{-1}\hat{\sigma}^2_{\varepsilon T}\end{aligned}$$

类似前面证明，可知

$$\hat{\sigma}^2_{bIN}-\hat{\sigma}^2_{bT}=op(1)\tag{5.25}$$

由 ln(·) 连续性，因此

$$\frac{1}{NT}[\ln\tilde{L}(\rho)-\ln L(\rho)]=op(1)$$

从而，$\hat{\rho}$ 的一致性得证。

定理 5.1 得证。

定理 5.2 的证明 由于 $\hat{\boldsymbol{\delta}}=(\boldsymbol{D'}_u\boldsymbol{W}_u\boldsymbol{D}_u)^{-1}\boldsymbol{D'}_u\boldsymbol{W}_u\boldsymbol{A}(\rho)\boldsymbol{Y}$，记 $\tilde{\boldsymbol{Y}}=\boldsymbol{A}(\rho)\boldsymbol{Y}$，于是 $\hat{\boldsymbol{\delta}}=(\boldsymbol{D'}_u\boldsymbol{W}_u\boldsymbol{D}_u)^{-1}\boldsymbol{D'}_u\boldsymbol{W}_u\tilde{\boldsymbol{Y}}$，由于

$$\boldsymbol{S}_u=\frac{1}{NT}\boldsymbol{D'}_u\boldsymbol{W}_u\boldsymbol{D}_u=\begin{pmatrix}\boldsymbol{S}_{u,0} & \boldsymbol{S}_{u,1}\\ \boldsymbol{S}_{u,1} & \boldsymbol{S}_{u,2}\end{pmatrix}$$

$$\boldsymbol{T}_u=\frac{1}{NT}\boldsymbol{D'}_u\boldsymbol{W}_u\tilde{\boldsymbol{Y}}=\begin{pmatrix}\boldsymbol{T}_{u,0}\\ \boldsymbol{T}_{u,1}\end{pmatrix}$$

并且 $\boldsymbol{S}_{u,l}$，$\boldsymbol{T}_{u,l}$ 满足：

$$\boldsymbol{S}_{u,l}=\frac{1}{NT}\sum_{i=1}^{N}\sum_{t=1}^{T}\boldsymbol{x}_{it}\boldsymbol{x}_{it}((u_{it}-u)/h)^l\boldsymbol{k}_h(u_{it}-u),\quad l=0,1,2$$

$$\boldsymbol{T}_{u,l}=\frac{1}{NT}\sum_{i=1}^{N}\sum_{t=1}^{T}\boldsymbol{x}_{it}\tilde{y}_{it}((u_{it}-u)/h)^l\boldsymbol{k}_h(u_{it}-u),\quad l=0,1$$

于是有 $\hat{\boldsymbol{\delta}}=\boldsymbol{S}_u^{-1}\boldsymbol{T}_u$。注意到

$$\hat{\boldsymbol{\beta}}(u)=\boldsymbol{e'}_0[\boldsymbol{D'}_u\boldsymbol{W}_u\boldsymbol{D}_u]^{-1}\boldsymbol{D'}_u\boldsymbol{W}_u\boldsymbol{A}(\hat{\rho})\boldsymbol{Y}=\boldsymbol{e'}_0\boldsymbol{S}_u^{-1}\hat{\boldsymbol{T}}_u$$

其中，

$$\hat{\boldsymbol{T}}_u=\boldsymbol{D'}_u\boldsymbol{W}_u\hat{\tilde{\boldsymbol{Y}}}=\begin{pmatrix}\hat{\boldsymbol{T}}_{u,0}\\ \hat{\boldsymbol{T}}_{u,1}\end{pmatrix}$$

$$\hat{\boldsymbol{T}}_{u,l}=\frac{1}{NT}\sum_{i=1}^{N}\sum_{t=1}^{T}\boldsymbol{x}_{it}\hat{\tilde{y}}_{it}((u_{it}-u)/h)^l\boldsymbol{k}_h(u_{it}-u),\quad l=0,1$$

容易验证

$$\hat{\tilde{y}}_{it}=y_{it}-\hat{\rho}(\boldsymbol{W}_0\boldsymbol{Y}_t)_i=y_{it}-(\rho+\hat{\rho}-\rho)(\boldsymbol{W}_0\boldsymbol{Y}_t)_i=\tilde{y}_{it}(1+op(1))$$

从而可以得到

$$\hat{\boldsymbol{T}}_{u,l}=\frac{1}{NT}\sum_{i=1}^{N}\sum_{t=1}^{T}\boldsymbol{x}_{it}\hat{\tilde{y}}_{it}((u_{it}-u)/h)^l\boldsymbol{k}_h(u_{it}-u)$$

$$
\begin{aligned}
&= (1+op(1))\frac{1}{NT}\sum_{i=1}^{N}\sum_{t=1}^{T}\boldsymbol{x}_{it}\tilde{y}_{it}((u_{it}-u)/h)^l\boldsymbol{k}_h(u_{it}-u)\\
&= (1+op(1))\boldsymbol{T}_{u,l}
\end{aligned}
$$

于是

$$
\hat{\boldsymbol{\beta}}(u) = \boldsymbol{e}'_0\boldsymbol{S}_u^{-1}\hat{\boldsymbol{T}}_u = (1+op(1))\boldsymbol{S}_u^{-1}\boldsymbol{T}_u = (1+op(1))\hat{\boldsymbol{\beta}}_{IN} \tag{5.26}
$$

再次利用引理 5.2，易知 $\hat{\boldsymbol{\beta}}(u)\xrightarrow{P}\boldsymbol{\beta}(u)$。

定理 5.2 得证。

定理 5.3 的证明　由定理 5.1 的证明可知

$$
\hat{\sigma}_{\varepsilon IN}^2 - \hat{\sigma}_{\varepsilon T}^2 = op(1),\quad \hat{\sigma}_{bIN}^2 - \hat{\sigma}_{bT}^2 = op(1)
$$

因而要得到

$$
\hat{\sigma}_{\varepsilon}^2 - \sigma_{\varepsilon,0}^2 = op(1),\quad \hat{\sigma}_{b}^2 - \sigma_{b,0}^2 = op(1)
$$

则需要证明

$$
\hat{\sigma}_{\varepsilon}^2 - \hat{\sigma}_{\varepsilon IN}^2 = op(1),\quad \hat{\sigma}_{b}^2 - \hat{\sigma}_{bIN}^2 = op(1)
$$

并同时满足:

$$
\hat{\sigma}_{\varepsilon T}^2 - \sigma_{\varepsilon,0}^2 = op(1),\quad \hat{\sigma}_{bT}^2 - \sigma_{b,0}^2 = op(1)
$$

首先，利用极大似然估计本身的性质证明:

$$
\hat{\sigma}_{\varepsilon T}^2 - \sigma_{\varepsilon,0}^2 = op(1),\quad \hat{\sigma}_{bT}^2 - \sigma_{b,0}^2 = op(1) \tag{5.27}
$$

可以看出

$$
\begin{aligned}
\hat{\sigma}_{\varepsilon T}^2 &= \frac{1}{N(T-1)}[\boldsymbol{A}(\rho)\boldsymbol{Y}-\boldsymbol{X}_{\boldsymbol{\beta}}]'(\boldsymbol{I}_{NT}-\boldsymbol{H})[\boldsymbol{A}(\rho)\boldsymbol{Y}-\boldsymbol{X}_{\boldsymbol{\beta}}]\\
&= \frac{1}{N(T-1)}[\boldsymbol{A}(\rho_0)\boldsymbol{Y}-\boldsymbol{X}_{\boldsymbol{\beta}}]'(\boldsymbol{I}_{NT}-\boldsymbol{H})[\boldsymbol{A}(\rho_0)\boldsymbol{Y}-\boldsymbol{X}_{\boldsymbol{\beta}}]+op(1)\\
&= \frac{1}{N(T-1)}(\boldsymbol{Ub}+\boldsymbol{\varepsilon})'(\boldsymbol{I}_{NT}-\boldsymbol{H})(\boldsymbol{Ub}+\boldsymbol{\varepsilon})+op(1)\\
&= \frac{1}{N(T-1)}\left[\sum_{i=1}^{N}\sum_{t=1}^{T}\varepsilon_{it}^2-\frac{1}{T}\sum_{i=1}^{N}\left(\sum_{t=1}^{T}\varepsilon_{it}\right)^2\right]+op(1)\\
&= \frac{1}{T-1}\sum_{t=1}^{T}\left(\frac{1}{N}\sum_{i=1}^{N}\varepsilon_{it}^2\right)-\frac{1}{T(T-1)}\left[\frac{1}{N}\sum_{i=1}^{N}\left(\sum_{t=1}^{T}\varepsilon_{it}\right)^2\right]+op(1)
\end{aligned}
$$

利用辛钦大数定律可得

$$
\frac{1}{T-1}\frac{1}{N}\sum_{t=1}^{T}\sum_{i=1}^{N}\varepsilon_{it}^2\xrightarrow{P}\sigma_{\varepsilon,0}^2
$$

考虑到在上式第二项中存在相关变量，可以交换求和次序后再利用大数定律，即

$$
\begin{aligned}
&\frac{1}{NT}\sum_{i=1}^{N}\left(\sum_{t=1}^{T}\varepsilon_{it}\right)^2\\
=&\frac{1}{NT}\sum_{i=1}^{N}\sum_{t=1}^{T}\varepsilon_{it}^2+\frac{1}{NT}\sum_{i=1}^{N}\sum_{j\neq k}^{T}\varepsilon_{ij}\varepsilon_{ik}\xrightarrow{P}E(\varepsilon_{it}^2)+\frac{2}{T}\sum_{j>k}^{T}E(\varepsilon_{ij}\varepsilon_{ik})=\sigma_{\varepsilon,0}^2
\end{aligned}
$$

从而 $\hat{\sigma}_{\varepsilon T}^2-\sigma_{\varepsilon,0}^2=op(1)$。类似于上面做法同理可得 $\hat{\sigma}_{bT}^2\xrightarrow{P}\sigma_{b,0}^2$。

然后证明

$$
\hat{\sigma}_{\varepsilon}^2-\hat{\sigma}_{\varepsilon IN}^2=op(1),\quad \hat{\sigma}_{b}^2-\hat{\sigma}_{bIN}^2=op(1) \tag{5.28}
$$

首先对 $\hat{\sigma}_{\varepsilon}^2-\hat{\sigma}_{\varepsilon IN}^2=op(1)$，我们可以得到

$$
\begin{aligned}
\hat{\sigma}_{\varepsilon}^2&=\frac{1}{N(T-1)}[\boldsymbol{A}(\hat{\rho})\boldsymbol{Y}-\boldsymbol{X}_{\hat{\boldsymbol{\beta}}}]'(\boldsymbol{I}_{NT}-\boldsymbol{H})[\boldsymbol{A}(\hat{\rho})\boldsymbol{Y}-\boldsymbol{X}_{\hat{\boldsymbol{\beta}}}]\\
&=\frac{1}{N(T-1)}(\hat{\tilde{\boldsymbol{Y}}}-\boldsymbol{X}_{\hat{\boldsymbol{\beta}}})'(\boldsymbol{I}_{NT}-\boldsymbol{H})(\hat{\tilde{\boldsymbol{Y}}}-\boldsymbol{X}_{\hat{\boldsymbol{\beta}}})\\
&=\frac{1}{N(T-1)}(1+op(1))^2(\tilde{\boldsymbol{Y}}-\boldsymbol{X}_{\hat{\boldsymbol{\beta}}_{IN}})'(\boldsymbol{I}_{NT}-\boldsymbol{H})(\tilde{\boldsymbol{Y}}-\boldsymbol{X}_{\hat{\boldsymbol{\beta}}_{IN}})\\
&=(1+op(1))^2\hat{\sigma}_{\varepsilon IN}^2
\end{aligned}
$$

易得：$\hat{\sigma}_{\varepsilon}^2-\hat{\sigma}_{\varepsilon IN}^2=op(1)$，同理可知：$\hat{\sigma}_{b}^2-\hat{\sigma}_{bIN}^2=op(1)$。

定理 5.3 得证。

定理 5.4 的证明 这里考虑 $\boldsymbol{\theta}=(\rho,\sigma_\varepsilon^2,\sigma_b^2)'$ 的截面极大似然估计的渐近分布，参考 Lee (2004, 定理 3.2) 证明方法。关于 $\hat{\boldsymbol{\theta}}$ 的渐近分布可以利用 $\left.\dfrac{\partial\ln\tilde{L}(\boldsymbol{\theta})}{\partial\boldsymbol{\theta}}\right|_{\boldsymbol{\theta}=\hat{\boldsymbol{\theta}}}=0$ 在 $\boldsymbol{\theta}_0=(\rho_0,\sigma_{\varepsilon,0}^2,\sigma_{b,0}^2)'$ 处的泰勒展开式求出，为了表述更加简洁，参考 Lee (2004, 定理 3.2)，记

$$
\frac{\partial\ln L(\boldsymbol{\theta}_0)}{\partial\boldsymbol{\theta}}\hat{=}\left.\frac{\partial\ln L(\boldsymbol{\theta})}{\partial\boldsymbol{\theta}}\right|_{\boldsymbol{\theta}=\boldsymbol{\theta}_0},\quad \frac{\partial^2\ln L(\boldsymbol{\theta}_0)}{\partial\boldsymbol{\theta}\partial\boldsymbol{\theta}'}\hat{=}\left.\frac{\partial^2\ln L(\boldsymbol{\theta})}{\partial\boldsymbol{\theta}\partial\boldsymbol{\theta}'}\right|_{\boldsymbol{\theta}=\boldsymbol{\theta}_0}
$$

于是有

$$
\sqrt{NT}(\hat{\boldsymbol{\theta}}-\boldsymbol{\theta}_0)=-\left(\frac{1}{NT}\frac{\partial^2\ln\tilde{L}(\tilde{\boldsymbol{\theta}})}{\partial\boldsymbol{\theta}\partial\boldsymbol{\theta}'}\right)^{-1}\frac{1}{\sqrt{NT}}\frac{\partial\ln\tilde{L}(\boldsymbol{\theta}_0)}{\partial\boldsymbol{\theta}} \tag{5.29}
$$

其中 $\tilde{\boldsymbol{\theta}}$ 位于 $\hat{\boldsymbol{\theta}}$ 和 $\boldsymbol{\theta}_0$ 之间，并且依概率收敛于 $\boldsymbol{\theta}_0$，下面我们主要证明

$$
\frac{1}{NT}\frac{\partial^2\ln\tilde{L}(\tilde{\boldsymbol{\theta}})}{\partial\boldsymbol{\theta}\partial\boldsymbol{\theta}'}-\frac{1}{NT}\frac{\partial^2\ln L(\boldsymbol{\theta}_0)}{\partial\boldsymbol{\theta}\partial\boldsymbol{\theta}'}=op(1) \tag{5.30}
$$

$$\frac{1}{\sqrt{NT}}\frac{\partial \ln \tilde{L}(\boldsymbol{\theta}_0)}{\partial \boldsymbol{\theta}} \xrightarrow{L} N(0, \Sigma_{\boldsymbol{\theta}_0}) \tag{5.31}$$

其中 $\Sigma_{\boldsymbol{\theta}_0} = -\lim\limits_{N,T\to\infty} E\left(\dfrac{1}{NT}\dfrac{\partial^2 \ln L(\boldsymbol{\theta}_0)}{\partial\boldsymbol{\theta}\partial\boldsymbol{\theta}'}\right)$，则近似对数似然函数关于 ρ 的一阶导数在 $\boldsymbol{\theta}_0$ 的值为

$$\begin{aligned}\frac{\partial \ln L(\boldsymbol{\theta}_0)}{\partial \rho} =& \frac{1}{\sigma_{\varepsilon,0}^2 + T\sigma_{b,0}^2}\boldsymbol{Y}'\boldsymbol{W}'\boldsymbol{H}[\boldsymbol{A}(\rho_0)\boldsymbol{Y} - \boldsymbol{X}_{\boldsymbol{\beta}_{IN}}]\\ &- \mathrm{tr}(\boldsymbol{B}_0)\sigma_{\varepsilon,0}^2\boldsymbol{Y}'\boldsymbol{W}'(\boldsymbol{I}_{NT} - \boldsymbol{H})[\boldsymbol{A}(\rho_0)\boldsymbol{Y} - \boldsymbol{X}_{\boldsymbol{\beta}_{IN}}]\end{aligned}$$

再由式 (5.5) 得到 $\ln L(\boldsymbol{\theta})$ 关于 ρ 的一阶导数在 $\boldsymbol{\theta}_0$ 处的值为

$$\begin{aligned}\frac{\partial \ln L(\boldsymbol{\theta}_0)}{\partial \rho} =& \frac{1}{\sigma_{\varepsilon,0}^2 + T\sigma_{b,0}^2}\boldsymbol{Y}'\boldsymbol{W}'\boldsymbol{H}[\boldsymbol{A}(\rho_0)\boldsymbol{Y} - \boldsymbol{X}_{\boldsymbol{\beta}}] - \mathrm{tr}(\boldsymbol{B}_0)\\ &+ \frac{1}{\sigma_{\varepsilon,0}^2}\boldsymbol{Y}'\boldsymbol{W}'(\boldsymbol{I}_{NT} - \boldsymbol{H})[\boldsymbol{A}(\rho_0)\boldsymbol{Y} - \boldsymbol{X}_{\boldsymbol{\beta}}]\end{aligned}$$

由式 (5.21)，$\hat{\boldsymbol{\beta}}_{IN}(u) - \boldsymbol{\beta}(u) = op(1)$，容易验证：

$$\frac{1}{\sqrt{NT}}\frac{\partial \ln \tilde{L}(\boldsymbol{\theta}_0)}{\partial \rho} - \frac{1}{\sqrt{NT}}\frac{\partial \ln L(\boldsymbol{\theta}_0)}{\partial \rho} = op(1)$$

进一步可验证 $\ln \tilde{L}(\boldsymbol{\theta})$ 关于其余参数的一阶导数也满足依概率收敛，因此

$$\frac{1}{\sqrt{NT}}\frac{\partial \ln \tilde{L}(\boldsymbol{\theta}_0)}{\partial \boldsymbol{\theta}} - \frac{1}{\sqrt{NT}}\frac{\partial \ln L(\boldsymbol{\theta}_0)}{\partial \boldsymbol{\theta}} = op(1) \tag{5.32}$$

再由

$$\frac{\partial^2 \ln \tilde{L}(\boldsymbol{\theta})}{\partial \rho^2} = \frac{1}{\sigma_{\varepsilon,0}^2 + T\sigma_{b,0}^2}\boldsymbol{Y}'\boldsymbol{W}'\boldsymbol{H}\boldsymbol{W}\boldsymbol{Y} + \frac{1}{\sigma_{\varepsilon,0}^2}\boldsymbol{Y}'\boldsymbol{W}'(\boldsymbol{I}_{NT} - \boldsymbol{H})\boldsymbol{W}\boldsymbol{Y} - \mathrm{tr}(\boldsymbol{B}_0^2)$$

类似地，可以验证 $\ln \tilde{L}(\boldsymbol{\theta})$ 关于其余参数的二阶导数也满足依概率收敛，因此

$$\frac{1}{NT}\frac{\partial^2 \ln \tilde{L}(\tilde{\boldsymbol{\theta}})}{\partial\boldsymbol{\theta}\partial\boldsymbol{\theta}'} - \frac{1}{NT}\frac{\partial^2 \ln L(\boldsymbol{\theta}_0)}{\partial\boldsymbol{\theta}\partial\boldsymbol{\theta}'} = op(1)$$

由式 (5.32) 可知，要证明式 (5.31)，则只需证明：

$$\frac{1}{\sqrt{NT}}\frac{\partial \ln L(\boldsymbol{\theta}_0)}{\partial \boldsymbol{\theta}} \xrightarrow{L} N(\boldsymbol{0}, \boldsymbol{\Sigma}_{\boldsymbol{\theta}_0}),$$

参照前文给出的 $\ln L(\boldsymbol{\theta})$ 关于 $\boldsymbol{\beta}$ 的一阶导数在 $\boldsymbol{\theta}_0$ 处的值，再给出关于其他参数的一阶导数在 $\boldsymbol{\theta}_0$ 处的值，利用式 (5.5)，对数似然函数 $\ln L(\boldsymbol{\theta})$ 关于 $\boldsymbol{\theta}$ 一阶导数在 $\boldsymbol{\theta}_0$ 处的值为

$$\frac{\partial \ln L(\boldsymbol{\theta}_0)}{\partial \rho} = \frac{1}{\sigma_{\varepsilon,0}^2 + T\sigma_{b,0}^2}\boldsymbol{Y}'\boldsymbol{W}'\boldsymbol{H}[\boldsymbol{A}(\rho_0)\boldsymbol{Y} - \boldsymbol{X}_{\boldsymbol{\beta}}]$$

$$
\begin{aligned}
&+\frac{1}{\sigma_{\varepsilon,0}^2}\boldsymbol{Y}'\boldsymbol{W}'(\boldsymbol{I}_{NT}-\boldsymbol{H})[\boldsymbol{A}(\rho_0)\boldsymbol{Y}-\boldsymbol{X}_{\boldsymbol{\beta}}]-\operatorname{tr}(\boldsymbol{B}_0)\\
\frac{\partial\ln L(\boldsymbol{\theta}_0)}{\partial\sigma_\varepsilon^2}=&-\frac{N(T-1)}{2\sigma_{\varepsilon,0}^2}-\frac{N}{2(\sigma_{\varepsilon,0}^2+T\sigma_{b,0}^2)}\\
&+\frac{1}{2(\sigma_{\varepsilon,0}^2+T\sigma_{b,0}^2)^2}[\boldsymbol{A}(\rho_0)\boldsymbol{Y}-\boldsymbol{X}_{\boldsymbol{\beta}}]'\boldsymbol{H}[\boldsymbol{A}(\rho_0)\boldsymbol{Y}-\boldsymbol{X}_{\boldsymbol{\beta}}]\\
&+\frac{1}{2(\sigma_{\varepsilon,0}^2)^2}[\boldsymbol{A}(\rho_0)\boldsymbol{Y}-\boldsymbol{X}_{\boldsymbol{\beta}}]'(\boldsymbol{I}_{NT}-\boldsymbol{H})[\boldsymbol{A}(\rho_0)\boldsymbol{Y}-\boldsymbol{X}_{\boldsymbol{\beta}}]\\
\frac{\partial\ln L(\boldsymbol{\theta}_0)}{\partial\sigma_b^2}=&-\frac{NT}{2(\sigma_{\varepsilon,0}^2+T\sigma_{b,0}^2)}+\frac{T}{2(\sigma_{\varepsilon,0}^2+T\sigma_{b,0}^2)^2}\\
&[\boldsymbol{A}(\rho_0)\boldsymbol{Y}-\boldsymbol{X}_{\boldsymbol{\beta}}]'\boldsymbol{H}[\boldsymbol{A}(\rho_0)\boldsymbol{Y}-\boldsymbol{X}_{\boldsymbol{\beta}}]
\end{aligned}
$$

由此可见，各式均为 $\boldsymbol{A}(\rho_0)\boldsymbol{Y}-\boldsymbol{X}_{\boldsymbol{\beta}}=\boldsymbol{U}\boldsymbol{b}+\boldsymbol{\varepsilon}$ 的线型或二次型，$\frac{1}{\sqrt{NT}}\frac{\partial\ln L(\boldsymbol{\theta}_0)}{\partial\boldsymbol{\theta}}$ 的方差满足

$$
-E\left(\frac{1}{NT}\frac{\partial^2\ln L(\boldsymbol{\theta}_0)}{\partial\boldsymbol{\theta}\partial\boldsymbol{\theta}'}\right)=E\left(\frac{1}{\sqrt{NT}}\frac{\partial\ln L(\boldsymbol{\theta}_0)}{\partial\boldsymbol{\theta}}\frac{1}{\sqrt{NT}}\frac{\partial\ln L(\boldsymbol{\theta}_0)}{\partial\boldsymbol{\theta}'}\right)
$$

这里 Hessian 矩阵满足

$$
-E\left(\frac{1}{NT}\frac{\partial^2\ln L(\boldsymbol{\theta}_0)}{\partial\boldsymbol{\theta}\partial\boldsymbol{\theta}'}\right)\triangleq\begin{pmatrix}\boldsymbol{H}_{11}+\boldsymbol{L}_{11} & \boldsymbol{L}_{12} & \boldsymbol{L}_{13}\\ \boldsymbol{L}_{21} & \boldsymbol{L}_{22} & \boldsymbol{L}_{23}\\ \boldsymbol{L}_{31} & \boldsymbol{L}_{32} & \boldsymbol{L}_{33}\end{pmatrix} \tag{5.33}
$$

其中，

$$
\begin{aligned}
\boldsymbol{H}_{11}&=\frac{1}{NT}\boldsymbol{X'}_{\boldsymbol{\beta}}\boldsymbol{B'}_0\left(\frac{\boldsymbol{H}}{\sigma_{\varepsilon,0}^2+T\sigma_{b,0}^2}+\frac{\boldsymbol{I}_NT-\boldsymbol{H}}{\sigma_{\varepsilon,0}^2}\right)\boldsymbol{B}_0\boldsymbol{X}_{\boldsymbol{\beta}}\\
\boldsymbol{L}_{11}&=\frac{1}{NT}[\operatorname{tr}(\boldsymbol{B}_0)^2+\operatorname{tr}(\boldsymbol{B}_0\boldsymbol{B'}_0)]\\
\boldsymbol{L}_{12}&=\frac{1}{NT}\operatorname{tr}\left[\boldsymbol{B'}_0\left(\frac{\boldsymbol{H}}{\sigma_{\varepsilon,0}^2+T\sigma_{b,0}^2}+\frac{\boldsymbol{I}_NT-\boldsymbol{H}}{\sigma_{\varepsilon,0}^2}\right)\right]=\boldsymbol{L'}_{21}\\
\boldsymbol{L}_{22}&=\frac{T-1}{2T(\sigma_{\varepsilon,0}^2)^2}+\frac{1}{2T(\sigma_{\varepsilon,0}^2+T\sigma_{b,0}^2)^2}\\
\boldsymbol{L}_{13}&=\frac{\operatorname{tr}(\boldsymbol{B}_0'\boldsymbol{H})}{N(\sigma_{\varepsilon,0}^2+T\sigma_{b,0}^2)}=\boldsymbol{L'}_{31}\\
\boldsymbol{L}_{23}&=\frac{1}{2(\sigma_{\varepsilon,0}^2+T\sigma_{b,0}^2)^2}=\boldsymbol{L'}_{32}\\
\boldsymbol{L}_{33}&=\frac{T}{2(\sigma_{\varepsilon,0}^2+T\sigma_{b,0}^2)^2}
\end{aligned}
$$

记

$$\boldsymbol{\Sigma}_{\boldsymbol{\theta}_0} = -\lim_{N,T\to\infty} E\left(\frac{1}{NT}\frac{\partial^2 \ln L(\boldsymbol{\theta}_0)}{\partial\boldsymbol{\theta}\partial\boldsymbol{\theta}'}\right),$$

若利用引理 3.3 证明各统计量服从渐近正态分布，则需要证明 $\boldsymbol{\Sigma}_{\boldsymbol{\theta}_0}$ 为非奇异矩阵，故我们只需证明 $\boldsymbol{\Sigma}_{\boldsymbol{\theta}_0}\boldsymbol{X}=\boldsymbol{0}$ 当且仅当 $\boldsymbol{X}=\boldsymbol{0}$。这里，$\boldsymbol{X}=(x_1,x_2,x_3)'$，其中 x_1,x_2,x_3 为 1×1 维向量。利用 $\boldsymbol{\Sigma}_{\boldsymbol{\theta}_0}\boldsymbol{X}=\boldsymbol{0}$ 可得

$$\begin{cases}(\boldsymbol{H}_{11}+\boldsymbol{L}_{11})x_1+\boldsymbol{L}_{12}x_2+\boldsymbol{L}_{13}x_3=0 & \text{(i)}\\ \boldsymbol{L}_{21}x_1+\boldsymbol{L}_{22}x_2+\boldsymbol{L}_{23}x_3=0 & \text{(ii)}\\ \boldsymbol{L}_{31}x_1+\boldsymbol{L}_{32}x_2+\boldsymbol{L}_{33}x_3=0 & \text{(iii)}\end{cases}$$

利用式 (ii) 和式 (iii) 解出 x_2,x_3 关于 x_1 的表达式代入式 (i)，则有

$$\left\{(\boldsymbol{H}_{11}+\boldsymbol{L}_{11})-\left\{\frac{2}{N^2T(T-1)}[\mathrm{tr}((\boldsymbol{I}_{NT}-\boldsymbol{H})\boldsymbol{B}_0)]^2+\frac{2}{N^2T}[\mathrm{tr}(\boldsymbol{H}\boldsymbol{B}_0)]^2\right\}\right\}x_2=0$$

由引理 2.3 易得

$$\frac{1}{NT}\mathrm{tr}[(\boldsymbol{B}_0)^2]+\frac{1}{NT}\mathrm{tr}(\boldsymbol{B}'_0\boldsymbol{B}_0)-\frac{2}{N^2T(T-1)}[\mathrm{tr}((\boldsymbol{I}_{NT}-\boldsymbol{H})\boldsymbol{B}_0)]^2-\frac{2}{N^2T}[\mathrm{tr}(\boldsymbol{H}\boldsymbol{B}_0)]^2\geqslant 0$$

由假设条件 A5.6 并利用 Schur 补引理 (Zhang，2005) 可知，在 N, T 足够大时矩阵 $\boldsymbol{\Sigma}_{\boldsymbol{\theta}_0}$ 为非奇异矩阵。或者若满足

$$\frac{1}{NT}\mathrm{tr}[(\boldsymbol{B}'_0)^2]+\frac{1}{NT}\mathrm{tr}[\boldsymbol{B}'_0\boldsymbol{B}_0]-\frac{2}{N^2T(T-1)}[\mathrm{tr}((\boldsymbol{I}_{NT}-\boldsymbol{H})\boldsymbol{B}_0)]^2-\frac{2}{N^2T}[\mathrm{tr}(\boldsymbol{H}\boldsymbol{B}_0)]^2>0$$

即假设条件 A5.7 也可满足 $\boldsymbol{\Sigma}_{\boldsymbol{\theta}_0}$ 为非奇异矩阵。利用引理 3.3，则有

$$\sqrt{NT}(\hat{\boldsymbol{\theta}}-\boldsymbol{\theta}_0)\xrightarrow{L}N(\boldsymbol{0},\boldsymbol{\Sigma}_{\boldsymbol{\theta}_0}^{-1}),$$

定理 5.4 得证。

定理 5.5 的证明　首先，利用引理 5.1，可以得到

$$\boldsymbol{S}_u=(NT)^{-1}\boldsymbol{D}'_u\boldsymbol{W}_u\boldsymbol{D}_u\xrightarrow{P}\boldsymbol{\Lambda}(u) \tag{5.34}$$

其中，$\boldsymbol{\Lambda}(z)=F(u)\mathrm{diag}(\boldsymbol{\Omega}(u),\mu_2\boldsymbol{\Omega}(u))$，然后，我们利用矩阵反演公式，即 $(\boldsymbol{A}+\boldsymbol{B})^{-1}=\boldsymbol{A}^{-1}-\boldsymbol{A}^{-1}(\boldsymbol{I}+\boldsymbol{B}\boldsymbol{A}^{-1})^{-1}\boldsymbol{B}\boldsymbol{A}^{-1}$，则有

$$(\boldsymbol{S}_u)^{-1}=\boldsymbol{\Lambda}^{-1}(z)+op(1) \tag{5.35}$$

再利用 $\boldsymbol{T}_u\hat{=}(NT)^{-1}\boldsymbol{D}'_u\boldsymbol{W}_u\boldsymbol{A}(\rho)\boldsymbol{Y}$，故

$$\hat{\delta}=(\hat{\boldsymbol{\beta}}_{IN}(z),h\dot{\hat{\boldsymbol{\beta}}}_{IN}(z))'=\boldsymbol{S}_u^{-1}\boldsymbol{T}_u \tag{5.36}$$

进一步，记 $\boldsymbol{R}_u=(NT)^{-1}\boldsymbol{D'}_u\boldsymbol{W}_u(\boldsymbol{U}\boldsymbol{b}+\boldsymbol{\varepsilon})$，由 $\boldsymbol{\beta}(u_{it})$ 在 u 处泰勒展开，则

$$\boldsymbol{T}_u-\boldsymbol{R}_u$$

$$=\boldsymbol{S}\begin{pmatrix}\boldsymbol{\beta}(u)\\ h\dot{\boldsymbol{\beta}}(u)\end{pmatrix}+\frac{1}{2}h^2\begin{pmatrix}\dfrac{1}{NT}\displaystyle\sum_{i=1}^{n}\sum_{t=1}^{n}\boldsymbol{k}_h(u_{it}-u)\boldsymbol{x}_{it}\boldsymbol{x'}_{it}\left(\frac{u_{it}-u}{h}\right)^2\ddot{\boldsymbol{\beta}}(z)\\ \dfrac{1}{NT}\displaystyle\sum_{i=1}^{n}\sum_{t=1}^{n}\boldsymbol{k}_h(u_{it}-u)\boldsymbol{x}_{it}\boldsymbol{x'}_{it}\left(\frac{u_{it}-u}{h}\right)^3\ddot{\boldsymbol{\beta}}(z)\end{pmatrix}+op(h^2)$$

容易验证：

$$E[\boldsymbol{k}_h(u_{it}-u)\boldsymbol{x}_{it}\boldsymbol{x'}_{it}\left(\frac{u_{it}-u}{h}\right)^2\ddot{\boldsymbol{\beta}}(u)]=\mu_2 f(u)\boldsymbol{\Omega}(u)\ddot{\boldsymbol{\beta}}(u)$$

因此，我们可以得到

$$\begin{aligned}\hat{\boldsymbol{\beta}}_{IN}(u)-\boldsymbol{\beta}(u)=&\frac{1}{NT}\sum_{i=1}^{N}\sum_{t=1}^{T}\boldsymbol{k}_h(u_{it}-u)\boldsymbol{x}_{it}(b_i+\varepsilon_{it})[F(u)\boldsymbol{\Omega}(u)]^{-1}\\&+\frac{1}{2}h^2\mu_2\ddot{\boldsymbol{\beta}}(u)+op(1)\end{aligned}\tag{5.37}$$

注意到对于 $\rho\in\Theta_0$，对应的随机误差 $\boldsymbol{\varepsilon}$ 的方差为真实值，则

$$\sqrt{NTh}\frac{1}{NT}\sum_{i=1}^{N}\sum_{t=1}^{T}\boldsymbol{k}_h(u_{it}-u)\boldsymbol{x}_{it}(b_i+\varepsilon_{it})\xrightarrow{L}N(0,\ \nu_0(\sigma_{\varepsilon,0}^2+\sigma_{b,0}^2)F(u)\boldsymbol{\Omega}(u))\tag{5.38}$$

于是有

$$\sqrt{NTh}(\hat{\boldsymbol{\beta}}_{IN}(u)-\boldsymbol{\beta}(u)-\varphi(u))\xrightarrow{L}N(0,\gamma^2(u))\tag{5.39}$$

其中，

$$\varphi(u)=\frac{1}{2}h^2\mu_2\ddot{\boldsymbol{\beta}}(u)$$
$$\gamma^2(z)=\nu_0(\sigma_{\varepsilon,0}^2+\sigma_{b,0}^2)[F(u)\boldsymbol{\Omega}(u)]^{-1}$$

进一步，若 $NTh^5\to 0$，上式即可写成

$$\sqrt{NTh}(\hat{\boldsymbol{\beta}}_{IN}(u)-\boldsymbol{\beta}(u))\xrightarrow{L}N(0,\gamma^2(u))\tag{5.40}$$

再由引理 5.2 和定理 5.2，易得 $\hat{\boldsymbol{\beta}}_{IN}(u)-\hat{\boldsymbol{\beta}}(u)=op(1)$。故

$$\sqrt{NTh}(\hat{\boldsymbol{\beta}}(u)-\boldsymbol{\beta}(u)-\varphi(u))\xrightarrow{L}N(0,\gamma^2(u))$$

特别地，在 $NTh^5\to 0$ 时，$\sqrt{NTh}(\hat{\boldsymbol{\beta}}(u)-\boldsymbol{\beta}(u))\xrightarrow{L}N(0,\gamma^2(u))$。

定理 5.5 得证。

第 6 章　产业结构升级视角下的区域金融发展与经济增长

——基于面板数据空间滞后变系数模型的研究

6.1　引　言

纵观科技革命以来世界经济发展的历史，资金流转和技术升级始终贯穿于各国经济增长历程中，推动或者制约着世界经济格局演变，而金融发展与经济增长之间的内在联系也一直备受关注。20 世纪 80 年代以来，随着区域经济增长的空间关联性日趋增强，金融发展对区域经济增长的影响经历了从弱到强的转变过程，现代市场经济呈现出高度信用化和货币化，一方面，经济增长已经很难超越金融发展而进行，另一方面，金融发展理论逐渐成为经济增长理论的主要内容，对金融发展的区域不平衡性和经济增长的相关性的研究逐渐得到了经济学家的重视。

现阶段中国经济转型初见成效，在市场制度不断完善、经济结构持续优化等因素推动下，中国经济发展的特征不仅表现为区域经济呈现协同增长，还表现为经济发展的区域不平衡日益显著。不同地区的经济环境、地方政策和资源禀赋存在较大差异，随着经济发展，一方面，区域经济增长出现了地区性、行业性联合的经济现象，推进了资本和劳动力在不同区域间的自由流动，加强了资源优化配置，提高了区域贸易自由度，实现了区域经济一体化，使区域金融发展和经济增长的关系更加密切；另一方面，不同地区的产业结构水平也存在明显的差异，金融发展和区域的产业结构升级存在密切的关系，进一步推动不同地区金融资源流转以及金融业的发展呈现出相对独立的地域特征。研究中国经济增长新发展态势，不仅要关注推动经济和金融的协调发展，也要关注经济增长和金融发展的空间关联性和地区差异性。

现代市场经济下，金融发展水平影响产业结构升级进程，对经济增长的作用举足轻重，Goldsmith(1969) 认为金融发展归根结底表现在金融结构的变化，作为产业结构重要组成部分，金融业发展需要尊重现代市场经济下的内在发展规律。实体经济的迅速发展，良好的政策和监管环境推动以资金和劳动力聚集为特征的金融集聚，促使金融业和其他产业联系更为紧密，金融业集聚发展对服务实体经济转型、推进产业升级发挥着越来越大的作用。北京、上海等金融中心城市的建设和环渤海区域产业集群，长三角地区产业集群的发展，说明了金融业的集聚发展、产业结构转型升级以及区域经济增长存在紧密的关联性。因此，对金融集聚发展和经济增长作用机制的研究，必须要考虑地区的产业结构升级变迁。

虽然目前的中国经济改革和发展呈现了“新生态”特征，但经济增长和金融发展存在着显著的空间关联性的特征和区域不平衡的矛盾，这些特征和矛盾则体现了金融发展和区域经济增长的作用机制的复杂性和多变性。近年来，对内生经济增长理论的研究推广，进一步促进了对金融发展和经济增长内在联系的深入讨论。与此同时，相关理论研究的统计分析工具主要依赖于基于数据定量分析或者参数回归模型，缺乏稳健性，已经很难满足实际经济研究的需要。为此本书希望基于产业结构视角，建立包含空间溢出效应的内生经济增长模型，通过理论研究和实证研究的双重视角说明产业结构升级对金融集聚发展和经济增长作用机制的影响，验证不同金融集聚发展的效率与经济增长率以及产业结构间存在非线性作用机制。

6.2 相关研究评述

传统的货币经济理论注重对国民储蓄、投资、就业等问题的研究，对金融发展和经济增长的关系则主要归为金融资本积累对经济增长的作用，对金融业发展的结构特征以及区域经济发展的协调性并没有足够重视。

金融发展理论的兴起，标志着金融发展的结构特征和经济增长的关联性开始得到经济学家的重视。随着现代金融发展对经济增长影响越来越强，在实际经济问题研究中，人们逐步意识到金融发展所呈现的不平衡特征在区域经济发展中扮演了重要角色，经济增长和金融发展之间存在相互影响的关系，进一步，金融深化 (Shaw，1973) 和金融抑制 (McKinnon，1973) 理论的提出则为主流金融发展研究确立了方向。

随着新经济增长理论与新经济地理学等理论的发展和完善，金融发展的理论研究也得到进一步丰富，相应的理论观点得到规范化，更好地说明了金融的结构特征和经济增长作用机理。一方面，经济学家对金融发展的理论研究结合了内生增长模型等方法，金融要素作为产业结构调整和内生经济增长的主要动力，内生金融中介和经济增长的长期作用机制得到学者的重视 (Fama，1985；Boyd ，Smith，1992)。King 和 Levine(1993) 通过建立内生增长模型研究了金融体系对于经济增长的影响，指出金融发展主要通过资产配置效率和创新技术进步率推动经济增长。韩廷春 (2003) 通过内生增长模型阐释了金融发展与经济增长的相互作用机制，基于动态最优化理论得出了经济能够持续增长的均衡约束条件，说明金融效率的提高以及无形资本的增长都能在一定程度上推动经济的持续增长。另一方面，新经济地理学的发展应用也进一步深化了金融发展理论，金融发展理论研究关注了金融发展空间关联效应。Martin 和 Rogers(1995) 以及 Combes 等 (2008) 则分别通过提出的 FC(自由资本) 模型和拓展的 FC 模型指出区域经济增长和空间资本流动的作用机制，说明金融发展存在空间关联效应。

近年来，金融发展呈现出明显区域差异性和阶段特征，相应研究结果表明金融发展和经济增长关系并非是线性作用机制。Fung(2009) 通过对不同发展水平国家的实证研究发现，金融发展和区域经济增长存在显著条件收敛关系，中高收入国家同时存在金融发展和区域经济增长的条件收敛趋势，金融发展和经济增长的促进关系在经济发展早期更加明显，并且会随着经济持续发展减弱，具备相对发达的金融业的低收入国家更容易赶上中高收入国家，而相对欠发达的金融业对应国家更容易陷入贫困。赵勇和雷达 (2010) 基于内生增长模型 (Aghion，Howitt，1998) 与研发创新模型 (Acemoglu et al.，2006)，研究了经济增长的决定因素，以及金融业发展对经济增长结构转变的影响，结果表明，提高金融业发展水平，能够实现经济增长集约式转变，具体方式可以通过降低增长方式转变的门槛值来实现，而具体效果则与经济发展阶段有关。

国内对区域金融发展与经济增长的作用机制的研究，起步相对较晚，多数的研究成果支持金融发展在我国经济增长中承担重要作用的观点，相关应用研究主要基于经济发展的水平数据和增长率数据两种角度：一方面，受到不同时期区域产业结构水平及不平衡的资源禀赋等客观因素的影响，金融发展水平在不同程度上影响了区域经济增长的变化轨迹。范方志和张立军 (2003) 研究了不同地区的金融结构特征转变、区域经济增长趋势以及产业结构升级的关系，并通过省级面板数据进行实证研究，说明了中国金融和实体产业结构确实存在协同发展关系；另一方面，金融发展效率和区域经济增长效率的关系也引起了部分学者的关注。陈守东等 (2008) 基于 Funke(2005) 理论建立了地区金融发展速度和经济增长速度数理模型，并且通过门限回归模型说明了地区的经济增长和金融发展水平的作用机制，从理论和实证上证明存在门限效应。朱承亮等 (2009) 研究了经济增长效率和相关的影响因素，建立了基于对数化柯布–道格拉斯函数的随机前沿模型，并通过省级面板数据实证研究发现，金融类机构的存贷款业务抑制了经济效率的提高，但整体上，金融业升级发展对经济效率的提高具有促进作用。

与此同时，部分学者意识到片面追求金融发展并不能有效推动经济增长，究其原因：从结构上看，中国金融体系本身仍是支持国有企业的政府控制性金融结构。鲁晓东 (2008) 使用省级面板数据并利用动态面板模型研究了金融发展与 GDP 增长率关系，研究表明我国目前金融体系存在严重资源错配问题，现有体制对经济增长产生牵制作用，因此从结构上调整金融发展规划势在必行；从空间上看，随着经济增长和金融发展的空间特征越来越强，区域差异越来越明显，金融发展与经济增长作用机制日趋复杂 (云航，2006)。赵昌文等 (2009)、孙伍琴 (2014) 的研究从理论上深入剖析了金融发展和技术进步及产业结构升级的联系；在实证研究中，解维敏和方红星 (2011) 基于 Benfratello(2008) 理论和上市公司面板数据，研究发现银行业市场化改进和区域金融发展对 R&D 投入有正向影响，为理解转轨经济背景下的 R&D 投入影响因素提供了一个新的重要视角；孙晶和李涵硕 (2012) 基于省级金融发展数据构建金融区位熵指标，说明了金融集聚通过产业结构内在机制发挥作用，影响实际产业结构升级过程。

综上所述，经济增长的不平衡性带来了金融市场的不平衡发展，金融发展对经济增长的影响势必受到区域经济发展制约。因此，调整金融结构，协调金融发展和经济增长关系必然遵循区域产业结构升级的客观规律和统筹发展战略。本书以此为出发点，首先，建立了衡量区域金融发展的空间关联性的指标，分析了近年来中国金融发展的空间演变规律；然后，建立了存在空间溢出效应的内生经济增长模型，为金融发展和区域经济增长提供了一个包含空间作用机制的内生性经济解释；最后，我们对所得到的经济分析结论，分别基于 2003 年至 2012 年的经济发展的水平数据和经济增长率数据建立了面板数据空间计量模型，并进一步构建固定效应和随机效应面板数据空间滞后变系数模型，以此作为实证框架为解释金融发展和经济增长的关系提供一类行之有效的研究方法。

6.3 理论分析框架

6.3.1 金融发展的外部特征

现代金融发展的一个普遍现象是随着规模经济和区域专业化分工，金融发展明显地呈现出空间关联性和地域差异性。为了有效衡量中国金融行业发展的空间特征，我们引入金融业发展的区位熵指标，计算不同金融行业发展的区域集聚程度。在实际空间相关分析应用研究中，描述产业布局的常用指数还包括空间基尼系数，产业集群指数、绝对集中度指标，赫希曼–赫芬达尔指数 (A.O. Hirschman–O.C. Herfindahl Index)、汉纳–凯指数 (Hannah Kay Index) 等。

各地区经济发展随着市场经济深化呈现出不同的特性，区域之间的收敛状况也必然随时间变化而变化。通常我们选择区位熵 (LQ) 指标作为描述区域产业发展的参数，可以描述区域产业布局的空间集聚水平，测度区域产业布局在全国的地位以及区域的产业专业化水平。

$$\mathrm{LQ}_{ij} = \frac{q_{ij}/q_j}{q_i/q} \tag{6.1}$$

其中，q_{ij} 表示地区 j 的产业 i 的相关统计指标 (产值、就业人数等)，q_j 表示地区 j 的所有产业的相关统计指标，q_i 表示全国产业 i 的相关统计指标，q 表示全国所有产业的相关统计指标。因此上述统计指标反映了一个地区的产业布局在全国的地位，LQ_{ij} 越大则说明其产业发展程度越高，若 $LQ_{ij} > 1$，说明地区 j 的产业 i 具有优势；若 $LQ_{ij} > 1$，说明地区 j 的产业 i 具有劣势。若一个地区的产业发展程度越高，则说明其产业相对于其他区域规模更大，更具优势，也能够体现较高的专业化水平。考虑到金融业的特殊性，我们考虑不同产业结构下金融发展对经济增长的影响，基于产业比重衡量金融发展的区位熵可能会存在一定误差。参考王子龙(2006)、孙晶和李涵硕 (2012) 对产业集聚水平的相关测度方法，以金融发展的区域人均存量占全国人均存量之比作为衡量指标，基于银行业，证券业，保险业发展，对中国金融发展的区位熵做以下分类，则不同地区的金融产业的区位熵为

$$Y_{i,j} = \frac{X_{i,j}/P_i}{X_j/P} \tag{6.2}$$

其中，$i = 1, \cdots, n$ 代表不同区域，$j = 1, 2, 3$ 代表银行业、证券业、保险业等不同金融产业的指标，如表 6.1 所示，P_i 表示地区 i 的总人口，P 表示全国总人口。

表 6.1　金融行业 (银行业、证券业、保险业) 区位熵相关变量

$X_{i,1}$	地区 i 银行储蓄存款总金额
$X_{i,2}$	地区 i 证券市场累计融资总金额
$X_{i,3}$	地区 i 保费收入总金额
X_1	全国银行储蓄存款总金额
X_2	全国证券市场累计融资总金额
X_3	全国保费收入总金额

考虑到中国金融发展的地区差异，为了能够直观反映地区之间金融发展不平衡随时间的变化趋势，我们基于省际金融发展的区位熵指标，基于加权算法分别计算出东、中、西三大区域的银行业、证券业、保险业区位熵指标在 2003 年至 2012 年间随时间推移的趋势图，如图 6.1 所示。

从东、中、西三大区域的银行业、保险业、证券业的区位熵的变化趋势我们容易看出，东部地区、中部地区和西部地区的不同金融业发展集聚程度均存在显著差异，东部地区的银行业、保险业、证券业集聚程度均显著高于中部地区和西部地区，中部地区银行业和保险业的集聚程度整体稍高于西部地区，而中西部地区的证券业集聚差异不明显。

从区位熵随时间推移的变化趋势进一步可以看出，东、中、西三大区域的银行业、保险业区位熵差距趋于减小，其中东部地区的银行业和保险业区位熵随时间推移逐渐降低，说明其集聚优势呈现明显下降趋势，中西部地区的银行业和保险业的区位熵随时间推移逐渐上升，说明其集聚程度呈现明显上升趋势，并且随时间推移

中西部地区的银行业和保险业的集聚差异也进一步缩小；三大区域的证券业的集聚差异随时间推移逐渐增大，东部地区证券业集聚程度呈现出明显的上升趋势，中西部地区的证券业的集聚程度则呈现出下降趋势，其原因可能与证券市场处于东部地区，并且越来越多上市企业出于自身需要将其总部设在北京等地有关。

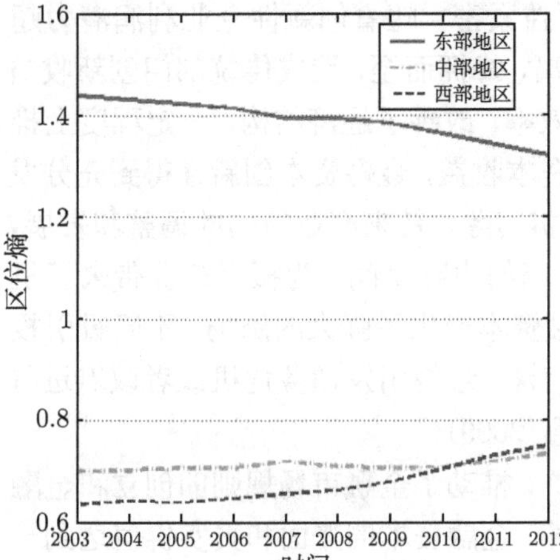

(a) 银行业区域集聚特征

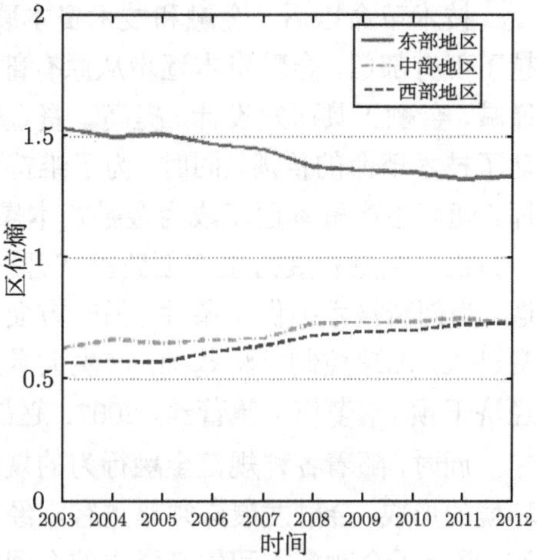

(b) 保险业区域集聚特征

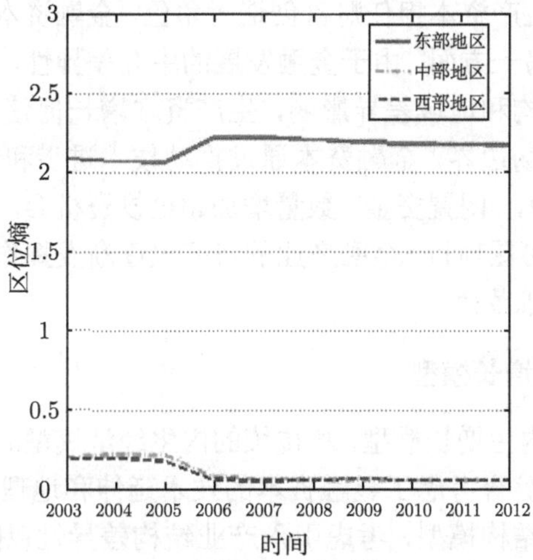

(c) 证券业区域集聚特征

图 6.1 东、中、西三大区域银行业、证券业、保险业区位熵趋势图

6.3.2 金融发展的内部机制

大量的经济事实表明金融发展对经济增长的作用主要通过对经济的全要素生产率的提高实现 (世界银行报告小组，2001)。在经济增长和产业结构升级进程中，

金融发展、产业结构升级、经济增长的内在机制受到经济发展外部环境影响，初期，由于经济体系尚未完善，金融资本主要通过流动和集聚效应推动技术创新，加快产业结构的调整和经济增长，而在金融制度和经济环境确立以后，产业结构特征的差异性对金融发展和经济增长的关联性产生了重要影响。

技术革命以后，金融和技术资本联系日益紧密，随着创新性企业利润潜力超越了现有部门，金融资本逐步从原有部门抽离，蜂拥而至，造成传统部门创新收益递减，金融工具研发设计，提高了资金使用效率，改善了经济结构，一定程度上推动了技术革命的传播。同时，为了维持预期资本收益，金融资本创新性得到充分发挥。随着生产资本逐步成为金融资本操控投机对象，带来产业结构的调整和发展，一方面，金融发展为生产创新范式开辟了广阔的生存空间，为振兴产业带来了机遇，为创新技术提供了条件，另一方面，金融资本产生了强大的磁场，不断吸引投资进入，加速控制经济基础，产生大量经济泡沫，最终引发债务危机或者政府进行经济干预 (卡萝塔 · 佩蕾丝，2007；赵昌文等，2009)。

同时，随着各种规范金融行为的规则推广，推动了金融市场规则的创立和金融环境的形成，金融发展必须尊重客观经济规律，金融资本的账面和真实价值达到一致，确立了金融资本和生产资本的合理关系，推动了金融体系完善和产业升级的协同发展。一方面，金融发展不仅通过金融资本实现了对生产资本的强化，金融资本和生产资本的耦合中，生产资本担任财富创造者角色，金融资本则作为促进者，创新增长普及生产领域，另一方面，由于金融发展的中介差异性，金融发展对经济增长的作用受到了产业结构和地域差异影响，生产资本增长促使获利较高部门和地区率先达到生产率和市场边界，金融资本通过推动技术进步和地理流动维持利润水平，随着投资机会减少，“闲置资金” 数量增加超过投资机会，再度推动金融资本通过金融创新寻找有利可图项目，金融产业的特征也逐渐发挥作用，最终可能引发债务危机或者新一轮技术革命。

6.3.3　金融发展的内生增长模型

本书试图通过建立内生增长模型，和传统的内生经济模型的区别在于，基于金融发展的内生增长模型综合考虑了金融资本的技术延伸和地理流动性构建适合区域经济增长的区域金融结构模型，考虑引入产业结构差异性以阐释金融发展对经济增长的内在作用机制。

不同地区发展存在差异性，对于新古典增长模型，贫穷和落后地区的人均资本存量较低，资本边际产出较高，因此相对于富裕地区，资本积累速度更快，人均 GDP 增长幅度更加明显。由于资本、劳动力、技术等因素的空间流动产生空间溢出效应，推动地区之间发展存在收敛性，参考 Lee 和 Yu (2010b)，朱国忠等 (2014)。我们这里的分析基于技术溢出形成空间外部性，考察金融深化等因素对于经济增长的作用机制。

假设存在两个部门：物质生产部门、技术生产部门，相应的资本和劳动则在两个部门中进行分配。物质部门相关产出主要用于生产和消费以及投资，投资主要作用是积累资本，技术生产部门相关产出则主要用于提高技术水平，这种技术水平本身具有外部性，可以同时提高两个部门的劳动生产力水平。假设金融集聚完全通过推动技术进步的内生增长机制影响实体经济发展。

6.3.3.1 假设条件

A6.1 考虑一类劳动增广的索洛模型，生产函数为

$$Y_{i,t}=F((1-a_K)K_{i,t},\ A_{i,t}(1-a_L)L_{i,t}) \tag{6.3}$$

其中，$1-a_K$ 和 $1-a_L$ 分别为用于物质生产部门的资产和劳动占整个资本和劳动的比重，不随时间及地区变化；$A_{i,t}$ 为技术水平，$Y_{i,t}$ 为总产出，$K_{i,t}$，$L_{i,t}$ 表示资本和劳动，i 为地区，t 为时间，生产函数 $Y_{i,t}=F(\cdot)$ 为齐次线性生产函数。

A6.2 对技术生产函数，参考高远东 (2010) 及朱国忠等 (2014) 建立的空间计量模型的主要方法，假设一个地区的技术进步会对别的地区带来溢出效应：

$$\dot{A}_{i,t}=A_{i,t}^{\theta}\cdot G(a_KK_{i,t},a_LL_{i,t},a_RR_{i,t})\left(\prod_{j\neq i}^{N}A_{j,t}^{\lambda w_{ij}}\right) \tag{6.4}$$

其中，$A_{i,t}$ 代表地区 i 在 t 时刻的技术水平，$R_{i,t}$ 表示地区 i 在 t 时刻的金融发展水平，$\dot{A}_{i,t}$ 代表技术进步幅度，由其技术水平、资本、劳动、金融发展水平，以及邻省技术进步率 $A_{j,t}$ 共同决定，溢出效应为 λ，θ 代表本地区技术水平 $A_{i,t}$ 对技术进步幅度影响大小，w_{ij} 衡量了邻省技术进步率 $A_{j,t}$ 的技术溢出对地区 i 的技术水平 $A_{i,t}$ 的影响大小，a_R 表示金融发展对技术进步的影响大小。

A6.3 金融发展和产业结构升级存在协同关系，在不同的产业结构下，资金流转的效率存在较大差异，金融规模对技术进步的影响大小 a_R 存在较大差异。发达地区产业结构层次较高，对于金融规模需求较高，金融发展通过资金流转对技术进步影响更高；落后地区产业结构层次较低，金融发展对技术进步影响较小。因此，我们引入产业结构参数 $u_{i,t}$，表示不同地区产业结构发展水平，则表示金融发展对技术进步的影响大小 a_R 也同样会随着产业结构发展水平变化而变化，即

$$a_R=a_R(u_{i,t}) \tag{6.5}$$

6.3.3.2 基本模型

资本积累方程为

$$\dot{K}_{i,t}=sY_{i,t}-\delta K_{i,t} \tag{6.6}$$

其中，s 为储蓄率，δ 为资本折旧率。对上式两边同时除以 $K_{i,t}$，可以得到资本增长率满足：

$$g_{K_{i,t}} = \frac{\dot{K}_{i,t}}{K_{i,t}} = sF((1-a_K),\ A_{i,t}(1-a_L)L_{i,t}/K_{i,t}) - \delta \tag{6.7}$$

这里进一步假设不存在资本折旧，即 $\delta = 0$，并且假设人口增长率为零，即 $n = 0$，对上式两边取对数并关于时间微分，可得

$$\frac{\dot{g}_{K_{i,t}}}{g_{K_{i,t}}} = \varepsilon_{FL}(g_{A_{i,t}} - g_{K_{i,t}}) \tag{6.8}$$

其中，$\varepsilon_{FL} = (1-a_L)A_{i,t}L_{i,t}F_2/(K_{i,t}F)$ 表示生产函数的劳动产出弹性。同理，可以得到技术增长率满足：

$$g_{A_{i,t}} = \frac{\dot{A}_{i,t}}{A_{i,t}} = A_{i,t}^{\theta-1} \cdot G(a_K K_{i,t}, a_L L_{i,t},\ a_R R_{i,t}) \left(\prod_{j\neq i}^{N} A_{j,t}^{\lambda w_{ij}}\right) \tag{6.9}$$

上式两边取对数并关于时间微分，因此

$$\frac{\dot{g}_{A_{i,t}}}{g_{A_{i,t}}} = (\theta-1)g_{A_{i,t}} + \varepsilon_{GK}g_{K_{i,t}} + \varepsilon_{GR}g_{R_{i,t}} + \lambda\sum_{j\neq i}^{N} w_{ij}g_{A_{j,t}} \tag{6.10}$$

其中，$\varepsilon_{GK} = a_K K_{i,t}G_1/G$ 表示资本对技术的产出弹性，$\varepsilon_{GL} = a_L L_{i,t}G_2/G$ 表示劳动对技术产出弹性，$\varepsilon_{GR} = a_R R_{i,t}G_3/G$ 表示金融发展水平对技术的产出弹性，ε_{GR} 同样会随着产业结构发展水平变化而变化，即

$$\varepsilon_{GR} = \varepsilon_{GR}(u_{i,t}) \tag{6.11}$$

在 $\dot{g}_{A_{i,t}} = \dot{g}_{K_{i,t}} = 0$ 时，可以得到

$$g_{A_i}^* = \frac{\lambda}{1-\theta-\varepsilon_{GK}}\sum_{j\neq i}^{N} w_{ij}g_{A_j}^* + \frac{\varepsilon_{GR}g_{R_{i,t}}}{1-\theta-\varepsilon_{GK}} \tag{6.12}$$

$$g_{K_i}^* = \frac{\lambda}{1-\theta-\varepsilon_{GK}}\sum_{j\neq i}^{N} w_{ij}g_{K_j}^* + \frac{\varepsilon_{GR}g_{R_{i,t}}}{1-\theta-\varepsilon_{GK}} + \frac{\lambda}{1-\theta-\varepsilon_{GK}}\sum_{j\neq i}^{N} w_{ij}n_j \tag{6.13}$$

在 $1-\theta-\varepsilon_{GK} > 0$ 时，我们可以得到在经济处于均衡点时国民产出水平的增长率：

$$g_{Y_{i,t}} = (1-\varepsilon_{FL})g_{K_{i,t}} + \varepsilon_{FL}g_{A_{i,t}} \tag{6.14}$$

人均产出增长率为

$$g_{y_{i,t}} = g_{Y_{i,t}} = (1-\varepsilon_{FL})g_{K_{i,t}} + \varepsilon_{FL}g_{A_{i,t}} = g_{A_{i,t}} \tag{6.15}$$

可以得到：在存在连续的技术进步率和资本增长率时，总产出和人均产出存在持续性增长，并且人均资本、人均产出的增产率和技术进步率相等。于是我们可以得到

$$g_{y_{i,t}} = \frac{\lambda}{1-\theta-\varepsilon_{GK}} \sum_{j \neq i}^{N} w_{ij} g_{y_{j,t}} + \frac{\varepsilon_{GR} g_{R_{i,t}}}{1-\theta-\varepsilon_{GK}} \tag{6.16}$$

由上式可以看出，相比于传统的内生经济增长模型，考虑存在相邻地区技术溢出的影响，因此，地区经济增长率的空间关联系数为

$$\rho = \frac{\lambda}{1-\theta-\varepsilon_{GK}} \tag{6.17}$$

同时我们可以得到金融业增长率和经济增长率的相关程度，其数学表述为

$$\beta = \frac{\varepsilon_{GR}}{1-\theta-\varepsilon_{GK}} \tag{6.18}$$

其中，$\varepsilon_{GR} = a_R R_{i,t} G_3/G$。

利用式 (6.11)，因此，金融业增长率和经济增长率的相关系数 β 也随着产业结构参数 $u_{i,t}$ 改变，即

$$\beta = \beta(u_{i,t}) \tag{6.19}$$

因此我们可以得到

$$g_{y_{i,t}} = \rho \sum_{j \neq i}^{N} w_{ij} g_{y_{j,t}} + \beta(u_{i,t}) g_{R_{i,t}} \tag{6.20}$$

受到产业结构影响，金融发展和经济增长相互关系在不同经济发展阶段存在较大差异，经济发展早期阶段，金融发展和经济增长的相互增进作用可能随着产业结构升级调整更为显著，而随着产业结构升级完成，金融发展速度对经济增长率的影响趋于降低，这符合中高收入国家的经济增长和金融发展存在条件收敛现象 (Fung，2009)，也可以解释为什么发达地区经济增长速度会呈现出下降的趋势，而落后地区的经济发展速度则呈现出上升的趋势。

6.4 实证研究框架

为了进一步验证上述理论分析的合理性，描述区域金融发展和经济增长内在联系，我们基于 2003—2012 年省际金融发展和经济增长的面板数据，对经济增长和金融发展的内在关联性进行实证分析，刻画金融发展和经济增长关系的总体动态变化特征。

6.4.1　指标选取和数据来源

经济增长率 ($g_{y_{i,t}}$)：作为被解释变量，本节采用相邻两年省级人均 GDP 对数离差作为区域经济增长率指标，具体做法：设 i 省份第 t 年人均 GDP 存量为 $y_{i,t}$，则其第 t 年经济增长率表示为

$$g_{y_{i,t}} = \ln\left(\frac{y_{i,t}}{y_{i,t-1}}\right)$$

借鉴金融发展深化指标，类似于经济增长率指标表达方法，得到不同金融行业增长率指标。

银行业增长率 ($g_{\mathrm{Bank}_{i,t}}$)：以 i 省份第 t 年人均银行储蓄存款余额 $\mathrm{Bank}_{i,t}$ 作为银行业发展规模，则第 t 年银行业增长速度表示为

$$g_{\mathrm{Bank}_{i,t}} = \ln\left(\frac{\mathrm{Bank}_{i,t}}{\mathrm{Bank}_{i,t-1}}\right)$$

保险业增长率 ($g_{\mathrm{Insurance}_{i,t}}$)：采用 i 省份第 t 年人均保费收入 $\mathrm{Insurance}_{i,t}$ 作为证券业发展规模，则其第 t 年保险业增长率表示为

$$g_{\mathrm{Insurance}_{i,t}} = \ln\left(\frac{\mathrm{Insurance}_{i,t}}{\mathrm{Insurance}_{i,t-1}}\right)$$

证券业增长率 ($g_{\mathrm{Stock}_{i,t}}$)：采用 i 省份第 t 年人均证券市场累计额即人均证券市场股本数 $\mathrm{Stock}_{i,t}$ 作为证券业发展规模，则其第 t 年证券业增长率表示为

$$g_{\mathrm{Stock}_{i,t}} = \ln\left(\frac{\mathrm{Stock}_{i,t}}{\mathrm{Stock}_{i,t-1}}\right)$$

产业结构指标 ($u_{i,t}$)：用各省份二、三产业之和与该省份当年 GDP 的比值反映产业结构升级水平。

表 6.2　样本数据描述

变量	定义	观测数	均值	标准差	最小值	最大值
$\ln y_{i,t}$	经济发展水平	290	9.9492	0.6652	8.2164	11.4422
$\ln(\mathrm{Bank}_{i,t})$	银行业发展规模	290	9.5653	0.6871	7.7659	11.5579
$\ln(\mathrm{Insurance}_{i,t})$	保险业发展规模	290	6.3011	0.7958	4.3489	8.5023
$\ln(\mathrm{Stock}_{i,t})$	证券业发展规模	290	8.1191	1.8089	4.7919	15.1676
$g_{y_{i,t}}$	经济增长率	290	0.1521	0.0477	0.0007	0.2737
$g_{\mathrm{Bank}_{i,t}}$	银行业增长率	290	0.1486	0.0497	−0.0477	0.2677
$g_{\mathrm{Insurance}_{i,t}}$	保险业增长率	290	0.1573	0.1214	−0.2307	0.5479
$g_{\mathrm{Stock}_{i,t}}$	证券业增长率	290	0.2489	0.2634	−0.1852	2.3719
$u_{i,t}$	产业结构升级水平	290	0.8833	0.0545	0.7618	0.9937

数据来源：研究采用了 2003—2012 年全国 29 个省份 (西藏、海南除外) 的经济数据进行实证研究，证券市场股本数源自 CSMAR 和 WIND 数据库，各省份 GDP，人口总数，银行储蓄存款，保费收入，二、三产业数据均来源于《中国统计年鉴 2003》至《中国统计年鉴 2013》，缺失数据采用移动平均估算，样本数据的描述如表 6.2 所示。

6.4.2 模型设定和估计

6.4.2.1 模型设定

为更好解释金融发展和经济增长关系的动态变化特征，我们基于 2003—2012 年金融业发展和经济增长的省级面板数据，初步基于经济发展的水平数据和增长率数据分布建立参数面板数据空间滞后模型，然后在 6.3 节，基于经济增长和金融发展的理论结果，建立具有半参数结构的面板数据空间滞后变系数模型。

模型 (6.21) 利用经济发展的水平数据研究金融发展和经济增长的关系。采用人均 GDP 存量 $y_{i,t}$ 作为被解释变量，以反映经济发展水平，采用人均银行储蓄存款余额 $\mathrm{Bank}_{i,t}$，人均证券市场股本数 $\mathrm{Insurance}_{i,t}$，人均保费收入 $\mathrm{Stock}_{i,t}$ 作为解释变量，反映金融业发展水平，分别对其取自然对数，即：$\ln y_{i,t}$，$\ln(\mathrm{Bank}_{i,t})$，$\ln(\mathrm{Insurance}_{i,t})$，$\ln(\mathrm{Stock}_{i,t})$，可以建立面板数据空间滞后模型如下：

$$\begin{aligned}\ln y_{i,t} =& \rho\sum_{j\neq i}^{N} w_{ij}\ln y_{j,t} + \beta_1\ln(\mathrm{Bank}_{i,t}) + \beta_2\ln(\mathrm{Insurance}_{i,t}) \\ &+ \beta_3\ln(\mathrm{Stock}_{i,t}) + b_i + \varepsilon_{i,t}\end{aligned} \tag{6.21}$$

其中，ρ 为空间相关系数，$w_{i,j}$ 代表空间权重矩阵元素，b_i 为个体效应，包括固定效应和随机效应两种情形，$\varepsilon_{i,t}$ 为随机扰动项。

模型 (6.22) 基于增长率数据进一步研究金融发展和经济增长的关系，即与式 (6.20) 的参数形式一致。采用人均 GDP 增长率 $g_{y_{i,t}}$ 作为被解释变量，反映经济增长速度；借鉴金融发展深化指标，考虑采用人均银行储蓄存款余额增长率 $g_{\mathrm{Bank}_{i,t}}$，人均证券市场股本增长率 $g_{\mathrm{Insurance}_{i,t}}$，人均保费收入增长率 $g_{\mathrm{Stock}_{i,t}}$ 作为解释变量，反映金融发展速度，建立面板数据空间计量模型如下：

$$g_{y_{i,t}} = \rho\sum_{j\neq i}^{N} w_{ij} g_{y_{j,t}} + \beta_1 g_{\mathrm{Bank}_{i,t}} + \beta_2 g_{\mathrm{Insurance}_{i,t}} + \beta_3 g_{\mathrm{Stock}_{i,t}} + b_i + \varepsilon_{i,t} \tag{6.22}$$

其中，ρ 为空间相关系数，$w_{i,j}$ 代表空间权重矩阵元素，b_i 为个体效应，包括固定效应和随机效应两种情形，$\varepsilon_{i,t}$ 为随机扰动项。

模型 (6.23) 使用经济发展的增长率数据研究金融发展和经济增长的关系。考虑到金融发展对经济增长的作用受到产业结构差异性影响，参数模型的回归结果难以捕捉经济波动和金融产业增长率之间的关系，基于本章第三部分得到的金融发展的内生经济增长理论，为了更好体现经济波动、金融发展和产业结构变动的内在作用机制，解释金融业发展和经济增长的收敛关系，我们考虑引入采用模型III，与理论分析结论式 (6.20) 一致，即面板数据空间滞后变系数模型来描述产业结构对金融发展和经济增长作用机制的影响，模型的数学表述为

$$\begin{aligned} g_{y_{it}} =& \rho \sum_{j\neq i}^{N} w_{ij} g_{y_{j,t}} + \beta_1(u_{it}) g_{\text{Bank}_{i,t}} + \beta_2(u_{it}) g_{\text{Insurance}_{i,t}} \\ & + \beta_3(u_{it}) g_{\text{Stock}_{i,t}} + b_i + \varepsilon_{it} \end{aligned} \tag{6.23}$$

其中，ρ 为空间相关系数，$w_{i,j}$ 代表空间权重矩阵元素，b_i 为个体效应，包括固定效应和随机效应两种情形，$\varepsilon_{i,t}$ 为随机扰动项，在本章中假设 $u_{i,t}$ 为一维变量，在模型中为产业结构指标。

6.4.2.2 模型估计

基于前述章节讨论，我们得到了面板数据空间滞后变系数模型的估计理论。结合第 4 章和第 5 章中模型的设定形式，能够看出这两种模型可依据前面提出的截面似然估计方法进行拟合。

另外，在非参数回归模型的估计过程中，估计结果对窗宽的取值较为敏感，因而对最优窗宽的选择至关重要。这里我们采取了交叉验证法，在实际估计中使用的核函数较为常用的 Epanechnikov 核函数。此外，我们通过自助法计算出相应参数部分和非参数部分的显著性水平，相关研究方法可参考龙志和等 (2009)，欧变玲等 (2010)。

6.5 实证研究结果

6.5.1 空间相关性检验

表 6.3 选取了人均 GDP 和人均 GDP 增长率作为主要变量，基于 2003—2012 年省级经济数据给出了 Moran's I 检验统计量及显著性研究结果。为了反映地区经济发展的空间关联性随时间变动趋势，我们得到了人均 GDP 和人均 GDP 增长率的 Moran's I 统计量及显著性结果，其中空间权重矩阵仍采用了 Rook 权重矩阵。可以看出，人均 GDP 的 Moran's I 指数较为稳定，并且显著性水平较高，说明不同地区的经济发展规模存在显著的空间关联性；人均 GDP 增长率的 Moran's I 指数显著性不稳定，2005 年以后 Moran's I 指数和其显著性水平随时间推移基本呈增长趋势，说明地区间经济增长率随时间推移，空间关联性逐渐增强。

表 6.3 经济增长的 Moran's I 指数表

时段	人均 GDP		人均 GDP 增长率	
	Moran's I	显著性	Moran's I	显著性
2003	0.3697	0.0000	0.0414	0.3844
2004	0.3771	0.0000	0.0339	0.4290
2005	0.3817	0.0000	−0.0672	0.7294
2006	0.3800	0.0000	−0.0048	0.7123
2007	0.3736	0.0000	0.0718	0.2320
2008	0.3645	0.0000	0.1927	0.0097
2009	0.3537	0.0000	0.0929	0.1586
2010	0.3555	0.0000	0.1088	0.1041
2011	0.3452	0.0000	0.3149	0.0001
2012	0.3266	0.0001	0.3460	0.0000

6.5.2 线性面板数据空间滞后模型研究结果

我们对模型 (6.21) 和模型 (6.22) 进行估计，得到参数的估计值并计算出相应参数的显著性水平和模型的拟合优度，在实际估计中我们分别考虑了存在个体固定效应和随机效应的情形。

表 6.4 参数空间计量模型 (6.21) 的回归结果

	固定效应	随机效应
In $(\text{Bank}_{j,t})$	0.6802***(20.3902)	0.8844***(20.3902)
In $(\text{Insurance}_{i,t})$	0.2756***(3.0713)	0.1327***(3.0713)
In $(\text{Stock}_{i,t})$	−0.0365*** (−5.4248)	−0.0591***(−5.4248)
空间相关系数	0.0540*** (4.7956)	0.1140*** (4.7956)
$\overline{R^2}$	0.9280	0.9227
样本数	290	290

注：括号内为 t 值；* $p < 0.1$；** $p < 0.05$；*** $p < 0.01$。

表 6.4 为模型 (6.21) 基于 2003—2012 年经济增长的水平数据得到回归结果。可以看出，固定效应空间滞后模型和随机效应空间滞后模型的回归结果基本一致。解释变量系数估计值在以上情况均达到了 1%的显著性水平，证实了金融发展和经济增长的存量数据之间存在相关关系。空间相关系数显著为正，说明了地区的经济增长之间

存在正向空间关联性；银行业、保险业变量的系数显著为正，证券业变量系数显著为负，说明金融变量和经济增长存在显著相关性，其中银行业系数的绝对值最大，说明了银行业发展对经济增长作用最为显著，金融资源主要通过银行实现对经济的杠杆作用，保险业系数为正，说明人均保费增长和经济发展同样存在正相关关系，证券业系数绝对值最小，这可能与我国证券市场发展仍处于初级阶段有关。

表 6.5 为模型 (6.22) 基于 2003—2012 年经济发展变量的增长率数据得到回归结果，可以看出，固定效应空间滞后模型和随机效应空间滞后模型的回归结果同样可以基本保持一致，证实了金融业发展速度和经济增长率之间存在显著的相关关系。空间相关系数显著为正，说明了地区的经济增长率之间存在正向空间关联性；金融增长率和经济增长率的关系仍然主要表现为银行业和保险业的作用，其中银行业增长率提升对经济增长率作用显著为正，说明了银行业发展速度提高对经济增长率上升存在显著推动作用，保险业增长率提升对经济增长率的作用显著为负，即保险业增长率对经济增长率存在抑制性，可能是保险业发展速度提高在一定程度上限制了金融资源投资渠道，进而抑制经济增长率提高，证券业增长率对经济增长率作用相对较小或者不显著，说明了我国证券市场发展仍处于初级阶段，证券业发展速度提升对经济增长率促进作用并不明显。

表 6.5　参数空间计量模型 (6.22) 的回归结果

	固定效应	随机效应
$g_{\text{Bank}_{j,t}}$	0.2160***(4.2345)	0.3946***(10.1737)
$g_{\text{Insurance}_{i,t}}$	−0.0913*** (−4.4571)	−0.0909*** (−4.5631)
$g_{\text{Stock}_{i,t}}$	−0.0010 (−0.1043)	0.0184**(2.1720)
空间相关系数	0.2950*** (4.1472)	0.6550*** (17.4813)
$\overline{R^2}$	0.1870	0.1017
样本数	290	290

注：括号内为 t 值；* $p < 0.1$；** $p < 0.05$；*** $p < 0.01$。

由以上参数计量模型拟合优度可以看出，应用参数空间计量模型可以较好解释经济增长和金融发展的水平数据之间的空间联系，但是对经济增长和金融发展增长率解读仍有所欠缺，利用本章所提出的内生经济模型理论研究结果，我们有必要建立面板数据空间滞后变系数模型进行实证研究。

6.5.3　面板数据空间滞后变系数模型研究结果

对于模型 (6.23)，由于传统的极大似然估计方法并不适用于含有未知函数的模型，因此我们考虑使用截面拟极大似然估计方法求出参数部分和非参数部分的估计值，并通过自助法计算出相应参数部分和非参数部分的显著性水平。

表 6.6 为模型 (6.23) 基于 2003—2012 年的增长率数据所得到的参数部分的回归结果。从固定效应空间滞后变系数面板数据模型的估计结果可以看出，空间相关系数为正并且在 0.01 的显著性水平上，说明了区域经济增长率存在显著的空间自相关特征，随机扰动的方差较小并且在 0.01 的显著性水平上，说明不同区域的经济增长率较为平稳，受到外界波动较小；随机效应空间滞后变系数面板数据模型的估计结果基本保持一致，从个体效应方差的估计可以看出，个体效应方差并不显著，说明个体随机效应并不显著。

表 6.6 空间滞后变系数模型 (6.23) 参数回归结果

	固定效应		随机效应	
	参数	t 值	参数	t 值
空间相关系数	0.7160***	9.0759	0.6572***	2.2300
方差	0.0008***	11.0497	0.0009***	8.7947
方差 (组间)	—	—	0.0002	1.4898
H	0.0658		0.0301	
$F(x)$	−906.662		−1655.64	
样本数	290		290	

* $p < 0.1$；** $p < 0.05$；*** $p < 0.01$。

图 6.2 为固定效应空间滞后变系数模型基于 2003—2012 年的增长率数据所得到的关于银行业、证券业、保险业增长率对于经济增长率的影响的系数变化情况。可以看出，银行业增长率对经济增长率的影响随着产业结构上升呈现倒 U 型曲线，在产业结构水平较低 (<0.85) 时，银行业增长率对经济增长率存在抑制性，但是随着产业结构水平的上升，这种抑制性逐步减弱；在产业结构水平达到 0.85 左右，银行业增长率对经济增长率影响发生方向改变，并且随着产业结构水平的上升相关性逐渐增强，在产业结构水平大致达到 0.95 时，两者相关性开始呈现减弱趋势；保险业增长率对经济增长率的影响随着产业结构上升呈现 U 形曲线，在产业结构水平较低 (<0.85) 时，保险业增长率对经济增长率存在抑制性，并且随着产业结构水平的上升，这种抑制性逐步增强，在产业结构水平达到 0.85 左右，保险业增长率对经济增长率的抑制性逐渐减弱，在产业结构水平达到 0.95 时，两者相关性发生方向改变并且相关性逐渐增强；证券业增长率和经济增长率的相关性与银行业图形基本一致，但是整体相关性明显更弱一些。

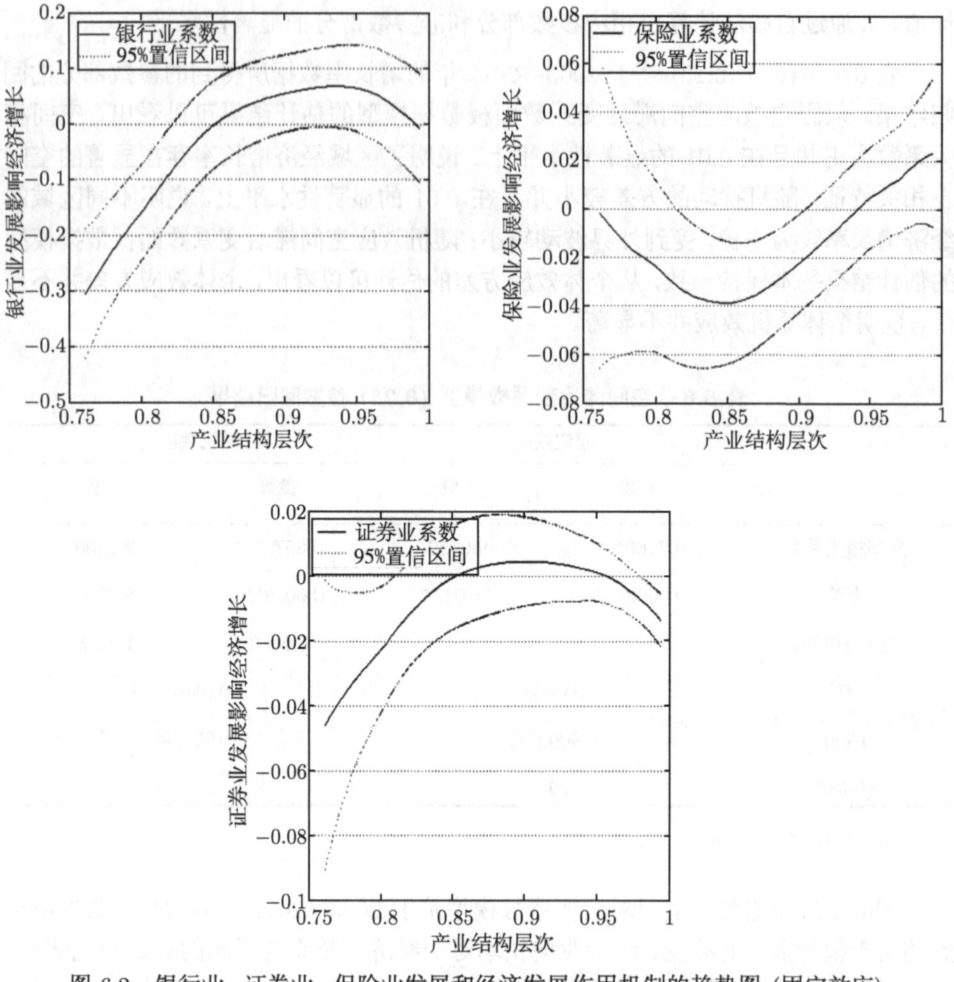

图 6.2　银行业、证券业、保险业发展和经济发展作用机制的趋势图 (固定效应)

图 6.3 为随机效应空间滞后变系数模型基于 2003—2012 年的增长率数据所得到的关于银行业、证券业、保险业的增长率对于经济增长率的影响的非参数系数 $\beta(u_{it})$ 随时间的变化情况。可以看出，银行业增长率对经济增长率的影响随着产业结构上升呈现倒 U 型曲线，与固定效应模型结果图形基本一致，银行业增长率和经济增长率基本呈现正相关关系，并且相关性在产业结构水平较低 (<0.9) 时，随着产业结构水平的上升，逐步增强；在产业结构水平达到 0.9 左右时，银行业增长率和经济增长率相关性开始随着产业结构水平的上升相关性逐渐下降；保险业增长率对经济增长率的影响随着产业结构上升呈现 U 型曲线，在产业结构水平较低 (<0.82) 时，保险业增长率和经济增长率基本呈现正相关关系，并且随着产业结构水平的上升相关性逐渐减弱，在产业结构水平达到 0.82 时，两者相关性发生方向

改变，保险业增长率对经济增长率出现抑制性，并且随着产业结构水平的上升，这种抑制性逐步增强，在产业结构水平达到 0.92 左右时，保险业增长率和经济增长率相关性开始随着产业结构水平的上升逐渐下降；证券业增长率和经济增长率的相互作用基本呈现正相关关系，随着产业结构上升呈现下降趋势。

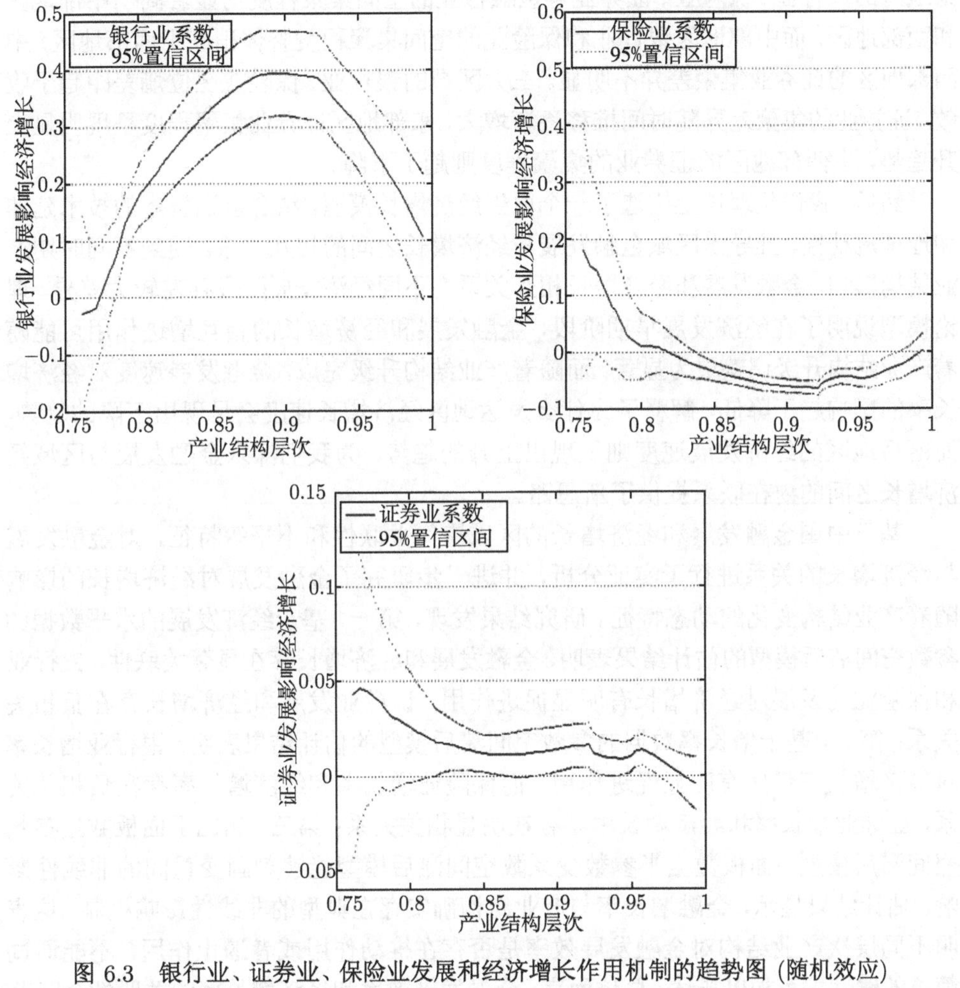

图 6.3 银行业、证券业、保险业发展和经济增长作用机制的趋势图 (随机效应)

6.6 政 策 建 议

在区域发展进程中，金融发展对经济增长的作用关系经历了一个从无到有，从弱到强的过程。北京、上海等金融中心城市的建设和环渤海区域产业集群，长三角地区产业集群的发展，印证了金融发展、产业结构升级和区域经济增长存在紧密的关联性。因此，研究产业结构的升级变迁，对深入理解金融发展和经济增长作用机制尤为必要。

首先，我们通过引入空间区位熵指标反映中国银行业、保险业、证券业空间关联特征。中国银行业、保险业、证券业的局部发展存在的显著的空间关联特征，东部地区的银行业、保险业、证券业等金融行业的空间集聚程度均显著高于中部地区和西部地区，而中部地区银行业和保险业的空间集聚程度整体稍高于西部地区，中西部地区的证券业集聚差异不明显。三大区域的银行业、保险业区位熵差距趋于收敛，证券业的集聚差异随时间推移逐渐增大，东部地区证券业集聚程度呈现明显上升趋势，中西部地区的证券业的集聚程度则趋于下降。

然后，我们从理论上构造了一个内生经济增长模型，结合金融资本的技术延伸和地理流动性，推导出区域金融发展与经济增长之间的相互关系。受到不同时期产业结构影响，金融发展和经济增长相互关系在不同经济发展阶段存在较大差异，理论模型说明了在经济发展早期阶段，金融发展和经济增长的相互增进作用可能随着产业结构升级调整更为显著，而随着产业结构升级完成，金融发展速度对经济增长率的影响趋于降低，解释了为什么发达地区经济增长速度会呈现出下降的趋势，而落后地区的经济发展速度则呈现出上升的趋势，为我们深入金融发展与区域经济增长之间的内在联系提供了新思路。

基于中国金融发展和经济增长的区域空间关联性和不平等特征，对金融发展与经济增长的关系进行了实证分析，并进一步研究了金融发展对经济增长的影响随着产业结构变化的动态特征。研究结果发现，第一，基于经济发展的水平数据的参数空间滞后模型的估计结果表明，金融发展和经济增长存在显著关联性：银行业和保险业的发展对经济增长有明显促进作用，证券业发展和经济增长存在负相关关系；第二，基于增长率数据的参数空间滞后模型的估计结果表明：银行业增长率对经济增长率仍然有明显促进作用，而保险业增长率和经济增长率存在负相关关系，证券业增长率和经济增长率不存在明显相关关系；第三，相比于面板数据参数空间滞后模型，面板数据半参数变系数空间滞后模型能够刻画变量间的非线性影响。估计结果显示，金融增长率与产业结构确实存在典型的非线性影响机制，这表明不同层次产业结构对金融发展效率是否存在推动作用或者遏止作用，不能通过简单的线性关系加以描述，总体而言，金融发展效率和经济增长率的关联性会随着产业结构升级而变化，经验证据佐证了这一结论。

国务院发展研究中心在 2009 年的课题报告中指出，中国金融发展仍然处于初级阶段，由于市场自身不完善，政府主导仍然发挥了重要作用，各地区金融的发展目标不完全由市场经济决定。基于本书研究，我们发现金融发展对经济增长的影响仍然主要依赖于银行业和保险业等传统金融行业，证券业发展对于经济增长的促进作用在短期内仍然相对较弱。因此，要实现长期经济增长，推动产业结构升级、深化投资体制改革和推进金融发展创新则显得尤为必要。针对金融支持产业结构优化调整，以及对相关的机理性建构等经济问题展开深入探讨，基于政策性与市场性金融相互结合、直接与间接金融相互结合并进行机理性架构，能够在进入经济转型时期，为国家相关部门制定产业升级、金融深化等一系列政策提供重要的理论参考，具有非常重要的意义。

参 考 文 献

陈建宝, 鞠芳煜, 禚铸瑶. 2015. 大数据时代下的统计学 [J]. 统计研究, (5): 106–112.

陈建宝, 李坤明. 2017. 非参数空间计量模型的理论和应用 [M]. 北京: 经济科学出版社.

陈建宝, 乔宁宁. 2013. 中国菲利普斯曲线的非线性特征分析 [J]. 统计研究, (1): 79–86.

陈建宝, 乔宁宁. 2015. 半参数变系数回归模型的空间相关性检验 [J]. 统计研究, (7): 87–92.

陈建宝, 乔宁宁. 2016. 地方利益主体博弈下的资源禀赋与公共品供给. 经济学 (季刊), (2): 693–722.

陈建宝, 乔宁宁. 2017. 半参数变系数空间误差回归模型的估计 [J]. 数量经济技术经济研究, (4): 129–146.

陈建宝, 孙林. 2015. 随机效应空间滞后单指数面板模型 [J]. 统计研究, (1): 95–101.

陈建宝, 孙林. 2017. 随机效应变系数空间自回归面板模型的估计 [J]. 统计研究, (5): 118–128.

陈琳娜. 2013. 半参数面板数据模型：理论及其应用 [D]. 厦门: 厦门大学.

陈守东, 杨东亮, 赵晓力. 2008. 区域金融发展与区域经济增长——基于中国数据的实证分析 [J]. 财贸经济, (2): 53–57.

范方志, 张立军. 2003. 中国地区金融结构转变与产业结构升级研究 [J]. 金融研究, (11): 36–48.

高远东. 2010. 中国区域经济增长的空间计量研究 [D]. 重庆: 重庆大学.

国务院发展研究中心课题组. 2009. 中国：在应对危机中寻求新突破 [J]. 管理世界, (6): 4–18.

韩廷春. 2003. 金融发展与经济增长的内生机制 [J]. 清华大学学报 (哲学社会科学版)(S1).

卡萝塔 • 佩蕾丝. 技术革命与金融资本：泡沫与黄金时代的动力 [M]. 田方萌, 胡叶青, 刘然, 等译. 2007. 北京：中国人民大学出版社.

李坤明, 陈建宝. 2013. 半参数变系数空间滞后模型的截面极大似然估计 [J]. 数量经济技术经济研究, (4): 85–98.

林光平, 龙志和, 吴梅. 2007. Bootstrap 方法在空间经济计量模型检验中的应用 [J]. 经济科学, (4): 84–93.

林怡坚. 2011. 空间线性回归模型 Bootstrap LM 检验有效性研究 [D]. 广州: 华南理工大学.

龙志和, 欧变玲, 林光平. 2009. 空间经济计量模型 Bootstrap 检验的水平扭曲 [J]. 数量经济技术经济研究, (1): 151–160.

鲁晓东. 2008. 收入分配, 有效要素禀赋与贸易开放度——基于中国省际面板数据的研究 [J]. 数量经济技术经济研究, (4): 53–64.

欧变玲, 龙志和, 林光平. 2009. 空间经济计量滞后模型 Bootstrap Moran 检验的水平扭曲 [J]. 系统工程, (8): 69–73.

欧变玲, 龙志和, 林光平. 2010. 空间经济计量滞后模型 Bootstrap Moran 检验功效的模拟分析 [J]. 统计研究, (9): 91–96.

欧变玲, 龙志和, 林光平. 2012. 空间经济计量滞后模型 Moran 检验的渐近分布 [J]. 管理科学学报, (12): 79–86.

乔宁宁. 2013. 混合地理加权回归模型中的空间相关性检验和参数估计研究 [J]. 数量经济技

术经济研究, (8)：93–108.
世界银行报告小组. 2001. 金融与增长：动荡条件下的政策选择 [M]. 北京：经济科学出版社.
孙晶, 李涵硕. 2012. 金融集聚与产业结构升级——来自 2003—2007 年省际经济数据的实证分析 [J]. 经济学家, (3)：80–86.
孙伍琴. 2014. 金融发展促进技术创新研究 [M]. 北京：科学出版社.
王子龙. 2006. 产业集聚水平测度的实证研究 [J]. 中国软科学, (3)：109–116.
解维敏, 方红星. 2011. 金融发展、融资约束与企业研发投入 [J]. 金融研究,（5）：171-183.
薛留根. 2012. 现代统计模型 [M]. 北京：科学出版社.
云航. 2006. 金融发展与经济增长内在关联与影响的经济计量分析 [D]. 长春：吉林大学.
张进峰, 方颖. 2013. 空间误差模型的稳健检验 [W]. 厦门：厦门大学.
张日权, 卢一强. 2004. 变系数模型 [M]. 北京：科学出版社.
张征宇, 朱平芳. 2009. 空间动态面板模型拟极大似然估计的渐近效率改进 [J]. 数量经济技术经济研究, (5)：145–157.
赵昌文, 陈春发, 唐英凯. 2009. 科技金融 [M]. 北京：科学出版社.
赵勇, 雷达. 2010. 金融发展与经济增长：生产率促进抑或资本形成 [J]. 世界经济, (2)：37–50.
周勇. 2013. 广义估计方程估计方法 [M]. 北京：科学出版社.
朱承亮, 岳宏志, 李婷. 2009. 中国经济增长效率及其影响因素的实证研究：1985∼ 2007 年 [J]. 数量经济技术经济研究, (9)：52–63.
朱国忠, 乔坤元, 虞吉海. 2014. 中国各省经济增长是否收敛?[J]. 经济学 (季刊), (3)：1171–1194.
朱力行, 许王莉. 2008. 非参数蒙特卡罗检验及其应用 [M]. 北京：科学出版社.
Acemoglu D, Aghion P, Zilibotti F. 2006. Distance to Frontier, Selection, and Economic Growth [J]. Journal of the European Economic association, 4(1): 37–74.
Aghion P, Howitt P, García-Peñalosa C. 1998. Endogenous Growth Theory [M]. Cambridge: MIT Press.
Ai C, Chen X. 2003. Efficient Estimation of Models with Conditional Moment Restrictions Containing Unknown Functions [J]. Econometrica, 71(6): 1795–1843.
Anselin L. 1988. Spatial Econometrics: Methods and Models [M]. Dordrecht, The Netherlands: Kluwer Academic Publishers.
Anselin L. 1995. Local Indicators of Spatial Association——LISA [J]. Geographical analysis, 27(2): 93–115.
Anselin L. 2001. Spatial Econometrics [M] // Baltagi B, ed. A Companion to Theoretical Econometrics, 310–330, Oxford, UK: Blackwell Scientific: 310–330.
Anselin L, Bongiovanni R, Lowenberg-DeBoer J. 2004. A Spatial Econometric Approach to the Economics of Site-Specific Nitrogen Management in Corn Production [J]. American Journal of Agricultural Economics, 86(3): 675–687.
Anselin L, Florax R, Rey S J. 2004. Advanced in Spatial Econometrics: Methodology, Tools and Applications [M]. Berlin: Springer-Verlag.

Anselin L, Griffith D. 1988. Do Spatial Effects Really Matter in Regression Analysis? [J]. Papers of the Regional Science Association, 65: 11–34.

Bühlmann P. 1997. Sieve Bootstrap for Time Series [J]. Bernoulli, 3(2): 123–148.

Bai Y, Fung W K, Zhu Z Y. 2009. Penalized Quadratic Inference Functions for Single-Index Models with Longitudinal Data [J]. Journal of Multivariate Analysis, 100(1): 152–161.

Bailey T C, Gatrell A C. 1995. Interactive Spatial Data Analysis[M]. Essex: Longman Scientific & Technical.

Baltagi B H, Egger P, Pfaffermayr M. 2007. A Generalized Spatial Panel Data Model with Random Effects [W]. Working paper, Department of Economics and Center for Policy Research, Syracuse University.

Baltagi B H, Li D. 2001. Double Length Artificial Regressions for Testing Spatial Dependence [J]. Econometric Reviews, 20(1): 31–40.

Baltagi B H, Song S H, Won K. 2003. Testing Panel Data Regression Model with Spatial Error Correlation [J]. Journal of Econometrics, 117(1): 123–150.

Banerjee A, Iyer L. 2005. History, Institutions, and Economic Performance: The Legacy of Colonial Land Tenure Systems in India [J]. The American Economic Review, 95(4): 1190–1213.

Basile R, Gress B. 2004. Semi-parametric Spatial Auto-covariance Models of Regional Growth Behavior in Europe [C]. Mimeo. Dept. of Economics, UC, Riverside.

Basile R. 2008. Regional Economic Growth in Europe: A Semiparametric Spatial Dependence Approach [J]. Papers in Regional Science, 87(4), 527–545.

Basile R. 2009. Productivity Polarization across Regions in Europe: The Role of Nonlinearities and Spatial Dependence [J]. International Regional Science Review, 31(1): 92–115.

Benfratello L, Schiantarelli F, Sembenelli A. 2008. Banks and Innovation: Microeconometric Evidence on Italian Firms [J]. Journal of Financial Economics, 90(2): 197–217.

Beran R J, Ducharme G R. 1991. Asymptotic Theory for Bootstrap Methods in Statistics [M]. Centre De Recherches Mathematiques.

Besag J, Diggle P J. 1977. Simple Monte Carlo Tests for Spatial Pattern [J]. Applied Statistics, 26(3): 327–333.

Besag J, Green D H, Mengersen K. 1995. Bayesian Computation and Stochastic Systems [J]. Statistical Science, 10(1): 3–41.

Besag J, York J, Mollié A. 1991. Bayesian Image Restoration with Two Applications in Spatial Statistics [J]. Annals of the Institute of Statistical Mathematics, 43(1): 1–20.

Boyd J H, Smith B D. 1992. Intermediation and the Equilibrium Allocation of Investment Capital: Implications for Economic Development [J]. Journal of Monetary Economics, 30(3): 409-432.

Burridge P, Fingleton B. 2010. Bootstrap Inference in Spatial Econometrics: the J-test [J].

Spatial Economic Analysis, 5(1): 93–119.

Cai Z W, Fan J Q, Li R Z. 2000. Efficient Estimation and Inferences for Varying Coefficient Models [J]. Journal of the American Statistical Association, 451(95): 888–902.

Cai Z W, Li Q. 2008. Nonparametric Estimation of Varying Coefficient Dynamic Panel Data Models [J]. Econometric Theory, 24(5): 1321–1342.

Cai Z W. 2007. Trending Time-Varying Coefficient Time Series Models with Serially Correlated Errors [J]. Journal of Econometrics, 136(1): 163–188.

Carroll R J, Fan J, Gijbels I, Wand M P. 1997. Generalized Partially Single-Index Models [J]. Journal of the American Statistical Association, 92(438): 477–489.

Case A C. 1991. Spatial Patterns in Household Demand [J]. Econometrica, 59(4): 953–965.

Chambers J M, Hastie T J. 1991. Statistical Models in *S* [M]. London: Chapman & Hall/CRC.

Chen H. 1988. Convergence Rates for Parametric Components in a Partly Linear Model [J]. The Annals of Statistics, 16(1): 136–146.

Chen J, Gao J T, Li D G. 2013. Estimation in Partially Linear Single-index Panel Data Models with Fixed Effects [J]. Journal of Business & Economic Statistics, 31(3): 1–42.

Chen X, Conley T. 2001. A New Semiparametric Spatial Model for Panel Time Series [J]. Journal of Econometrics, 105(1): 59–83.

Chiang C T, Rice J A, Wu C O. 2001. Smoothing Spline Estimation for Varying Coefficient Models with Repeatedly Measured Dependent Variables[J]. Journal of the American Statistical Association, 96(454): 605-619.

Cliff A D, Ord J K. 1973. Spatial Autocorrelation [M]. London: Pion.

Cliff A D, Ord J K. 1981. Spatial Processes: Models & Applications [M]. London: Pion.

Combes P P, Mayer T, Thisse J F. 2008. Economic Geography: The Integration of Regions and Nations [M]. Princeton: Princeton University Press.

Cui X, Härdle W, Zhu L X. 2011. The EFM Approach for Single-index Models [J]. Annals of Statistics, 39(3), 1658–1688.

Davison A C, Hinkley D V. 1997. Bootstrap Methods and their Applications. Cambridge Series in Statistical & Probabilistic Mathematics.

Delecroix M, Härdle W, Hristache M. 2003. Efficient Estimation in Conditional Single-Index Regression [J]. Journal of Multivariate Analysis, 86(2): 213–226.

Devroye L. 1981. Non-Uniform Random Variate Generation [M]. New York: Springer-Verlag.

Dinardo J, Tobias J. 2001. Nonparametric Density and Regression Estimation [J]. The Journal of Economic Perspectives, 15(4): 11–28.

Efron B. 1979. Bootstrap Methods: Another Look at the Jackknife [J]. The Annals of Statistics, 7(1): 1–26.

Elhorst J P. 2003. Specification and Estimation of Spatial Panel Data Models [J]. International Regional Science Review, 26(3): 244–268.

Elhorst J P. 2005. Unconditional Maximum Likelihood Estimation of Linear and Log-Linear Dynamic Models for Spatial Panels [J]. Geographical Analysis, 37(1): 85–106.

Engle R F, Granger C W J, Rice J. 1986. Semiparametric Estimates of the Relation between Weather and Electricity Sales[J]. Journal of the American Statistical Association, 81(394): 310-320.

Fama E F. 1985. What's different about banks? [J]. Journal of Monetary Economics, 15(1): 29–39.

Fan J Q, Gijberts I. 1996. Local Polynomial Modelling and Its Applications [M]. London: Chapman & Hall.

Fan J Q, Huang T. 2005. Profile Likelihood Inferences on Semiparametric Varying-Coefficient Partially Linear Models [J]. Bernoulli, 11(6): 1031–1057.

Fan J Q, Wong W H. 2000. On Profile Likelihood: Comment [J]. Journal of the American Statistical Association, 95(450): 468–471.

Fan J Q, Yao Q. 2003. Nonlinear Time Series: Nonparametric and Parametric Methods [M]. NewYork: Springer.

Fan J Q, Zhang W Y. 1999. Statistical Estimation in Varying Coefficient Models [J]. The Annals of Statistics, 5 (27): 1491–1518.

Fingleton B. 2003. Externalities, Economic Geography and Spatial Econometrics: Conceptual Modelling Developments [J]. International Regional Science Review, 26(2): 197–207.

Friedman J H, Stuetzle W. 1981. Projection Pursuit Regression [J]. Journal of the American Statistical Association, 76(376): 817–823.

Fung M K. 2009. Financial Development and Economic Growth: Convergence or Divergence? [J]. Journal of International Money and Finance, 28(1): 56–67.

Funke M, Niebuhr A. 2005. Threshold Effects and Regional Economic Growth Evidence from West Germany [J]. Economic Modelling, 22(1): 61–80.

Gao J T, Lu Z, Tjøstheim D. 2006. Estimation in Semiparametric Spatial Regression [J]. The Annals of Statistics, 34(3): 1395–1435.

Gao J T. 2007. Nonlinear Time Series: Semiparametric and Nonparametric Methods [M]. London: Chapman & Hall/CRC.

Getis A, Ord J K. 1992. The Analysis of Spatial Association by Use of Distance Statistics [J]. Geographical Analysis, 24(3): 189–206.

Getis A, Ord J K. 1996. Local Spatial Statistics: An Overview. Spatial analysis: modelling in a GIS environment 374.

Gheriballah A, Laksaci A, Rouane R. 2010. Robust Nonparametric Estimation for Spatial Regression [J]. Journal of Statistical Planning and Inference, 140(7): 1656–1670.

Godambe V P, Heyde C C. 1987. Quasi-likelihood and Optimal Estimation [J]. International Statistical Riview/Revue Internationale de Statistique, 55(3): 386–399.

Goldsmith R W, 1969. Financial Structure and Development [M]. New Haven: Yale University Press.

Gourieroux C, Monfort A, Trognon A. 1984a. Pseudo Maximum Likelihood Methods: Theory [J]. Econometrica, 52(3): 681–700.

Gourieroux C, Monfort A, Trognon A. 1984b. Pseudo Maximum Likelihood Methods: Applications to Poisson models [J]. Econometrica, 52(3): 701–720.

Green P J, Silverman B W. 1994. Nonparametric Regression and Generalized Linear Models: A Roughness Penalty Approach [M]. London: Chapman & Hall.

Gress B. 2004. Using Semi-parametric Spatial Autocorrelation Models to Improve Hedonic Housing Price Prediction [R]. Mimeo. Dept. of Economics, UC, Riverside.

Guo X, Xu W L, Zhu L X. 2014. Multi-Index Regression Models with Missing Covariates at Random [J]. Journal of Multivariate Analysis, 123: 345–363.

Härdle W, Hall P, Ichimura H. 1993. Optimal Smoothing in Single-index Models [J]. The Annals of Statistics, 21(1): 157–178.

Härdle W, Mammen E. 1993. Comparing Nonparametric Versus Parametric Regression Fits [J]. The Annals of Statistics, 21(4): 1926–1947.

Härdle W, Stoker T M. 1989. Investigating Smooth Multiple Regression by the Method of Average Derivatives [J]. Journal of the American Statistical Association, 84(408): 986–995.

Härdle W. 1990. Applied Nonparametric Regression [M]. Cambridge: Cambridge University Press.

Haggan V, Ozaki T. 1981. Modelling Nonlinear Random Vibrations Using an Amplitude-Dependent Autoregressive Time Series Model [J]. Biometrika, 68(1): 189–196.

Hallin M, Lu Z, Tran L T. 2004a. Kernel Density Estimation for Spatial Processes: The L1 Theory [J]. Journal of Multivariate Analysis, 88(1): 61–75.

Hallin M, Lu Z, Tran L T. 2004b. Local Linear Spatial Regression [J]. The Annals of Statistics, 32(6): 2469–2500.

Hastie T J, Tibshirani R. 1990. Generalized Additive Models [M]. London: Chapman & Hall.

Hastie T J, Tibshirani R. 1993. Varying-Coefficient Models[J]. Journal of the Royal Statistical Society. Series B (Methodological): 757–796.

Hepple L W. 1995a. Bayesian Techniques in Spatial and Network Econometrics: 1. Model Comparison and Posterior Odds [J]. Environment & Planning A, 27(3): 447–469.

Hepple L W. 1995b. Bayesian Techniques in Spatial and Network Econometrics: 2. Computational methods and algorithms [J]. Environment and Planning A, 27(4): 615–644.

Heyde C C (Ed.). 1997. Quasi-Likelihood and Its Application: A General Approach to Optimal Parameter Estimation [M]. New York: Springer.

Hong Z, Lian H. 2012. Time-Varying Coefficient Estimation in Differential Equation Models with Noisy Time-Varying Covariates[J]. Journal of Multivariate Analysis, 103(1): 58-67.

Hope A C A. 1968. A Simplified Monte Carlo Significance Test Procedure [J]. Journal of the Royal Statistical Society, Series B (Methodological), 30(3): 582–598.

Horowitz J. 2009. Semiparametric and Nonparametric Methods in Econometrics[M]. New York: Springer-Verlag.

Hu J, Liu F, You J. 2014. Panel Data Partially Linear Model with Fixed Effects, Spatial Autoregressive Error Components and Unspecified Intertemporal Correlation [J]. Journal of Multivariate Analysis, 130: 64-89.

Ichimura H. 1993. Semiparametric Least Squares (SLS) and Weighted SLS Estimation of Single-Index Models [J]. Journal of Econometrics, 58(1-2): 71–120.

Ip W C, Wong H, Zhang R. 2007. Generalized Likelihood Ratio Test for Varying-Coefficient Models with Different Smoothing Variables[J]. Computational statistics & data analysis, 51(9): 4543-4561.

Jenish N. 2011. Nonparametric Spatial Regression under Near-Epoch Dependence [J]. Journal of Econometrics, 167(1): 224–239.

Kelejian H H, Prucha I R. 1999. A Generalized Moments Estimator for the Autoregressive Parameter in a Spatial Model [J]. International Economic Reviews, 40(2): 509–533.

Kelejian H H, Prucha I R. 2001. On the Asymptotic Distribution of the Moran I Test Statistic with Applications [J]. Journal of Econometrics, 104(2): 219–257.

Kelejian H H, Prucha I R. 2010. Specification and Estimation of Spatial Autoregressive Models with Autoregressive and Heteroskedastic Disturbances [J]. Journal of Econometrics, 157(1): 53–67.

Kelejian H H, Robinson D P. 1993. A Suggested Method of Estimation for Spatial Interdependent Models with Autocorrelated Errors and an Application to a Country Expenditure Model [J]. Papers in Regional Science, 72(3): 297–312.

Kelejian H H. 1998. A Generalized Spatial Two-Stage Least Squares Procedure for Estimating a Spatial Autoregressive Model with Autoregressive Disturbances [J]. Journal of Real Estate Finance and Economics, 17(1): 99–121.

Kim W, Linton O B, Hengartner N W. 1999. A Computationally Efficient Oracle Estimator for Additive Nonparametric Regression with Bootstrap Confidence Intervals [J]. Journal of Computational and Graphical Statistics, 8(2): 278–297.

King R G, Levine R. 1993. Finance, entrepreneurship and growth [J]. Journal of Monetary Economics, 32(3): 513–542.

Lee L F, Yu J H. 2010a. Estimation of Spatial Autoregressive Panel Data Models with Fixed Effects [J]. Journal of Econometrics, 154(2): 165–185.

Lee L F, Yu J H. 2010b. Some Recent Developments in Spatial Panel Data Models [J]. Regional Science and Urban Economics, 40(5): 255–271.

Lee L F. 2003. Best Spatial Two-Stage Least Squares Estimators for a Spatial Autoregressive Model with Autoregressive Disturbances [J]. Econometric Reviews, 22(4): 307–335.

Lee L F. 2004. Asymptotic Distributions of Quasi-Maximum Likelihood Estimators for Spatial Autoregressive Models [J]. Econometrica, 72(6): 1899–1925.

Lee L F. 2007a. GMM and 2SLS Estimation of Mixed Regressive, Spatial Autoregressive Models [J]. Journal of Econometrics, 137(2): 489–514.

Lee L F. 2007b. The Method of Elimination and Substitution in the GMM Estimation of Mixed Regressive, Spatial Autoregressive Models [J]. Journal of Econometrics, 140(1): 155–189.

LeSage J P. 1997. Bayesian Estimation of Spatial Autoregressive Models [J]. International Regional Science Review, 20(1-2): 113–129.

Li D G, Chen J, Gao J T. 2011. Non-Parametric Time-Varying Coefficient Panel Data Models with Fixed Effects [J]. Econometrics Journal, 14(3): 387–408.

Li K C. 1991. Sliced Inverse Regression for Dimension Reduction [J]. Journal of the American Statistical Association, 86(414): 316–327.

Li Q, Racine J. 2007. Nonparametric Econometrics [M]. Princeton, NJ: Princeton University Press.

Lopez O. 2009. Single-Index Regression Models with Right-Censored Responses[J]. Journal of Statistical Planning and Inference, 139(3): 1082–1097.

Lu Z, Chen X. 2002. Spatial Nonparametric Regression Estimation: Non-isotropic Case [J]. Acta Mathematicae Applicatae Sinica, 18(4): 641–656.

Lu Z, Lundervold A, Tjostheim D, Yao Q. 2007. Exploring Spatial Nonlinearity Using Additive Approximation [J], Bernoulli, 13(2): 447–472.

Mammen E, Linton O, Nielsen J. 1999. The Existence and Asymptotic Properties of a Backfitting Projection Algorithm under Weak Conditions [J]. The Annals of Statistics, 27(5): 1443–1490.

Mammen E, Park B U. 2006. A Simple Smooth Backfitting Method for Additive Models [M]. The Annals of Statistics, 34(5): 2069–2591.

Mammen E. 1993. Bootstrap and Wild Bootstrap for High Dimensional Linear Models [J]. The Annals of Statistics, 21(1): 255–285.

Martin P, Rogers C A. 1995. Industrial Location and Public Infrastructure [J]. Journal of International Economics, 39(3): 335–351.

Masry E, Tjøstheim D. 1995. Nonparametric Estimation and Identification of Nonlinear ARCH Time Series: Strong Convergence and Asymptotic Normality [J]. Econometric Theory, 11(2): 258–289.

McKinnon R I. 1973. Money and Capital in Economic Development [M]. Washington: Brookings Institution.

Mittelhammer R C, Judge G G, Miller D J. 2000. Econometric Foundations [M]. New

York: Cambridge University Press, Inc.

Murphy S A, Van der Vaart A W. 2000. On Profile Likelihood [J]. Journal of the American Statistical Association, 95(450): 449–465.

Ord J K, Getis A. 1995. Local Spatial Autocorrelation Statistics: Distributional Issues and an Application [J]. Geographical Analysis, 27(4): 286–306.

Ord J K. 1975. Estimation Methods for Models of Spatial Interaction [J]. Journal of the American Statistical Association, 70(349): 120–126.

Owen A. 1991. Empirical Likelihood for Linear Models [J]. The Annals of Statistics, 19(4): 1725–1747.

Ozaki T. 1982. The Statistical Analysis of Perturbed Limit Cycle Processes Using Nonlinear Time Series Models [J]. Journal of Time Series Analysis, 3(1): 29–41.

Pace R K, LeSage J P. 2004. Chebyshev Approximation of Log-determinants of Spatial Weight Matrices [J]. Computational Statistics and Data Analysis, 45(2): 179–196.

Pang Z, Xue L G. 2012. Estimation for the Single-index Models with Random Effects [J]. Computational Statistics and Data Analysis, 56(6): 1837–1853.

Pinkse J, Slade M, Brett C. 2002. Spatial Price Competition: A Semi-parametric Approach [J]. Econometrica, 70(3): 1111–1153.

Politis D N. 2003. The Impact of Bootstrap Methods on Time Series Analysis [J]. Statistical Science, 18(2): 219–230.

Robinson P M, Supachoke T. 2012. Statistical Inference on Regression with Spatial Dependence [J], Journal of Econometrics, 167(2): 521–542.

Robinson P M. 2008. Developments in the Analysis of Spatial Data [J]. Journal of the Japan Statistical Society, 38(1): 87–96 (issue in honour of H. Akaike).

Robinson P M. 2010. Efficient Estimation of the Semiparametric Spatial Autoregressive Model [J]. Journal of Econometrics, 157(1): 6–17.

Robinson P M. 2011. Asymptotic Theory for Nonparametric Regression with Spatial Data [J]. Journal of Econometrics, 165(1): 5–19.

Rodriguez-Poo J M, Soberon A. 2014. Direct Semi-parametric Estimation of Fixed Effects Panel Data Varying Coefficient Models[J]. The Econometrics Journal, 17(1): 107–138.

Severini T A, Staniswalis J G. 1994. Quasi-likelihood estimation in semiparametric models [J]. Journal of the American statistical Association, 89(426): 501–511.

Severini T A, Wong W H. 1992. Profile Likelihood and Conditionally Parametric Models [J]. The Annals of Statistics, 20(4): 1768–1802.

Shao J, Tu D. 1995. The Jackknife and Bootstrap [M]. New York: Springer.

Shaw E S. 1973. Financial Deeping in Economic Development [M]. New York: Oxford University Press.

Shumway R H. 1988. Applied Statistical Time Series Analysis [J]. Prentice Hall Series in Statistics. Englewood Cliffs, NJ: Prentice-Hall, 1988, 1.

Simonoff J S. 1996. Nonparametric Regression[M] // Smoothing Methods in Statistics. New York: Springer: 134-214.

Singh K. 1981. On the Asymptotic Accuracy of Efron's Bootstrap [J]. The Annals of Statistics, 9(6): 1187–1195.

Smirnov O, Anselin L. 2001. Fast Maximum Likelihood Estimation of Very Large Spatial Autoregressive Models: A Characteristic Polynomial Approach [J]. Computational Statistics and Data Analysis, 35(3): 301–319.

Speckman P. 1988. Kernel smoothing in partial linear models [J]. Journal of the Royal Statistical Society, Series B (Methodological), 50(3): 413–436.

Stone C J. 1980. Optimal Rates of Convergence for Nonparametric Estimators [J]. The Annals of Statistics, 8(6): 1348–1360.

Stone M. 1977. An Asymptotic Equivalence of Choice of Model by Cross-Validation and Akaike's Criterion [J]. Journal of the Royal Statistical Society, Series B (Methodological), 39(1): 44–47.

Stute W, Manteiga W G, Quindimil M P. 1998. Bootstrap Approximations in Model Checks for Regression [J]. Journal of the American Statistical Association, 93(441): 141–149.

Su L J, Jin S N. 2010. Profile Quasi-maximum Likelihood Estimation of Partially Linear Spatial Autoregressive Models [J]. Journal of Econometrics, 157(1), 18–33.

Su L J. 2012. Semi-parametric GMM Estimation of Semiparametric Spatial Autoregressive Models [J]. Journal of Econometrics, 167(2): 543–560.

Su L, Ullah A. 2006. Profile Likelihood Estimation of Partially Linear Panel Data Models with Fixed Effects [J]. Economics Letters, 92(1): 75–81.

Su L, Yang Z. 2007. QML Estimation of Dynamic Panel Fata Models with Spatial Errors [C]. Paper presented at the First World Conference of the Spatial Econometrics Association, Cambridge.

Sun Y, Carroll R J, Li D. 2009. Semiparametric Estimation of Fixed-effects Panel Data Varying Coefficient Models[M]//Nonparametric Econometric Methods. Bingly: Emerald Group Publishing Limited: 101–129.

Wand M P, Jones M C. 1995. Kernel Smoothing [M]. London: Chapman & Hall.

Wang J L, Xue L G, Zhu L X, Chong Y S. 2010. Estimation For a Partial-linear Single-index Model [J]. The Annals of Statistics, 38(1): 246–274.

White H. 1994. Estimation, Inference and Specification Analysis [M]. New York: Cambridge University Press.

Wood S N. 2006. Generalized Additive Models: An Introduction with R [M]. Boca Ratom: Chapman & Hall/CRC.

Wu C F J. 1986. Jackknife, Bootstrap and other Resampling Methods in Regression Analysis [J]. The Annals of Statistics, 14(4): 1261–1295.

Wu C O, Chiang C T, Hoover D R. 1998. Asymptotic Confidence Regions for Kernel

Smoothing of A Varying-Coefficient Model with Longitudinal Data[J]. Journal of the American Statistical Association, 93(444): 1388-1402.

Xia Y, Zhang W, Tong H. 2004. Efficient Estimation for Semivarying-Coefficient Models [J]. Biometrika, 91(3): 661–681.

Xu R, Wang J. 2008. L1-Estimation for Spatial Nonparametric Regression [J]. Nonparametric Statist, 20(6): 523–537.

Xue L, Zhu L. 2007. Empirical likelihood for a varying coefficient model with longitudinal data[J]. Journal of the American Statistical Association, 102(478): 642-654.

Yang Z, Li C, Tse Y K. 2006. Functional Form and Spatial Dependence in Dynamic Panels [J]. Economics Letters, 91(1): 138–145.

Yu J H, Jong R, Lee L F. 2008. Quasi-maximum Likelihood Estimators for Spatial Dynamic Panel Data with Fixed Effects When both n and T are Large [J]. Journal of Econometrics, 146(1): 118–134.

Yu K, Park B U, Mammen E. 2008. Smooth Backfitting in Generalized Additive Models [J]. The Annals of Statistics, 36(1): 228–260.

Yu Y, Ruppert D. 2002. Penalized Spline Estimation for Partially Linear Single-index Models[J]. Journal of the American Statistical Association, 97(460): 1042-1054.

Zhang F Z. 2005. The Schur Complement and Its Applications [M]. New York: Springer.

Zhao L, Bai Z. 1984. Strong Consistency of Nearest Neighbor Estimates of Nonparametric Regression Functions [J]. Scientia Sinica, Ser. A, 14(5): 387–393 (in Chinese): 27(10): 1027–1034 (in English).

Zhou Y, Liang H. 2009. Statistical Inference for Semiparametric Varying-Coefficient Partially Linear Models with Error-Prone Linear Covariates [J]. The Annals of Statistics, 37(1), 427–458.

Zhu L X, Fang K T, Bhatti M I. 1997. On Estimated Projection Pursuit-Type Cramer–Von Mises Statistics [J]. Journal of Multivariate Analysis, 63(1): 1–14.